CLEMENT MAROT
LES EPIGRAMMES

―――――

édition critique par
C. A. MAYER

UNIVERSITY OF LONDON
THE ATHLONE PRESS
1970

A la mémoire d'Abel Lefranc

Je tiens à remercier tous ceux qui m'ont aidé dans mon travail. Je prierai MM. C. Dionisotti, F. Lesure, I. D. McFarlane, F. Mouret, D. J. A. Ross, R. Scheurer et Mlles D. Bentley-Cranch, A. Saunders et P. M. Smith d'accepter ce témoignage de ma gratitude.

Michael Morris O.P.

CLEMENT MAROT
LES EPIGRAMMES

Clément Marot
Médaillon de cire. Musée de Cluny, Paris

INTRODUCTION

I. ETUDE LITTÉRAIRE

i. *L'épigramme marotique*

Le terme épigramme se trouve pour la première fois dans la poésie marotique en mars 1538 dans le manuscrit que Marot offrit au connétable Anne de Montmorency et qui—chose rare sinon unique parmi les manuscrits et imprimés de l'époque—ne semble jamais avoir changé de résidence, mais se trouve aujourd'hui comme en 1538, au château de Chantilly,[1] bien que ce dernier ait connu de nombreux avatars au cours de l'histoire. A la page 101 de ce beau recueil nous trouvons en effet un groupe de poèmes sous le titre: *Epigrammes de l'invention de Marot*.

Quatre mois plus tard, dans l'édition de ses *Œuvres* sortie des presses d'Etienne Dolet,[2] ou plutôt de celles de Sébastien Gryphius,[3] le 31 juillet 1538, se trouve une section portant le titre *Deux Livres d'Epigrammes*.[4]

Mais, si le titre semble nouveau dans la littérature française,[5] beaucoup des poèmes publiés sous ce titre ne le sont pas. En effet de ces deux livres d'épigrammes, le premier consiste en grande partie en poèmes préalablement publiés sous des titres différents.

Retraçons rapidement l'histoire de ces poèmes. La première édition des œuvres de Marot, publiée avec le consentement et la collaboration du poète,[6] fut l'*Adolescence Clementine*.[7] Dans ce recueil, Marot, fidèle aux genres des Rhétoriqueurs, donne toute

---

[1] Musée Condé, ms 748. Voir C. A. Mayer, *Bibliographie des Œuvres de Clément Marot*, Droz, Genève, 1954 (Travaux d'Humanisme et Renaissance X et XIII), t. I *Manuscrits*; t. II *Editions*; t. I, pp. 10–18.
[2] *Les Œuvres de Clement Marot*, Lyon, E. Dolet, 1538 (*Bibliographie*, II, no. 70).
[3] Sur cette question voir C. A. Mayer, *Le Texte de Marot*, BHR, t. XIV, 1953, pp. 314–28 et t. XV, 1954, pp. 71–91.
[4] *Ouvr. cit.*
[5] Voir plus bas, pp. 9–12.
[6] Sur les éditions subreptices, voir *Bibliographie*, II, nos. 6 et 6 bis.
[7] Paris, R. Roffet, 12 août 1532 (*Bibliographie*, II, no. 9).

une section de pièces courtes sous les titres: *Dixains, Blasons et Envoys*.[1]

En voici la liste:
Le dizain de Barbe et de Jaquette (Epigramme II)
Le dizain de madame Jehanne Gaillarde, Lyonnoise (Epigramme III)
Le dizain du monstre, à madame la Duchesse d'Alençon (Epigramme IV)
Le Dizain de Fermeté (Epigramme V)
Le Dizain des Innocens (Epigramme VI)
Le dizain du songe (Epigramme VII)
Le dizain de May (Epigramme VIII)
Le Dizain du baiser reffusé (Epigramme IX)
Le Blason des Statues de Barbe et de Jaquette, eslevées à saincte Croix d'Orleans. Translaté vers pour vers de Latin en Françoys. Vers alexandrins (Epigramme X)
Blason de la Rose envoyée pour Estreines (Epigramme XI)
Le blason du Pin, transmis à celle qui en porte le nom (Epigramme XII)
Le blazon de la Chapelle envoyé à celle qui en porte le nom. En vers Alexandrins (Epigramme XIII)

---

[1] *Ouvr. cit.*
Rappelons les sections de l'*Adolescence Clementine*. Ce sont:
Une section de poésies diverses:
    La Première Eglogue des Bucoliques de Virgile
    Le Temple de Cupido & la Queste de Ferme Amour
    Le Jugement de Minos sur la preference de Alexandre le grant, Hanibal de Cartaige & Scipion le Romain
    Les tristes vers de Philippes Beroalde sur le jour du vendredy sainct
    Oraison contemplative devant le Crucifix
Epistres
Complainctes & Epitaphes
Ballades
Chant-royal (Un seul Chant-Royal figure dans l'*Adolescence Clementine* à proprement parler. C'est le *Chant Royal de la Conception nostre Dame que Maistre Guillaume Cretin voulut avoir de l'Autheur lequel luy envoya avecques ce Huictain* (*Œuvres diverses*, LXXXVI, Chant-Royal I). Dans l'appendice se trouvent deux autres Chants-Royaux, le *Chant Royal Chrestien* (*Œuvres diverses*, LXXXVII, Chant-Royal II) et le *Chant Royal dont le Roy bailla le Refrain* (*Œuvres diverses*, LXXXVIII, Chant-Royal III).)
Rondeaux
Dixains
Blasons et Envoys
Chansons.

Blazon à la louange du Roy. Translaté de Latin en Françoys.
En vers Alexandrins (Epigramme XIV)[1]
Envoy, pour estrener une damoyselle (Epigramme XV)
Envoy Satirique à Lynote, la lingere mesdisante (Epigramme XVI)
(*Envoy d'un poete Picard à Marot*)
Envoy responsif au precedent (Epigramme XVII)
Envoy à Maistre Grenoille, Poete ignorant (Epigramme XVIII)
Envoy à ung nommé Charon le conviant à soupper (Epigramme XIX)
Envoy à celle que son amy n'ose plus frequenter[2]

Dans le deuxième recueil de ses œuvres, à savoir *La Suite de l'Adolescence Clementine*,[3] Marot publie une autre section de pièces courtes sous le titre *Le Menu*. En dehors de trois Rondeaux[4] *Le Menu* contient les pièces suivantes:

Placet au Roy[5]
Dixain de Marot à Monsieur le Grant Maistre pour estre mys en l'estat[6]
Le dixain de May qui fut ord, Et de Fevrier qui luy feit tort[7]
Le dixain du depart[8]
Le dixain de neige[9]
Le dixain du Paradis terrestre[10]
Dixain de la Venus de Marbre presentée au Roy & sur laquelle plusieurs latins composerent[11]
La mesme Venus de Marbre dit en vers Alexandrins[12]
Huictain d'une Dame à ung qui luy donna sa pourtraicture[13]
Huictain pour Estreines envoyé avecques ung present de couleur blanche[14]
Huictain sur la Devise: Non ce que je pense[15]
Huictain[16]

[1] Devient *Du Roy* dans les *Œuvres* de 1538.
[2] Devient Chanson XLII, *Œuvres lyriques*, LI.
[3] Paris, veuve P. Roffet, s.d. (*Bibliographie*, II, no. 15).
[4] *Œuvres diverses*, LVII, LVIII et LIX.
[5] Epigramme XX.
[6] Epigramme XXI.
[7] Epigramme XXII.
[8] Epigramme XXIII.
[9] Epigramme XXIV.
[10] Epigramme XXV.
[11] Epigramme XXVI.
[12] Epigramme XXVII.
[13] Epigramme XXVIII.
[14] Epigramme XXIX.
[15] Epigramme XXX.
[16] Epigramme XXXI.

Huictain pour Estreines[1]
Quatrain pour estreines[2]
De la statue de Venus endormye.[3]

Presque sans exception, les poèmes de ces sections sont repris dans le *Premier Livre des Epigrammes* en 1538.

Reste à voir ce qui a poussé Marot à changer ainsi l'appellation de ses pièces courtes, à abandonner pour ainsi dire la poétique des Rhétoriqueurs pour diriger la poésie française dans la voie de l'imitation des Anciens. Une fois de plus la réponse évidente est la Renaissance, ou, si l'on veut, l'Italianisme et l'influence de la Cour. Dans le cas de l'épigramme on peut aller plus loin, être plus précis, assigner une date exacte, et même admettre l'influence d'un seul humaniste.

Avant son premier exil, c'est-à-dire avant le mois d'octobre 1534, Marot n'emploie pas le mot épigramme et ne semble pas songer à donner ce terme aux poèmes courts, bien que vers ce moment déjà il ait abandonné plus ou moins complètement les genres à forme fixe des Rhétoriqueurs, les rondeaux et ballades. Si durant son exil il écrit ce qui est probablement le premier sonnet de langue française,[4] il ne semble pourtant pas avoir été initié au genre de l'épigramme pendant son séjour en Italie. Ce n'est qu'après son retour au mois de décembre 1536 qu'il paraît y avoir songé.

Il est possible de préciser. Marot écrivit un poème pour le dauphin François, portant le titre: *A Françoys Daulphin de France.*[5] L'incipit en est: « Celluy qui a ce Dixain composé. » Vu que le dauphin François mourut le 10 août 1536, il est évident que ce poème précède cet événement et fut donc composé pendant l'exil du poète. A ce moment donc Marot emploie l'appellation de *dizain* et ne songe encore au terme *épigramme*. Pourtant ce même poème figure dans le manuscrit de Chantilly—rappelons que ce recueil fut rédigé au mois de mars 1538—et dans l'édition des *Œuvres* publiée par Dolet le 31 juillet 1538,[6] sous le titre: *Epigramme*. C'est donc dans l'espace d'un peu plus

---
[1] Epigramme XXXII.   [2] Epigramme XXXIII.   [3] Epigramme XXXIV.
[4] Voir *Œuvres diverses*, CLXXVII, Sonnet I, et C. A. Mayer, *Le premier sonnet français: Marot, Mellin de Saint-Gelais et Jean Bouchet*, RHLF, juillet-septembre 1967, pp. 481–93.
[5] Epigramme LXXXIII.
[6] Voir plus haut, p. 5.

d'un an, en l'occurence entre la fin de 1536 et la fin de 1537, que Marot a non seulement écrit pour la première fois des épigrammes, mais qu'il a décidé que l'appellation d'*épigramme* convenait à tous ses poèmes courts n'étant pas à forme fixe.[1]

On a toujours admis l'influence d'Etienne Dolet sur Marot en ce qui concerne l'Epigramme. Bien qu'il soit impossible de prouver cette influence, rien ne s'oppose à l'admettre, d'autant plus que cette invention, cette transformation se sont faites dans un laps de temps si bref. On est mal renseigné sur les relations entre Marot et Dolet. Lorsque le poète arriva à Lyon, probablement au début du mois de décembre 1536, Etienne Dolet était en prison à Paris. Au mois de février, Dolet, ayant été pardonné, offrit un banquet qui réunit Marot, Rabelais, Budé, Bérauld et plusieurs autres parmi les plus grands humanistes de l'époque.[2] Après cet événement les deux hommes semblent être restés en relation jusqu'en été 1538. Dolet obtint du roi un privilège extraordinaire lui permettant de publier librement tout ce qu'il désirait.[3] Marot s'en prévalut pour donner chez Dolet—bien qu'imprimée chez Gryphius, l'ancien patron de Dolet—la première édition à peu près complète de ses *Œuvres*.[4] Or c'est précisément au moment de l'amitié entre les deux hommes, au moment où Marot collabora avec le meilleur latiniste du XVIe siècle qu'il conçut l'idée de créer l'épigramme française. Tout en faisant la part des coïncidences, l'influence de Dolet sur les épigrammes de Marot, sans être certaine, est donc du moins très probable.

D'autre part, il n'est pas certain que ce soit Marot qui ait écrit en définitive la première épigramme française. On trouve en effet toute une série de poèmes intitulés *Epigrammes*, y compris plusieurs sonnets, dans un ouvrage du rhétoriqueur

---

[1] Notons cependant que dans l'édition de 1538 un sonnet figure parmi les Epigrammes, alors que dans le manuscrit de Chantilly un autre sonnet figure sous cette appellation.
[2] Voir *Les Epîtres*, p. 15.
[3] Voir Ph. A. Becker, *Das Druckprivileg für Marots Werke von 1538*, Zeitschrift für französische Sprache und Litteratur, XLII, 1914, pp. 224–9.
[4] Sur la brouille qui semble avoir eu lieu entre les deux hommes vers ce moment-là et qui explique l'existence d'une deuxième édition des *Œuvres* portant la marque de Gryphius de même que la composition de plusieurs épigrammes haineuses à l'égard de Dolet, voir *Le Texte de Marot*, art. cit., pp. 80–4.

poitevin Jean Bouchet: *Le Jugement poetic de l'honneur femenin & sejour des illustres claires & honnestes Dames par le Traverseur.*[1] Le volume ne porte pas de date sur la feuille de titre, mais se termine par l'achevé d'imprimer suivant: « Imprimé à Poictiers le premier d'Avril 1538 par Jehan & Enguilbert de Marnef Freres. »

Cet achevé d'imprimer du 1er avril est-il de l'année 1538 n.s., ou bien, Pâques tombant le 21 avril en 1538, de l'an 1539 n.s.? Il est impossible de trancher cette question. Vu l'usage des imprimeurs de l'époque, il est au moins probable qu'il s'agit de 1539. Toutefois le privilège de l'ouvrage de Bouchet semble dater de 1536, bien qu'ici encore il existe des doutes. En effet, voici le texte de ce privilège:

> Il est permis à M. Jehan Bouchet de Poictiers de faire imprimer ce present livre par tel librayre ou imprimeur que bon luy semblera & sont deffences faictes à tous imprimeurs, libraires & autres quelconques de non imprimer, vendre ne ahdenerer [*sic*] jusques au temps & terme de quatre ans: autres que ceulx imprimez par son congé, comme appert plus à plain par les lettres du Roy nostre Syre sur ce données & octroyées à Bleré le XV Novembre 1536.

On voit qu'au fond ce privilège n'est pas daté, mais renvoie à des lettres octroyées par le roi le 15 novembre 1536, lettres que nous n'avons pas retrouvées. Ces lettres se rapportent-elles exclusivement au présent ouvrage, ou sont-elles une espèce de privilège général octroyé à Jean Bouchet? Dans le premier cas, faudrait-il supposer que l'ouvrage était entièrement composé, prêt pour l'impression avant le 15 novembre 1536? Il semble impossible de résoudre le problème.

De plus, un auteur relativement peu connu, Michel d'Amboise,[2] publia, en 1533, un recueil contenant cent épigrammes, *Les Epigrammes, avecques la vision, la complainte de vertu traduyte du frere Baptiste Mantuan en son livre des Calamitez des temps, et la*

---

[1] Poitiers, s.d. Sur ce volume, voir C. A. Mayer, *Le Premier Sonnet français: Marot, Mellin de Saint-Gelais et Jean Bouchet*, art. cit.

[2] Sur Michel d'Amboise voir J. F. Nicéron, *Mémoires pour servir à l'histoire des hommes illustres dans la République des lettres*, Paris, 1729-45, t. XXXIII, p. 328; A. Hulubei, *L'Eglogue en France au XVIe siècle*, Paris, Droz, 1938, t. I, p. 225, et J. Hutton, *The Greek Anthology in France and in the Latin writers of the Netherlands to the year 1800*, Ithaca, Cornell University Press, 1946, p. 304.

fable de l'amoureux Biblis et de Caunus traduyte d'Ovide par Michel d'Amboise, dit l'esclave fortuné escuyer, seigneur de Chevillon.[1] On voit que le titre de ce recueil donne l'impression qu'il s'agit entièrement de traductions. Aussi J. Hutton, dans *The Greek Anthology in France*,[2] affirme-t-il que les cent épigrammes sont probablement toutes traduites d'épigrammes latines composées par un poète napolitain nommé Girolamo Angeriano, publiées plusieurs fois à Paris vers cette époque sous le titre de: *Hieronymi Angeriani Neapolitani ἐρωτοπαιγνιον*.[3]

En fait, Michel d'Amboise traduit à peu près littéralement Angeriano dans au moins soixante-quinze de ses cent épigrammes. Pour le reste il suit de très près l'inspiration de l'*Anthologie grecque*. Ainsi dans l'état actuel de nos connaissances, on peut dire qu'il est presque certain que les épigrammes de Michel d'Amboise sont des traductions. Dans ces conditions, bien qu'il soit sans doute le premier à avoir employé le titre d'épigramme, Michel d'Amboise ne peut guère être considéré comme l'auteur qui a introduit ce genre dans la littérature française.

A certains points du vue, la question peut paraître oiseuse. Avec l'essor de la Renaissance, l'influence de la poésie italienne et de la poésie néo-latine—rappelons que tous les poètes néo-latins amis de Marot, tels Salmon Macrin, Nicolas Bourbon, Jean Visagier, etc., composèrent des épigrammes—il était inévitable que vers ce moment-là quelqu'un allait écrire des épigrammes françaises, de même qu'il était inévitable que quelqu'un allait écrire des sonnets français. C'est bien à la même époque que l'épigramme de même que le sonnet conquit droit de cité en Angleterre dans l'œuvre du poète, ami de Marot, Thomas Wyatt. S'il est impossible d'établir sans l'ombre d'un doute que c'est Marot qui a composé la première épigramme française, il reste quand même vrai que c'est lui qui a brisé la tradition des

---

[1] Paris, A. Lotrian et J. Longis, s.d. (le privilège est du 6 mars 1532, probablement a.s.).
[2] *Ouvr. cit.*
[3] Paris, Vatellus, s.d. (1520?); Paris, G. Soquand, s.d. (1528); et Paris, in clauso brunetto, s.d. (1530?).

Angeriano eut une grande influence sur les poètes anglais de la fin du siècle. Voir J. G. Scott, *Les Sources des sonnets élizabethins*, Bibliothèque de la Revue de Littérature comparée, Paris, 1929.

Rhétoriqueurs, et qui a le premier songé à substituer aux genres traditionnels du rondeau, de la ballade, du dizain, etc., les genres de la poésie gréco-latine. Du reste, les épigrammes de Bouchet, comme l'indique leur titre, n'ont rien d'épigrammatique; et celles de Michel d'Amboise sont des traductions.

Aussi Sebillet ne mentionne-t-il Bouchet, pas plus que Michel d'Amboise, ni dans son chapître de l'Epigramme ni dans celui, assez court en vérité, du sonnet. Et pourtant Sebillet donne à l'épigramme la première place parmi les genres:

> Je commenceray a l'Epigramme comme le plus petit et premier œuvre de Poésie: et duquel bonne part dés autres soustenue rend tesmoignage de sa perfection et élègance.[1]

et lui consacre un chapître très détaillé[2] énumerant toutes les diverses formes d'épigrammes et mentionnant tous les poètes français ayant illustré ce genre, c'est-à-dire, à part Marot dont il cite huit pièces, Maurice Scève et Hugues Salel.

En vue de l'histoire de l'épigramme marotique il est évidemment malaisé d'en donner une définition. Notons d'abord qu'il ne saurait être question de mettre en doute le bien-fondé de cette appellation. Les épigrammes de Marot ont droit à ce titre de même que les épigrammes de n'importe quel poète depuis Archiloque jusqu'à Voltaire.[3] Il n'y a pas lieu non plus de chiquaner pour savoir si telles ou telles pièces doivent garder le titre d'épigramme ou être rangées dans une autre section. Dans beaucoup de cas Marot a hésité, phénomène parfaitement naturel si on considère la nature profondément révolutionnaire et novatrice de son œuvre. Par exemple, après avoir composé dans sa jeunesse deux ou trois Complaintes tout à fait dans le style des Rhétori-

---

[1] T. Sebillet, *Art Poétique Françoys*, éd. F. Gaiffe, Paris, 1910, p. 103.
[2] Voir plus bas, pp. 31–4.
[3] Cf. le jugement de J. Hutton dans son étude de l'influence de l'*Anthologie grecque* sur la Renaissance: 'Marot is justly regarded as the founder of the French epigram, although in giving this name to his verses he was five years behind Michel d'Amboise. Marot however was writing *dizains* and *huitains*, pretty certainly with the classical epigram in mind, as early as the 'twenties and he prevails in any case by the value of his work. . . . More than a mere word was involved; a consciousness of the classical epigram would be vividly evoked by a term then new in the vernacular, and there would be a consequent impulse to assimilate one's verse to the inner, if not the outer form of the classical type.' (*Ouvr. cit.*, p. 301.)

queurs, il essaie de renouveler le genre dans la *Déploration de Florimond Robertet*,[1] pièce qu'il n'a pourtant jamais classée, pour abandonner ce genre en le remplaçant par l'églogue funèbre en 1531.[2] Cependant, en 1533, dans *La Suite de l'Adolescence Clementine* il rangea plusieurs des pièces publiées préalablement comme Complaintes parmi les Elégies; enfin, en 1543, sans doute par un effet d'archaïsme il revient au genre de la Complainte dans *La Complainte du général Preudhomme*.[3] Dans ces deux genres de la Complainte et de l'Elégie les hésitations et tergiversations de Marot obligent l'éditeur d'effectuer des changements en vue d'un classement rationnel et cohérent. Aucun problème analogue ne se pose pour les Epigrammes.[4] Une fois que Marot eut décidé d'appeler *Epigrammes* ses poèmes préalablement publiés comme *Dizains, Huitains, Blasons, Envois* et *Etrennes*, il ne changea plus. Du reste, à la différence des Complaintes, où il maintint le genre dans l'édition de 1538 tout en rangeant plusieurs des pièces publiées dans les éditions antérieures comme Complaintes parmi les Elégies, Marot, après avoir pour la première fois employé le titre d'épigramme, n'a plus écrit de poème court portant un titre différent. On ne peut donc qu'accepter dans l'ensemble, et sans retranchements, les Epigrammes de Marot.

Les Epigrammes du Premier Livre sont, comme nous l'avons vu, surtout des poèmes publiés dans l'*Adolescence* ou la *Suite* comme Huitains, Dizains, Douzains, Envois, Blasons ou Etrennes. Tous ces genres étaient courants dans la poésie des Rhétoriqueurs. Aussi n'y a-t-il guère de remarques à faire sur la plupart de ces formes, dans lesquelles Marot ne se montre pas vraiment innovateur, sauf dans les poèmes d'inspiration pétrarquiste.[5]

Seuls les Blasons et les Etrennes méritent quelques observations. Notons que puisque Marot a abandonné ces genres, allant jusqu'à en changer les noms, il est difficile en principe de parler

[1] *Œuvres lyriques*, VI, Complainte IV.
[2] Sur cette question, voir *Œuvres lyriques*, pp. 10−12.
[3] *Œuvres lyriques*, IX, Complainte VII.
[4] A l'exception d'un sonnet publié dans le *Second Livre des Epigrammes* en 1538, que j'ai cru devoir retrancher des Epigrammes pour le publier parmi les Sonnets (*Œuvres diverses*, CLXXIX. Cf. aussi plus haut, p. 8, n. 4) et d'une épigramme traduite d'un poème latin de Salmon Macrin (« Ainsi qu'un jour au grand Palais tes Yeux », *Epigramme de Salmonius mise de Latin en Françoys. Au Roy*) qui devra prendre sa place parmi les *Traductions*.
[5] Voir plus bas, pp. 23−7.

du blason ou de l'étrenne marotiques.[1] Pourtant, jusqu'en 1538, Marot continua d'écrire des blasons et des étrennes. Quelques mots sur ces genres s'imposent donc. Le deuxième, c'est-à-dire l'étrenne, ne mérite pas au fond le nom de genre, n'étant qu'un nom donné à n'importe quel poème que l'auteur entend offrir à une personne. Le blason d'autre part, sans être un genre bien distinct, a une longue histoire dans la poésie française. Sebillet, dans son *Art poétique françois*, le définit d'une façon extrêmement simple:

> Le Blason est une perpétuéle louenge ou continu vitupére de ce qu'on s'est proposé blasonner. Pource serviront bien a celuy qui le voudra faire, tous lés lieus de demonstration escris par lés rhéteurs Grecz et Latins. Je dy en l'une et en l'autre partie de louenge et de vitupére. Car autant bien se blasonne le laid comme le beau, et le mauvais comme le bon: tesmoin Marot en sés Blasons du beau et du laid Tetin: et sortent lés deus d'une mesme source, comme louenges et invectives.[2]

Sebillet n'a pas tort, et il serait difficile de donner de ce genre une définition différente. Au XVe siècle on trouve sous le nom de blason de longs traités en prose; au début du XVIe siècle on connaît un long poème satirique, de la plume de Gringore, intitulé *Le Blazon de l'hereticque*.[3] Tout ce qu'ont de commun tous ces écrits, c'est que, qu'ils soient satiriques ou élogieux, ils sont descriptifs. Marot lui-même a appelé blasons des pièces de caractère et de longueur fort différents. Ainsi le blason *Des Statues de Barbe & de Jaquette*[4] est un poème de 14 vers alexandrins purement descriptif, bien que la description puisse cacher un dessein satirique.[5] Le célèbre *Blason du beau Tetin*[6] est un poème de 34 vers à la louange du sein d'une « humble damoyselle », alors que le blason *Du laid Tetin* consiste en 42 vers tous exécrant la laideur du sein d'une vieille femme.[7]

Le manuscrit de Chantilly contient les premières épigrammes de Marot composées comme telles. En dehors de la section de ce

---

[1] Il ne s'agit pas ici des Etrennes de cinq vers publiées en 1541 et qui doivent être considerées comme un genre à part (voir *Œuvres diverses*, pp. 15–16).
[2] *Ouvr cit.*, p. 169.
[3] P. Gringore, *Œuvres complètes*, éd. par C. d'Héricault et A. de Montaiglon, Paris, 1858, 2 vol., t. I, pp. 287–95.
[4] Epigramme x.   [5] Voir plus bas, p. 103, n. 1.
[6] Epigramme LXXVII.   [7] Epigramme LXXVIII.

recueil qui réunit les *Epigrammes à l'imitation de Martial*,[1] 80 pièces sont données sous le titre: *Autres œuvres. Epigrammes de l'invention de Marot*.[2] Il n'est pas tout à fait clair si le poète entend indiquer par ce titre que tous les poèmes figurant dans cette section sont des épigrammes, ou si les pièces appartenant à ce genre ne forment qu'une partie des « autres œuvres ». L'analyse nous montre que trois de ces poèmes ne sont pas de Marot, mais appartiennent à Marguerite de Navarre,[3] au cardinal de Tournon,[4] et à Antoine Héroet.[5] Un des poèmes n'est certainement pas une épigramme, mais un rondeau.[6] Un autre est une épitaphe;[7] enfin il s'y trouve trois chansons.[8] De loin la plupart pourtant sont bien des épigrammes et prirent leur place dans le Second Livre d'Epigrammes dans l'édition des *Œuvres* quatre mois plus tard. Les titres individuels, de même que la facture de ces épigrammes, montrent qu'elles ne se distinguent guère des pièces courtes de l'*Adolescence* et de la *Suite*. On relève plusieurs Etrennes, une pièce porte le titre Dixain, etc.

Une dernière section du manuscrit porte le titre *Epigrammes de Marot à l'imitation de Martial*.[9] Elle groupe onze épigrammes.[10] Notons à ce propos qu'aucun de ces poèmes, à l'exception de l'épigramme L, ne figurera dans l'édition des *Œuvres*. Il existe sans doute plusieurs autres pièces du manuscrit de Chantilly, et parmi elles quelques-unes des plus importantes compositions de Marot,[11] qui ne furent jamais imprimées du vivant du poète. Mais l'omission de tous ces poèmes s'explique assez simplement par le désir de Marot de ne pas livrer au public certaines de ses réflexions pendant l'exil et certaines de ses remarques défavorables à l'égard du duc d'Este.[12] Pour les épigrammes imitées de

---

[1] Voir plus bas, p. 43.
[2] P. 101 à p. 141.
[3] « Si ceulx à qui deviz comme vous dictes. »
[4] « Ung facheux corps vestu d'un satin gras. »
[5] « Qui le vouldra souhaicte que je meure. »
[6] *Œuvres diverses*, LXI, Rondeau LXI.
[7] *Ibid.*, CXXV, Epitaphe XXXVI.
[8] *Œuvres lyriques*, XLV, Chanson XXXVI; XLVI, Chanson XXXVII, et L, Chanson XLI.
[9] P. 142.
[10] Ce sont: Epigrammes CLXXIX, CLVII, CLVI, CLXXI, CLXX, L (cette épigramme, bien qu'imitée de Martial, est rangée dans *Le Premier Livre des Epigrammes* dans l'édition de 1538), CLV, CLII, CLXXIV, CLXXV, CLXXI.
[11] Par exemple les épîtres XL, XLII, XLIII, XLIV, et XLVI.
[12] Voir *Œuvres lyriques*, LXXVI, Cantique I.

Martial par contre il n'existe aucune raison expliquant leur omission des *Œuvres*—et de toutes les autres éditions imprimées du vivant du poète—sinon le souci esthétique de publier ensemble toutes ses imitations de Martial. Rappelons que les onze épigrammes en question ne forment qu'une fraction des épigrammes que Marot composa à l'imitation du poète latin.[1]

Il ne serait pas étonnant que ce fût la familiarité de Martial qui ait donné à Marot l'idée de l'épigramme, si bien que ces poèmes pourraient bien être les premières épigrammes composées comme telles de la plume de Marot. Si l'hypothèse de l'influence de Dolet est correcte,[2] elle ne peut que renforcer la théorie—puisque Dolet fut le plus grand latiniste de l'époque—de l'influence du grand épigrammatiste latin sur l'épigramme marotique et partant l'épigramme française.

L'édition des *Œuvres* de 1538, en dehors du fait de consacrer pour ainsi dire l'Epigramme et de bannir pour toujours huitains, dizains, blasons et envois, n'apporte guère d'éléments nouveaux, à part un trait curieux, trait qui pourtant se rapproche plutôt de Pétrarque que de Martial. Le Second Livre d'Epigrammes porte en effet le titre: *Le Second Livre des Epigrammes dedié à Anne*.[3] On pourrait donc voir dans ce recueil d'une centaine d'épigrammes consacrées à une seule maîtresse une espèce de *canzoniere*, en l'occurence le premier *canzoniere* français, s'il n'était que la plupart des poèmes dans ce Second Livre ne se rapportent ni à Anne, ni à l'amour du poète pour cette maîtresse. Toutefois le premier et le dernier poèmes de ce Second Livre sont bien adressés à Anne (Epigramme LXXIX « Anne, ma sœur, sur ces miens Epigrammes » et Epigramme CLI « Puis que les Vers que pour toy je compose »). Il s'agit donc en quelque sorte d'une tentative de *canzoniere*, plutôt que d'une vraie imitation.[4] Pourtant la chose est importante. Une fois de plus on voit le véritable rôle de novateur que joue Marot. De même que les Elégies préparent la voie aux *Odes* de Ronsard,[5] *Le Second Livre*

---

[1] Voir plus bas, pp. 43-4.
[2] Voir plus haut, pp. 8-9.
[3] Sur Anne, voir plus bas, pp. 21-3.
[4] Sur le Pétrarquisme de Marot, voir C. A. Mayer et D. Bentley-Cranch, *Clément Marot, poète pétrarquiste*, BHR, t. XXVIII, 1966, pp. 32-51.
[5] Voir C. A. Mayer, *Les Œuvres de Clément Marot: L'Economie de l'Edition Critique*, BHR, t. XXIX, 1967, pp. 357-72.

des Epigrammes dedié à Anne prépare la voie à la *Délie* de Scève et à l'*Olive* de Du Bellay.

Les Deux Livres d'Epigrammes ne contiennent qu'à peu près la moitié des épigrammes de Marot. Comme nous l'avons vu, même un certain nombre de poèmes de ce genre composés avant 1538 n'y figurent pas.[1] Après 1538, Marot a continué d'écrire des épigrammes jusqu'à la fin de sa vie; mais on sait qu'il n'a plus procuré d'éditions de ses œuvres. Dans ces conditions on trouve que presque chacune des nombreuses éditions des *Œuvres* de Marot entre 1538 et 1544 contient une ou deux épigrammes inédites. Cependant les seuls recueils présentant des épigrammes inédites en grand nombre et d'une facture nouvelle sont les éditions posthumes, *Epigrammes de Clement Marot faictz à l'imitation de Martial*, publiée à Poitiers par les frères de Marnef en 1547,[2] et *Traductions de Latin en Françoys, Imitations et Inventions nouvelles, tant de Clement Marot que d'autres des plus excellens Poetes de ce temps*, sortie des presses d'Etienne Groulleau à Paris en 1550.[3] Ces poèmes font suite pour la plupart aux épigrammes imitées de Martial du manuscrit de Chantilly. Il est impossible de savoir quand Marot les a composés. Comme nous l'avons vu,[4] il n'a pas publié les imitations de Martial contenues dans ce manuscrit. Tout nous porte donc à croire qu'il entendait, non pas mettre ces poèmes parmi ses autres épigrammes, mais réunir en un seul volume toutes ses imitations de Martial.[5] Il est donc probable qu'il a travaillé à une telle entreprise à partir de 1537, et que c'est le second exil en décembre 1542, et puis la mort, qui l'ont interrompu dans cette tâche.

Peut-on donner une définition de l'épigramme marotique? Disons d'abord que malgré leurs origines disparates, malgré le fait que beaucoup d'entre ces pièces ont été composées comme dizains, blasons, étrennes, etc., qu'une partie en est d'inspiration lyrique, une autre d'inspiration satirique, alors qu'un grand nombre en représentent purement de la poésie de circonstance,

---

[1] Voir plus haut, p. 15.   [2] *Bibliographie*, II, no. 154.
[3] *Bibliographie*, II, no. 273; Brunet (III, 1460) cite un exemplaire de cette édition portant la date de 1549. Il s'agit sans doute d'une erreur, due à une confusion entre la date du privilège qui est du 30 septembre 1549, et la date de publication qui est 1550. Ajoutons que je n'ai pu trouver aucun exemplaire daté de 1549.
[4] Plus haut, p. 15.   [5] Voir plus bas, pp. 43-4.

que beaucoup de ces poèmes ont leur racine dans la poésie du XVe siècle, alors que d'autres sont d'inspiration pétrarquiste[1] et que d'autres encore sont imitées de Martial,[2] les épigrammes ont un fort caractère d'unité. Aussi est-il impossible de les séparer en pièces lyriques, pièces satiriques et pièces de circonstance. Outre qu'une telle tentative serait nettement contraire, comme nous l'avons vu,[3] aux intentions du poète, elle serait aussi irréalisable que le serait la tentative de séparer en plusieurs groupes les épîtres ou les rondeaux de Marot. Du reste il n'y a là rien d'étonnant; le mélange du lyrisme, de la satire et de la poésie de circonstance se retrouve chez la plupart des grands poètes épigrammatiques, que ce soit Catulle, Martial ou Du Bellay. Marot, dans ses épigrammes, ne fait pas exception.

ii. *L'art de Marot*

Avec les épîtres, ce sont les épigrammes de Marot qui ont été le plus goûtées du grand public. Ce n'est pas tant, comme on l'a si souvent affirmé, que Marot a le souffle court, et que son talent se prête mal aux ouvrages plus soutenus. C'est bien plutôt le goût du public qui est responsable de cette préférence. Le même phénomène s'est produit pour Du Bellay et Ronsard, dont les œuvres à longue haleine, telles les odes pindariques ou les hymnes, sont loin de jouir du même succès que les sonnets ou les odelettes.

Il faut noter surtout que le XVIIe siècle qui a fait à Marot la réputation de poète léger et spirituel, a choisi de l'œuvre de Marot le seul aspect qu'il était capable d'apprécier. Le côté élégant, mondain, spirituel et badin, si près du sien, était certes le seul de l'œuvre de Marot que la société raffinée de cette époque a aimé. Au fond, par leurs jugements célèbres sur Marot, Boileau, La Fontaine et La Bruyère nous disent autant, sinon davantage, sur eux-mêmes que sur notre poète. Ni la satire de Marot, pleine d'attaques contre l'église catholique, ni ses œuvres lyriques n'étaient susceptibles d'être goûtées dans les salons du grand siècle, où l'engouement pour les « petits genres », pour les madrigaux, était si prononcé que Molière s'en est moqué. Si bien donc que l'exclusivité qu'accordent les anthologies aux épigrammes de Marot ne constitue pas vraiment un jugement de

[1] Voir plus bas, pp. 24–7. [2] Voir plus bas, pp. 28–30. [3] Plus haut, pp. 12–15.

valeur pur, mais un jugement de valeur conditionné par des considérations particulières, par des erreurs historiques et des ignorances séculaires.

Au XVIIIe siècle la situation changea très peu, à quelques exceptions près.[1] Lorsque Sainte-Beuve découvrit la Pléiade au début du XIXe siècle,[2] la juste appréciation du génie de Du Bellay et de Ronsard qui alla en grandissant à partir de ce moment-là eut par malheur, et contrairement à la volonté de Sainte-Beuve, le résultat d'empêcher encore davantage la compréhension de la grandeur de Marot. Paradoxalement donc, la formule de l'élégant badinage, la conception de Marot, poète léger, frivole et spirituel s'implantèrent plus fermement que jamais dans l'esprit du public lettré.

Il ne semble donc pas nécessaire de rompre une lance en faveur des Epigrammes de Marot. Affirmons pourtant que bon nombre de ces poèmes sont effectivement parmi les plus spirituels et charmants de leur genre dans la poésie française.

Parlant des madrigaux, c'est-à-dire des épigrammes amoureuses, Faguet a dit:

> Aussi Marot est-il charmant dans le madrigal proprement dit, qui n'est qu'un compliment bien tourné. Il faut remarquer, à propos de ce « genre éminemment français », que peut-être en effet les étrangers (à en excepter les Italiens) n'y ont pas réussi du tout; mais aussi que le nombre est très petit des Français qui y ont fait bonne figure. En vérité, j'en compte un par siècle, en en accordant deux, si l'on veut, pour le dix-huitième. Il faut croire que tourner une flatterie délicate qui ne soit pas fade est donc chose assez difficile, et pourtant le mérite n'en est pas petit. Dans Marot, de ces flatteries-là on a le choix, et du choix on a l'embarras.[3]

Et à propos des épigrammes tout court, le même critique dit:

> Les épigrammes sont la gloire même de Marot. En ce genre il est inventeur, créateur, absolument original. Toutes ses qualités ici lui servent. Il est court, ce que personne avant lui en France, et non pas même Villon, n'a su être; il est clair, il est vif, il est spirituel, il a l'expression trouvée et inattendue, il a un certain tour à la fois facile en apparence et d'une précision très savante qui fait merveille dans l'attaque

---

[1] Le côté satirique de Marot semble avoir été mieux apprécié au siècle des lumières. Voir C. A. Mayer, *Notes sur la réputation de Marot aux XVIIe et XVIIIe siècles*, BHR, t. xxv, 1963, pp. 404–7.
[2] Voir *Œuvres lyriques*, pp. 29–30.
[3] E. Faguet, *Seizième Siècle*, Paris, Boivin, pp. 51–2.

et la raillerie; il a un ton de naiveté narquoise qui ajoute le ragoût et qui achève. Il est bien là sur un domaine qui est à lui. On n'a pleinement réussi depuis dans l'épigramme qu'en l'imitant, ou, sans qu'on l'imitât, quand on y était bon on semblait l'imiter.[1]

Un des problèmes qui, depuis le XVIIIe siècle au moins, ont compliqué l'étude de ces poèmes c'est l'identité des maîtresses à qui la plupart auraient été adressés selon le jugement de tant d'érudits. Le même problème se pose, on le sait, pour les élégies, à la différence près que dans les élégies aucune femme n'est nommée, alors que les épigrammes contiennent les noms de quatre femmes.[2] On connaît la théorie de Lenglet-Dufresnoy, selon laquelle Ysabeau ou Luna, la maîtresse infidèle qui a dénoncé le poète à la Sorbonne, serait Diane de Poitiers, et que le poète, après avoir été ainsi l'amant de la maîtresse du roi, aurait été celui de la sœur du roi, Marguerite d'Angoulême. Bien que discréditée depuis longtemps, on l'a vue renaître de temps à autres, sous des formes de plus en plus saugrenues.[3] Il semble même futile d'espérer que de telles inventions romantiques cessent, leur invraisemblance ayant tant de fois été démontrée. Il y a tout lieu de croire qu'on se plaira à découvrir les amours secrètes de Marot à force d'anagrammes et de bonne volonté.

Disons pourtant qu'Ysabeau, si elle a jamais existé, ce qui peut paraître douteux, est non seulement entièrement mystérieuse, mais encore ne semble pas, d'après les quelques poèmes qui mentionnent ce nom, avoir été la maîtresse de Marot. Rappelons que son nom paraît dans le titre du rondeau: *De l'inconstance de Ysabeau*[4] mais seulement à partir de 1538, alors que ce rondeau fut probablement composé en 1526 et publié dès 1534.[5] Quatre épigrammes seulement sont au sujet d'Ysabeau, l'épigramme « Qui en Amour veult sa jeunesse esbattre »[6] publiée dans l'*Adolescence Clementine* du 12 août 1532 sous le titre *Le dixain de Fermeté*

---

[1] E. Faguet, *ouvr. cit.*, p. 56.
[2] En voici la liste; je ne mentionne, bien entendu, que les poèmes d'amour et non les épigrammes galantes adressées aux dames de la cour.: Anne, Catin, Diane, Ysabeau.
[3] Cf. Ph. A. Becker, *Clement Marots Buch der Elegien, sein Sinn und seine Bedeutung* dans *Romanica, Festschrift Prof. Dr. F. Neubert*, Berlin, 1948, pp. 9–54.
[4] *Œuvres diverses*, LXIII, Rondeau LXIII.
[5] Voir C. A. Mayer, *Marot et « Celle qui fut s'amye »*, BHR, t. XXVIII, 1966, pp. 369–76.
[6] Epigramme V.

et qui ne sera intitulé *A Ysabeau* que dans les *Œuvres* de 1538, « Quand j'escriroys que je t'ay bien aymée »[1] publiée dans les *Œuvres* de 1538 sous le titre *A Ysabeau*, une pièce imitée de Martial « Ysabeau, lundy m'envoyastes »,[2] pièce qui figure dans le manuscrit de Chantilly, également sous le titre *A Ysabeau*, mais où Ysabeau est l'équivalent de la Gellia du poème de Martial, et enfin « Ysabeau, ceste fine mousche »[3] publiée dans le recueil de 1547 sous le titre *D'Ysabeau*. Seule dans ce dernier poème, la personne d'Ysabeau semble être réelle:

> Ysabeau, ceste fine mousche,
> Clavier (tu entens bien Clement?)
> Je sçay que tu sçayz qu'elle est lousche,
> Mais je te veulx dire comment
> Elle l'est si horriblement,
> Et de ses yeux si mal s'acoustre
> Qu'il vauldroit mieux, par mon serment,
> Qu'elle feust aveugle tout oultre.

Toutefois, et malgré les précisions physiques, rien ne nous permet d'identifier la femme dont il s'agit; rien surtout ne nous permet d'affirmer qu'il s'agit d'une maîtresse ou ancienne maîtresse du poète.

La seule femme nommée par Marot et dont l'identité a été démontrée avec un certain degré de vraisemblance c'est Anne d'Alençon, fille du bâtard Charles d'Alençon.[4] Notons d'abord que c'est presque exclusivement dans les Epigrammes que le poète la nomme; une seule pièce appartenant à un autre genre contient la mention de son nom;[5] aussi les allusions à elle que des érudits comme Abel Lefranc ont voulu voir dans d'autres pièces, comme par exemple dans l'élégie XXIV,[6] sont-elles illusoires.

L'identité d'Anne a été établie par Abel Lefranc.[7] Bien que beaucoup des dates, précisions et détails fournis par ce grand seiziémiste aient dû être abandonnés en présence de nos connais-

---

[1] Epigramme LX.   [2] Epigramme CLXX.   [3] Epigramme CCXXIII.
[4] Charles, bâtard d'Alençon, fils du duc René et frère illégitime de Charles, duc d'Alençon, premier époux de Marguerite d'Angoulême. (Voir A. Lefranc, *Grands Ecrivains français de la Renaissance*, I, *Le Roman d'Amour de Clément Marot*, Paris, Champion, 1914, pp. 15–17.)
[5] *Œuvres diverses*, CLXXIV, Etrenne XLI. Voir plus bas, p. 23.
[6] *Œuvres lyriques*, LXXV.
[7] *Le Roman d'Amour de Clément Marot*, ouvr. cit.

sances actuelles,[1] on peut affirmer que dans les grandes lignes la découverte de Lefranc est vraie. Marot a dédié, comme nous l'avons vu, le *Second Livre des Epigrammes* à Anne, lançant ainsi en quelque sorte la mode des *canzonieri*. Treize de ses épigrammes sont dédiées à Anne, ou mentionnent son nom. Sur ces treize poèmes, douze figurent déjà dans l'*Adolescence Clementine* et un dans la *Suite*. Mieux encore, pour la seule fois en ce qui concerne ses amours, le poète nous a fourni des précisions, comme par exemple dans le poème suivant:

> J'ay une lettre entre toutes eslite;
> J'ayme ung pais, & ayme une chanson:
> N est la lettre, en mon cœur bien escripte,
> Et le pais est celuy d'Alençon;
> La chanson est (sans en dire le son):
> Alegez moy, doulce, plaisant brunette;
> Elle se chante à la vieille façon,
> Mais c'est tout ung, la brunette est jeunette.[2]

Anne d'Alençon était la nièce du premier mari de Marguerite d'Angoulême, le duc d'Alençon. Marot a donc pu la rencontrer dès son entrée au service de cette princesse vers 1519-20. Quant aux péripéties des amours du poète pour la jeune princesse, il faut non seulement renoncer à les suivre, mais déclarer nettement que de telles conjectures sont vaines. Anne n'a été qu'une

---

[1] Ainsi l'élégie XXIV (*Œuvres lyriques*, LXXV), l'*Epistre faicte par Marot*, date clairement du retour d'exil de Marot et non pas du mois de mai 1526 comme le prétend Lefranc. Le poète ne nomme pas Anne dans ce poème, et il semble fort douteux qu'il soit adressé à elle.
De même les allusions à Anne d'Alençon dans l'*Adieu aux Dames de la Court* (*Œuvres lyriques*, Appendice 1) me semblent illusoires, étant extrêmement vagues et générales. Du reste ce poème est d'authenticité douteuse (voir *Œuvres lyriques*, p. 46); entre autres raisons contre son attribution à Marot on peut noter que le poète était absent de la cour au moment où ce poème fut composé (octobre 1537).
De plus l'argumentation de Lefranc concernant les Elégies qui seraient adressées à Anne n'entraîne pas la conviction. Il suffit de noter qu'Anne n'y est pas mentionnée une seule fois. Sauf la dernière, qui ne fut pas publiée par le poète, les élégies de Marot sont ce qu'il a écrit de moins personnel et il est vain de vouloir y découvrir des indices de sa vie amoureuse. (Voir *Œuvres lyriques*, pp. 19-20.)
Enfin les détails du « roman d'amour » de Marot et d'Anne que Lefranc a tâché d'établir sont pour la plupart imaginaires, puisqu'il n'a su éviter le danger de prendre à la lettre de simples lieux communs poétiques, voire des *concetti* pétrarquistes comme l'échange des coeurs, etc.

[2] Epigramme CCVIII.

maîtresse non pas platonique, mais toute poétique. Tout au plus peut-on admettre qu'il y eut une espèce d'amitié entre elle et Marot. Sa situation de fille d'une lignée illégitime la rendit sans doute plus accessible au poète qu'une femme de noblesse légitime. En la chantant, Marot crut peut-être plaire à sa protectrice, Marguerite d'Angoulême. De plus, à la cour de Marguerite, les deux jeunes gens eurent probablement l'occasion de se parler. Il n'en reste pas moins vrai que l'amitié, si amitié il y eut, entre Clément Marot et Anne d'Alençon fut littéraire, fut surtout et avant tout un jeu, un prétexte pour le poète, lui permettant d'écrire des poèmes d'amour. N'oublions pas du reste qu'en décembre 1540 Anne épousa Nicolas de Bernay, et qu'à l'occasion de ce mariage, Marot offrit à celle qui avait été sa maîtresse poétique, cette étrenne des plus gaillardes:

> Vostre mary a fortune
> Opportune;
> Si de jour ne veult marcher,
> Il aura beau chevaucher
> Sur la brune.[1]

preuve, à nos yeux du moins, qu'il n'y eut jamais de véritable amour au cœur de Marot pour Anne, sa « sœur ».

Cette amitié littéraire nous a valu pourtant quelques-uns des poèmes d'amour les plus délicats de la langue française. Dans ces poèmes Marot évite non seulement l'érotisme et la grivoiserie, typiques cependant de l'époque et qui n'étaient certes pas inconnues à sa Muse, mais encore les clichés de la poésie d'amour du moyen âge qu'on retrouve tant de fois dans ses élégies. Dans ces poèmes dédiés à Anne, Marot substitue à tout cela le naturel et l'élégance, qualités typiques de son génie.

On sait que presque dès ses débuts Marot a « pétrarquisé »,[2] comme du reste son père,[3] et plusieurs autres poètes de la fin du XVe siècle.[4] Ses rondeaux d'amour notamment doivent une bonne partie de leur inspiration à Pétrarque et à ses imitateurs italiens.[5]

---

[1] Œuvres diverses, CLXXIV, Etrenne XLI.
[2] Voir C. A. Mayer et D. Bentley-Cranch, Clément Marot, poète pétrarquiste, art. cit.
[3] Voir C. A. Mayer et D. Bentley-Cranch, Clément Marot, poète pétrarquiste, Jean Marot, BHR, t. XXVII, 1965, pp. 183-5, et M. White, Petrarchism in the French Rondeau before 1527, FS, vol. XXII, October 1968, no. 4, pp. 287-95.
[4] Ibid.   [5] Voir Œuvres diverses, pp. 20-9.

Les Epigrammes présentent un problème plus complexe que celui des Rondeaux de ce point de vue. Depuis Vianey,[1] on a toujours reconnu l'inspiration pétrarquiste des Epigrammes ayant pour sujet l'amour.[2] Pourtant la question des dates a contribué ici encore, à induire les critiques en erreur. En effet, puisque le titre d'Epigramme figure pour la première fois dans l'édition des *Œuvres* de Marot publiée en 1538,[3] on a pu penser que toutes les pièces appartenant à ce genre furent publiées pour la première fois dans cette édition et qu'elles ont donc été composées entre 1533 et 1538, c'est-à-dire au cours des années d'exil et après le retour du poète. Il était ainsi possible de maintenir l'hypothèse selon laquelle Marot n'aurait connu la poésie pétrarquiste qu'à Ferrare. Or, sur les 151 poèmes publiés en 1538 sous le titre d'Epigrammes,[4] 44 avaient figuré dans l'*Adolescence* ou la *Suite* sous celui de Huitains, Dizains, Blasons, etc. Parmi ces pièces publiées dès 1532 et 1533 et réimprimées en 1538 dans *Le Premier Livre des Epigrammes*, dix au moins sont d'inspiration nettement pétrarquiste; plusieurs d'entre elles ont été citées comme exemples du pétrarquisme de Marot.[5] Ce sont d'abord trois poèmes publiés dans l'*Adolescence Clementine* du 12 août 1532: « May qui portoit Robe reverdissante »,[6] « La belle Rose à Venus consacrée »,[7] et « Damoyselle que j'ayme bien ».[8]

Dans les deux premiers poèmes, l'inspiration pétrarquiste est évidente et des plus heureuses. Marot y rejoint, à travers les poètes italiens, l'*Anthologie grecque* et Anacréon, montrant une fois de plus à quel point il sut être le précurseur des plus grandes réussites de la Pléiade et le vrai responsable de bon nombre des innovations que l'on a attribuées à ce groupe.[9]

Sept pièces publiées pour la première fois dans la section de *La Suite de l'Adolescence Clementine* intitulée *Le Menu*, vers la

---

[1] *Le Pétrarquisme en France au XVIe siècle*, Montpellier, 1909.
[2] R. Weiss, *The spread of Italian Humanism*, Hutchinson University Library, London, 1964.
[3] *Bibliographie*, II, no. 71.
[4] Dans ce nombre ne sont pas compris les poèmes appartenant à d'autres auteurs, un sonnet et une traduction publiés avec les épigrammes de Marot.
[5] J. Vianey, *ouvr. cit.* [6] Epigramme VIII.
[7] Epigramme XI. [8] Epigramme XV.
[9] On peut noter à ce propos que plusieurs épigrammes semblent inspirées de l'*Anthologie grecque* probablement à travers le poète napolitain Angeriano (voir plus haut, p. 11) notamment XXIV, LVI.

fin de 1533,[1] sont également d'essence pétrarquiste. Ce sont « Elle s'en va de moy la mieulx aymée »,[2] « Anne (par jeu) me jecta de la Neige »,[3] « Si jamais fut ung Paradis en Terre »,[4] « Tu m'as donné au vif ta Face paincte »,[5] « Present, present de couleur de Colombe »,[6] « Tant est l'Amour de vous en moy empraincte »,[7] et « Incontinent que je te vy venue ».[8]

Parmi les épigrammes publiées pour la première fois en 1538 on en trouve quatorze d'inspiration pétrarquiste. Ce sont les pièces: « Elle a tresbien ceste gorge d'Albastre »,[9] « Le cler Phebus donne la vie & l'aise »,[10] « Hommes expers, vous dictes par science »,[11] « En grand travail, plein d'amour, j'ay passé »,[12] « Ung doulx Nenny avec ung doulx soubzrire »,[13] « Je sens en moy une flamme nouvelle »,[14] « Où allez-vous, Anne? que je le sache »,[15] « Ce nouvel an pour Estreines vous donne »,[16] « Bouche de coral precieux »,[17] « Anne, ma Sœur, d'où me vient le songer »,[18] « Des que m'Amye est ung jour sans me veoir »,[19] « Ce franc Baiser, ce Baiser amyable »,[20] « Moys amoureux, Moys vestu de verdure »,[21] et « Puis qu'au millieu de l'Eau d'un puissant fleuve ».[22] De ces quatorze poèmes douze figurent déjà dans le manuscrit de Chantilly offert au connétable de Montmorency au mois de mars 1538.[23]

Après 1538, contrairement à ce qu'a cru Vianey, la source du pétrarquisme est pour ainsi dire tarie dans la poésie de Marot. Parmi les très nombreuses épigrammes publiées—rappelons que leur date de composition est le plus souvent impossible à établir avec précision—après 1538, quatre seulement montrent une inspiration nettement pétrarquiste. Ce sont: « Nanny desplaist et cause grand soucy »,[24] « Un ouy mal acompagné »,[25] « Le cler Soleil par sa presence efface »,[26] et « Puisqu'il convient pour le pardon gaigner ».[27] Encore est-il possible que ces poèmes furent composés avant 1538, mais ne furent inclus ni dans l'édition du

---

[1] *Bibliographie*, II, no. 15.   [2] Epigramme XXIII.   [3] Epigramme XXIV.
[4] Epigramme XXV.   [5] Epigramme XXVIII.   [6] Epigramme XXIX.
[7] Epigramme XXX.   [8] Epigramme XXXI.   [9] Epigramme LI.
[10] Epigramme LVI.   [11] Epigramme LVII.   [12] Epigramme LXV.
[13] Epigramme LXVII.   [14] Epigramme LXX.   [15] Epigramme LXXII.
[16] Epigramme LXXXV.   [17] Epigramme CII.   [18] Epigramme CXV.
[19] Epigramme CXVII.   [20] Epigramme CXXVIII.   [21] Epigramme CXLVII.
[22] Epigramme CXLVIII.   [23] Voir *Bibliographie*, I, pp. 10–18.
[24] Epigramme CCLXII.   [25] Epigramme CCLXIII.   [26] Epigramme CCIX.
[27] Epigramme CCXLI.

31 juillet 1538, ni dans le manuscrit de Chantilly du 30 mars 1538.

L'étude des épigrammes de Marot nous amène donc à la conclusion que le pétrarquisme, loin d'avoir été contracté pendant son séjour en Italie, constitue l'une des principales inspirations de sa poésie d'amour dans sa jeunesse et avant son exil. Après son retour d'Italie, cette source est plus ou moins tarie. Pour expliquer ce phénomène, il ne suffit pas d'invoquer l'âge mûr du poète et la traduction des psaumes qui semble effectivement l'avoir absorbé après son retour d'exil, car il a composé pendant la fin de sa vie une bonne centaine d'épigrammes dont beaucoup sont amoureuses. Ne serait-ce pas précisément son séjour en Italie qui, paradoxalement si l'on songe à la théorie de Vianey, l'aurait détourné de l'imitation des modèles italiens? Le pétrarquisme de la jeunesse de Marot s'inspire en grande partie des poètes précieux de la fin du quinzième siècle, Olimpo di Sassoferrato, Chariteo, Tebaldeo et Serafino Aquilano. A Ferrare, Marot a pu observer que la préciosité était passée de mode, et que ces poètes dont il s'était inspiré naguère étaient peu prisés du public lettré italien. Ne nous étonnons pas, alors, de le voir renoncer plus ou moins complètement aux modèles de sa jeunesse.

On peut admettre d'ailleurs que le goût de Marot pour Martial auquel il semble avoir été initié après son retour d'exil[1] a contribué à le détourner de Pétrarque.

Pourtant le pétrarquisme a été une source d'inspiration particulièrement heureuse pour Marot. Qu'on considère l'épigramme suivante:

>   Elle a tresbien ceste gorge d'Albastre,
>   Ce doulx parler, ce cler tainct, ces beaux yeux;
>   Mais en effect ce petit Ris follastre
>   C'est (à mon gré) ce qui luy sied le mieux.
>   Elle en pourroit les chemins & les lieux
>   Où elle passe à plaisir inciter;
>   Et si ennuy me venoit contrister
>   Tant que par mort fust ma vie abatue,
>   Il ne fauldroit pour me resusciter
>   Que ce Ris là duquel elle me tue.[2]

Imitée évidemment du *dolce riso* si fréquent chez Pétrarque, cette épigramme contient les principaux *concetti* de la poésie

---

[1] Voir plus haut, pp. 8-9. [2] Epigramme LI.

italienne: description physique à l'aide de métaphores, expression de la force de l'amour à l'aide d'antithèses. Elle semble pourtant infiniment plus naturelle que les poèmes de Tebaldeo, de Serafino et des autres imitateurs précieux de Pétrarque. De plus, cette épigramme souligne une fois de plus le rôle de précurseur qu'a joué Marot, car enfin « la gorge d'Albastre » et « ce petit Ris follastre » présagent de façon très précise non seulement l'*Olive* de Du Bellay, mais encore les *Amours* de Ronsard.

Le nombre des épigrammes satiriques dans les *Deux Livres d'Epigrammes* est beaucoup moins considérable que celui des épigrammes lyriques, ou des épigrammes de circonstance. Par contre les épigrammes imitées de Martial sont presque toutes satiriques.[1]

Dans les épigrammes satiriques composées avant 1538 Marot ne se montre guère novateur, suivant dans l'ensemble la tradition des dizains et huitains satiriques en vogue à la fin du XVe et au début du XVIe siècle. De même que dans les rondeaux et ballades satiriques la seule chose qui distingue ces poèmes de ceux d'innombrables autres poètes connus ou inconnus de cette époque c'est la qualité. Assez typiquement, vu le caractère de Marot, c'est son indignation à la vue d'une injustice flagrante, en l'occurence le meurtre juridique du trésorier général Semblançay, qui lui inspire sa meilleure épigramme satirique avant 1538, *Du Lieutenant Criminel de Paris et de Samblançay*.[2] Le poème est célèbre à juste titre. Voltaire, bien que ses jugements sur la poésie du XVIe siècle soient souvent durs et injustes, a relevé la grandeur de cette épigramme:

> Il faut prendre garde qu'il y a quelques épigrammes héroiques, mais elles sont en très petit nombre dans notre langue. J'appelle *épigrammes héroiques* celles qui présentent à la fin une pensée ou une image forte et sublime, en conservant pourtant dans les vers la naiveté convenable à ce genre. En voici une de Marot. Elle (l'épigramme sur Semblançay) est peut-être la seule qui caractérise ce que je dis . . . Voilà, de toutes les épigrammes dans le goût noble, celle à qui je donnerais la préférence.[3]

---

[1] A l'exception des Epigrammes CLIV, CLV, CLXXIX, CLXXXIII.
[2] Epigramme XLIII.
[3] *Connaissances des Beautés et des Défauts de la Poésie et de l'Eloquence dans la langue française* (article '*Epigramme*'), *Œuvres complètes de Voltaire*, éd. L. Moland, 52 vols., Paris, 1877–1885, t. XXIII, p. 376.

La valeur morale aussi bien qu'artistique du poème gagne encore à la comparaison avec le genre de pièce qu'inspira ce même événement à un autre poète:

> *Epitaphe de feu Jacques de Beaulne*
> *en son vivant seigneur de Semblançay*
> *Lez Tours*
>
> Tresoriers, amasseurs de deniers
> Vous et voz clercs se n'estes gros asniers
> Bien retenir debvez ce quolibet,
> Que pareil bruyt avez que les musniers,
> Car, par larcin, en ces jours derniers
> Vostre Guydon fut pendu au gibet.[1]

Les problèmes que nous trouvons dans les épigrammes imitées de Martial sont différents. Une première constatation: c'est bien Marot qui a introduit Martial dans la poésie française. On ne connait aucune imitation du poète latin avant mars 1538, date du manuscrit de Chantilly dans lequel figure le premier groupe d'épigrammes à l'imitation de Martial. Même si l'on admet que Bouchet écrivit des épigrammes avant Marot,[2] et ce n'est pas sûr, il faut répéter que les poèmes du rhétoriqueur poitevin n'ont rien de satirique et n'ont rien de commun avec la poésie de Martial. De même les épigrammes de Michel d'Amboise, en admettant qu'elles ne soient pas toutes traduites d'Angeriano, ne doivent certainement rien à Martial.

D'une importance presque égale est le fait que nous sommes ici en présence de ce qui est probablement la première tentative systématique d'imitation poétique. Dans *La Deffence et Illustration de la langue françoise* Du Bellay condamne, on le sait, la traduction en matière de poésie pour prôner l'imitation. Il est vrai que cette condamnation est tant soit peu facile et superficielle, comme les réponses de Barthélemy Aneau et de Guillaume des Autels au pamphlet de Du Bellay le font observer à juste titre. Du reste Marot avait pratiqué la libre imitation des poètes de l'antiquité longtemps avant d'être initié à Martial. Pourtant c'est ici sa seule imitation systématique. Du point de vue de l'histoire littéraire ce fait est important.

---

[1] Roger de Collerye, *Œuvres*, éd. Héricault, Paris, 1855, p. 278.
[2] Voir plus haut, pp. 9–10.

L'imitation de Marot est en somme semblable à celle que feront plus tard Du Bellay et Ronsard de poètes tels que Bembo, Ariosto, Horace et Pindare. Tantôt il calque son original, tantôt il l'imite assez librement. Presque toujours il arrive à transposer très adroitement ce qu'il imite, témoin la longue épigramme sur la chienne de la reine Eléonore, imitée d'un poème de Martial,[1] où le lecteur non prévenu ne pourrait savoir qu'il s'agit d'une imitation—aussi peu du reste que dans la plupart des autres épigrammes imitées de Martial—puisqu'il est question de la reine de France, de Fontainebleau, et que la reine Eléonore avait effectivement une chienne du nom de Mignonne.

D'une façon différente, mais également convaincante, l'épigramme *A F. Rabelais* ne suggère aucunement le calque ou l'imitation :

> S'on nous laissoit noz jours en paix user,
> Du temps present à plaisir disposer,
> Et librement vivre comme il faut vivre,
> Palays & Cours ne nous faudroit plus suyvre,
> Plaids ne proces, ne les riches maisons
> Avec leur gloire & enfumez blasons;
> Mais sous belle ombre, en chambre & galeries,
> Nous promenans, livres & railleries,
> Dames & bains seroient les passetemps,
> Lieux & labeurs de noz espritz contens.
> Las, maintenant à nous point ne vivons,
> Et le bon temps perir pour nous sçavons,
> Et s'en voller, sans remedes quelconques;
> Puys qu'on le sçait, que ne vit on bien donques?[2]

C'est qu'ici prédomine la note personnelle. Si Marot s'est parfois trouvé heureux à la cour, s'il l'a saluée dans un vers célèbre comme sa « Maistresse d'escole »[3] il est pourtant plus que probable, vu son indépendance d'esprit, que surtout après son retour d'exil, il a dû s'y trouver malheureux à plus d'une reprise, et que les sentiments qu'il exprime dans cette épigramme sont bien les siens.

Il arrive assez souvent que l'imitation de Marot vaille mieux

---

[1] Epigramme CLIV, *De la Chienne de la Royne Elienor*, imitée de Martial, I, CIX « Issa est passere nequior Catulli ».
[2] Epigramme CLXXXIII.
[3] *Epîtres*, XLV, v. 34.

que l'original. C'est le cas par exemple de l'épigramme *De Jehan Jehan*[1] imitée du poème de Martial :

> Prædia solus habes et solus, Candide, nummos,
> aurea solus habes, murrina solus habes,
> Massica solus habes et Opimi Caecuba solus,
> et cor solus habes, solus et ingenium.
> Omnia solus habes—nec me puta uelle negare—
> uxorem sed habes, Candide, cum populo.[2]

Dans sa version, Marot aiguise le trait de l'original :

> Tu as tout seul, Jehan Jehan, vignes & prez ;
> Tu as tout seul ton cœur & ta pecune ;
> Tu as tout seul deux logis dyaprez,
> Là où vivant ne pretend chose aucune ;
> Tu as tout seul le fruict de ta fortune ;
> Tu as tout seul ton boire & ton repas ;
> Tu as tout seul toutes choses fors une :
> C'est que tout seul ta femme tu n'as pas.

Enfin les très nombreuses épigrammes qui tombent dans la catégorie de la poésie de circonstance sont dans l'ensemble d'une importance secondaire. Marot y déploie les mêmes qualités d'esprit et d'élégance qu'il montre dans les épîtres et dans ses autres poèmes mondains sans égaler jamais l'esprit et le badinage propre à certaines épîtres, ni le charme typique des Etrennes.

iii. *Versification*

Les Epigrammes de Marot ne sont liées à aucun système de versification fixe. Comme nous l'avons vu, beaucoup de ces pièces furent composées comme dizains, huitains, blasons, etc. Plus tard, Marot écrivit un nombre considérable de poèmes spécifiquement sous le titre d'épigramme, sans pour autant changer la structure métrique de manière à former un contraste avec celle des dizains et huitains. De plus il imita des épigrammes de Martial. Ici encore la facture n'est pas sensiblement différente de celle de ses autres épigrammes.

La longueur de ces pièces est très variée, allant du distique au poème de 48 vers. Ce faisant, Marot adopte tout simplement la manière de Martial et des autres épigrammatistes de l'antiquité.

---

[1] Epigramme CLIX. [2] Martial, III, XXVI.

Aussi Sebillet, dans son chapître *De l'Epigramme, et de sés usages et differences*,[1] s'inspirant comme toujours de Marot, dit-il :

Or appelle-je Epigramme, ce que le Grec et le Latin ont nommé de ce mesme nom, c'estadire, Poéme de tant peu de vers qu'en requiert le titre ou superscription d'œuvre que ce soit, comme porte l'étymologie du mot, et l'usage premier de l'épigramme, qui fut en Gréce et Italie premiérement approprié aus bastimens et edifices, ou pour mémoire de l'auteur d'iceus, ou pour merque d'acte glorieus fait par luy. Et ne devoit plus contenir de vers qu'il s'en pouvoit escrire dessus un portail dedans la frise enfoncée entre l'architrave et la corniche prominentes par dessus lés chapiteauz dés Colomnes. Pourtant tiennent encores lés Latins Poétes leur distique pour souverain épigramme. Mais pource que tout ce qu'on peut escrire en épigramme, ne s'est peu toujours comprendre en deuz vers, lés Grecz et Latins premiers, et nous François aprés euz, n'avons limité aucun nombre de vers pour l'épigramme : mais le alongeons tant que le requiert la matiére prise. Et de là est-ce que entre lés épitaphes (qui ne sont autres qu'inscriptions de tombes, ou épigrammes sépulchrauz) escris en Marot, en trouvons de longs jusques a 30 ou 40 vers. Tu dois neantmoins penser que les épigrammes qui ont plus de vers, sont ceus aussy qui ont moins de grace. Pource régulièrement lés bons Poetes François n'excedent le nombre de douze vers en épigramme : aussy en font ilz de tous lés nombres qui sont depuis douze jusques a deuz : Au dessoubz desquelz ryme ne peut consister en unité, pour raison que la parité de la ryme requiert estre couplée.[2]

Sebillet passe ensuite à une description assez detaillée des épigrammes de différentes longueurs, allant du distique au douzain :

Epigramme de deuz vers : De deuz vers tu en has un devant lés œuvres de Villon, attribué à Marot, qui dit :
>Peu de Villons en bon savoir
>Trop de Villons pour decevoir.[3]

Et dedans les œuvres de Marot l'épitaphe de Jane Bonté :
>Cy est le corps Jane Bonté, bouté :
>L'esprit au ciel est par bonté monté.[4]

De trois vers : De trois vers tu en trouveras peu, ou point : pource que le nombre de trois en ryme est nombre baillant et rompu : toutesfois ne feroy-je conscience d'en faire si le cas y eschéoit, comme a fait l'Italien sus la tombe du Poéte Seraphino a Rome, disant :
>Qui giace Seraphin : partirti hor poi,
>Sol d haver visto il sasso che lo serra
>Assai sei debitor a gli occhi toi.[5]

---

[1] *Art poétique françoys*, éd. cit., p. 103.   [2] *Ouvr. cit.*, pp. 103-5.
[3] Epigramme CCLXXIV.   [4] *Œuvres diverses*, XC, Epitaphe I.
[5] Ces vers de Bernard Accolti d'Arezzo furent inscrits sur la tombe de Serafino Aquilano à Rome, à l'église Sainte-Marie du Peuple.

Qui tourné en François et en trois vers, encor qu'il n'ayt le compliment du quatrain, n'est pourtant du tout vuidé de grace: comme tu peuz juger, lisant:

> Seraphin gyt icy: Or va, lecteur,
> Car ayant veu tant seulement sa tombe,
> D'asséz és tu a tés deuz yeus detteur.[1]

De quattre vers: De quattre vers tu en trouveras asséz en Marot, lés uns de ryme platte, comme cestuy cy

> Benest, quant ne te congnoissoie,
> Un sage homme je te pensoie:
> Mais quant j'ay veu ce qui en est,
> J'ai congnu que tu es benest.[2]

Lés aucuns en ryme croisée, et lés autres de ryme meslée, en sorte que le premier et le dernier vers symbolisans, lés deus du mylieu demeurent en ryme platte: voy lés exemples dedans lés Epigrammes de Marot: Car te lés escrire icy ne seroit qu'emplir papier.

De cinq vers: De cinq vers, se fait en ryme croisée: mais pource que le nombre de cinq est non pair, faut qu'il y ait deuz dés vers symbolisans en ryme platte: comme tu peus voir en ce cinquain, par lequel Marot dedie son adolescence a une Damoiselle:

> Tu has pour te rendre amusée
> Ma jeunesse en papier icy:
> Quant a ma jeunesse abusée,
> Un autre que toy l'a usée:
> Contente toy de ceste cy.[3]

De sis vers: De sis vers tu en trouveras aussy asséz en Marot: desquelz te specifier lés différentes sortes, seroit plus t'empescher que t'enseigner: car pour peu que tu sois versé en la ryme, tu entendras mieus l'assiette et symbolisation dés vers de toy mesmes, qu'homme ne te la pourroit enseigner. Pren toutesfois cestuy cy de Marot pour exemple:

> Le chant de coq la nuit point ne prononce,
> Ains le retour de la lumière absconse,
> Dont la nature il faut que noble on tienne:
> Or t'es montré vray coq en ta response,
> Car ton haut chant rien obscur ne m'annonce,
> Mais santé vive, en quoy Dieu te maintienne.[4]

De huit vers: Le huittain estoit frequent aus anciens, et est aujourd'huy fort usité entre lés jeunes aussy, pource qu'il ha je ne say quel accomplissement de sentence et de mesure qui touche vivement l'aureille. Pourtant avise toy de sa structure, qui est bien aisée: Car lés 4. premiers vers croisez, lés 4. derniers croisent aussy: mais en sorte que le quart et quint soient symbolisans en ryme platte: dequoy resulte que quattre

---

[1] Gaiffe suggère que cette traduction est l'ouvrage de Sebillet.
[2] Epigramme L.   [3] Epigramme CCLXXVI.   [4] Epigramme XXXVIII.

vers sont au huittain fraternisans de ryme, comme tu peus voir en ce huittain de Marot:

> L'autre jour aus champs tout fasché
> Vey un voleur se lamentant
> Dessus une roue attaché:
> Si luy ay dit en m'arrestant,
> Amy, ton mal est bien distant
> De celuy qui mon coeur empestre:
> Car tu meurs sus la roue estant,
> Et je meur que je n'y puy estre.[1]

Settain et neufain: Le settain et le neufain dependent du huittain: car le settain réguliérement se fait en syncopant le carme settiéme qui seroit au huittain: et le neufain en ajoutant a ce vers settiéme un rymant avecques luy en ryme platte. Je ne t'en donneray point d'exemple, pource qu'ilz sont peu usités, et autrement faciles a comprendre.

Dizain: Le dizain est l'épigramme aujourd'huy estimé premier, et de plus grande perfection: ou pource que le nombre de dis, est nombre plein et consommé, si nous croions aus Arithmeticiens ou pource que la matiére prise pour l'épigramme, y est plus parfaitement déduite, et le son de la ryme entrelassée y rend plus parfaite modulation. Quoy que soit, c'est le plus communément usurpé dés savans, et le doit estre de toy. Enten donc que réguliérement au dizain lés 4. premiers vers croisent, et lés 4 derniers: ainsy deus en restent a asseoir, dont le cinquiéme symbolise en ryme platte avec le quart, et le siziéme avec le settiéme pareillement, comme tu peus voir en ce dizain pris de la Delie de Scéve, et en tous lés autres dont ell' est pleine:

> Amour plouroit, voire si tendrement,
> Qu'a larmoier il esmut ma maistresse,
> Qui avec luy pleurant amérement
> Se distilloit en larmes de destresse:
> Alors l'enfant d'une esponge lés presse,
> Et lés reçoit: et sans vers moy se faindre,
> Voicy, dit-il, pour ton ardeur estaindre:
> Et ce disant l'esponge me tendit:
> Mais la cuidant a mon besoin estraindre,
> En lieu d'humeur flammes elle rendit.[2]

Le unzain se fait réguliérement en ajoutant au neufième vers du dizain un autre symbolisant avec luy en ryme platte: comme tu peus voir au suivant par lequel l'autheur d'iceluy remercie Salel de l'Iliade Françoise qu'il lui avoit donnée:

> Si tu m'avois fait autant grande part
> De ton esprit, comme de la féture

---

[1] Epigramme CIII.
[2] Maurice Scève, *Délie*, éd. I. D. McFarlane, Cambridge University Press, 1966, no. 302.

Qui de ton sens a ton grand honneur part,
Tu recevrois de moy a l'aventure
Présent au tien semblable de nature
Au moins, sinon semblable d'excellence:
Mais je ne puy suivant mon impuissance
Rendre rien, fors te dire, grand mercy,
Et aus neuf sœurs qui font de leur puissance
Vivre deuz fois l'Homérique éloquence,
Par toy, Salel, et toy par elle aussy.[1]

Je t'ay donne cest exemple pour formulaire de l'ajoutement de ce vers abondant plus qu'au dizain: qui te pourra semblablement servir au settain, et au neufain: mais si tu trouves unzains, neufains, et settains autrement diversifiés en leur ryme, souvienne toy de ce que je t'ay ja dit, qu'en toutes sortes d'épigrammes et poemes l'autheur peut a sa phantasie asseoir lés vers symbolisans, maisque il le face avec analogie et raison.

Douzain: De là vient que tu trouveras dés douzains en Marot de formes diverses: car celuy qui est au commencement de sés œuvres, et commence: « Oster je vœil, approche-toi mon livre »[2] est fait par quattrains liés par leurs derniers et premiers vers fraternisans en ryme platte: et celuy qui est imprimé sur la fin du second livre de sés épigrammes, et commence, « Ami Cravan, on t'a fait le rapport »[3] est fait comme le dizain: car lés 4. premiers et lés 4. derniers vers sont croisés, et lés 4. du mylieu sont joins entre soy et avec leurs précedens et suivans en symbole de ryme platte. Ainsi lés pourras tu diversifier tous a ta phantasie. »[4]

Quant à la longueur des vers, Marot emploie de préférence le décasyllabe et l'octosyllabe. Il a écrit plusieurs poèmes en alexandrins, de même plusieurs autres en vers de six et de deux syllabes.[5] Ici encore Sebillet s'inspire largement de Marot:

Quelz vers sont plus receus en l'epigramme: Quant a l'espéce dés vers propres pour l'épigramme, le huitain et le dizain plus parfais et usités entre lés autres, se trouvent plus dous et meilleurs de vers de huit et de dis syllabes: de huit aus matiéres plus légéres et plaisantes: de dis auz plus graves et sententieuses. S'il s'en trouve de plus petis vers, ilz ne sont pas a rejetter pour cela, car je t'ay ja avisé que l'espéce du carme ne diminue ny augmente gueres la grace du poéme du quel l'invention et l'élocution sont autrement ingenieuses. Tu trouveras aussy dés épi-

---

[1] Gaiffe suppose que ces vers sont l'ouvrage de Sebillet.
[2] Epigramme CCLXXVIII.
[3] Epigramme CCXVIII.
[4] *Art poétique françoys, ouvr. cit.*, pp. 105–13.
[5] Au fond ce poème (Epigramme XVI) de seize vers contient deux vers de huit syllabes en douzième et seizième place alors que les autres sont de deux syllabes.

ETUDE LITTÉRAIRE

grammes fais en vers Alexandrins, mais en ryme platte, et sans observation du nombre dés vers suivant la liberté d'icelle.[1]

Voici la liste de toutes les épigrammes de Marot donnant leur longueur et les vers qui y sont employés :

I	huit vers en décasyllabes	XXXIII	quatre vers en décasyllabes
II	dix vers en décasyllabes		
III	dix vers en décasyllabes	XXXIV	cinq vers en décasyllabes
IV	dix vers en décasyllabes	XXXV	dix vers en décasyllabes
V	dix vers en décasyllabes	XXXVI	huit vers en décasyllabes
VI	dix vers en décasyllabes	XXXVII	huit vers en décasyllabes
VII	dix vers en décasyllabes	XXXVIII	six vers en décasyllabes
VIII	dix vers en décasyllabes	XXXIX	six vers en décasyllabes
IX	dix vers en décasyllabes	XL	huit vers en décasyllabes
X	quatorze vers en alexandrins	XLI	dix vers en décasyllabes
		XLII	douze vers en octosyllabes
XI	quatorze vers en décasyllabes		
		XLIII	huit vers en décasyllabes
XII	vingt vers en décasyllabes	XLIV	dix vers en octosyllabes
		XLV	vingt-quatre vers en octosyllabes
XIII	huit vers en alexandrins		
XIV	huit vers en alexandrins	XLVI	dix vers en décasyllabes
XV	huit vers en octosyllabes	XLVII	dix vers en décasyllabes
XVI	seize vers (deux en octosyllabes, quatorze de deux syllabes)	XLVIII	dix vers en octosyllabes
		XLIX	quatre vers en octosyllabes
XVII	quatre vers en décasyllabes	L	quatre vers en octosyllabes
XVIII	quatre vers en octosyllabes	LI	dix vers en décasyllabes
		LII	dix vers en décasyllabes
XIX	sept vers en décasyllabes	LIII	dix vers en décasyllabes
XX	dix-huit vers de six syllabes	LIV	huit vers en décasyllabes
		LV	dix vers en décasyllabes
XXI	dix vers en décasyllabes	LVI	huit vers en décasyllabes
XXII	dix vers en décasyllabes	LVII	huit vers en décasyllabes
XXIII	dix vers en décasyllabes	LVIII	dix vers en décasyllabes
XXIV	dix vers en décasyllabes	LIX	dix vers en décasyllabes
XXV	dix vers en décasyllabes	LX	dix vers en décasyllabes
XXVI	dix vers en décasyllabes	LXI	dix vers en décasyllabes
XXVII	six vers en alexandrins	LXII	dix vers en octosyllabes
XXVIII	huit vers en décasyllabes	LXIII	huit vers en décasyllabes
XXIX	huit vers en décasyllabes	LXIV	dix vers en décasyllabes
XXX	huit vers en décasyllabes	LXV	huit vers en décasyllabes
XXXI	huit vers en décasyllabes	LXVI	huit vers en octosyllabes
XXXII	huit vers en octosyllabes	LXVII	huit vers en décasyllabes

[1] *Art poétique françoys*, ouvr. cit., pp. 113-14.

LXVIII	huit vers en octosyllabes	CXII	dix vers en décasyllabes
LXIX	dix vers en décasyllabes	CXIII	huit vers en décasyllabes
LXX	dix vers en décasyllabes	CXIV	huit vers en décasyllabes
LXXI	dix vers en décasyllabes	CXV	dix vers en décasyllabes
LXXII	dix vers en décasyllabes	CXVI	dix vers en décasyllabes
LXXIII	dix vers en décasyllabes	CXVII	dix vers en décasyllabes
LXXIV	dix vers en décasyllabes	CXVIII	dix vers en décasyllabes
LXXV	dix vers en octosyllabes	CXIX	huit vers en décasyllabes
LXXVI	trente vers en octosyllabes	CXX	dix vers en décasyllabes
		CXXI	dix vers en décasyllabes
LXXVII	trente-quatre vers en octosyllabes	CXXII	huit vers en décasyllabes
		CXXIII	huit vers de six syllabes
LXXVIII	quarante-deux vers en octosyllabes	CXXIV	dix vers en décasyllabes
		CXXV	huit vers en octosyllabes
LXXIX	cinq vers en décasyllabes	CXXVI	dix vers en décasyllabes
LXXX	six vers en octosyllabes	CXXVII	dix vers en décasyllabes
LXXXI	dix vers en décasyllabes	CXXVIII	huit vers en décasyllabes
LXXXII	huit vers en décasyllabes	CXXIX	dix vers en décasyllabes
LXXXIII	dix vers en décasyllabes	CXXX	huit vers en octosyllabes
LXXXIV	dix vers en décasyllabes	CXXXI	huit vers en octosyllabes
LXXXV	huit vers en décasyllabes	CXXXII	neuf vers en octosyllabes
LXXXVI	dix vers en décasyllabes	CXXXIII	dix vers en décasyllabes
LXXXVII	dix vers en décasyllabes	CXXXIV	huit vers en octosyllabes
LXXXVIII	dix vers en décasyllabes	CXXXV	dix vers en décasyllabes
LXXXIX	huit vers en décasyllabes	CXXXVI	huit vers en décasyllabes
XC	huit vers en décasyllabes	CXXXVII	huit vers en décasyllabes
XCI	huit vers en décasyllabes	CXXXVIII	dix vers en décasyllabes
XCII	dix vers en décasyllabes	CXXXIX	huit vers en décasyllabes
XCIII	dix vers en octosyllabes	CXL	dix vers en octosyllabes
XCIV	huit vers en décasyllabes	CXLI	dix vers en décasyllabes
XCV	huit vers en décasyllabes	CXLII	dix vers en decasyllabes
XCVI	huit vers en octosyllabes	CXLIII	dix vers en décasyllabes
XCVII	huit vers en octosyllabes	CXLIV	dix vers en décasyllabes
XCVIII	huit vers en décasyllabes	CXLV	dix vers en décasyllabes
XCIX	huit vers en décasyllabes	CXLVI	dix vers en décasyllabes
C	huit vers en octosyllabes	CXLVII	huit vers en décasyllabes
CI	huit vers en octosyllabes	CXLVIII	huit vers en décasyllabes
CII	dix vers en octosyllabes	CXLIX	dix vers en octosyllabes
CIII	huit vers en octosyllabes	CL	dix vers en décasyllabes
CIV	huit vers en octosyllabes	CLI	douze vers en décasyllabes
CV	huit vers en octosyllabes		
CVI	huit vers en décasyllabes	CLII	huit vers en décasyllabes
CVII	dix vers en octosyllabes	CLIII	dix vers en décasyllabes
CVIII	dix vers en décasyllabes	CLIV	quarante-huit vers en octosyllabes
CIX	dix vers en décasyllabes		
CX	dix vers en octosyllabes	CLV	seize vers en décasyllabes
CXI	dix vers en décasyllabes	CLVI	dix vers en décasyllabes

ETUDE LITTÉRAIRE

CLVII	huit vers en octosyllabes	CXCVII	huit vers en octosyllabes
CLVIII	quatre vers en décasyllabes	CXCVIII	quarante-deux vers en décasyllabes et octosyllabes
CLIX	huit vers en décasyllabes		
CLX	dix vers en octosyllabes	CXCIX	quatorze vers en décasyllabes
CLXI	dix vers en décasyllabes		
CLXII	huit vers en décasyllabes	CC	dix vers en décasyllabes
CLXIII	quatre vers en octosyllabes	CCI	dix vers en décasyllabes
CLXIV	six vers en octosyllabes	CCII	douze vers en décasyllabes
CLXV	huit vers en décasyllabes		
CLXVI	quatre vers en décasyllabes	CCIII	dix vers de trois syllabes
		CCIV	huit vers en décasyllabes
CLXVII	huit vers en décasyllabes	CCV	treize vers en décasyllabes
CLXVIII	cinq vers en octosyllabes		
CLXIX	huit vers en octosyllabes	CCVI	dix vers en octosyllabes
CLXX	huit vers en octosyllabes	CCVII	huit vers de six syllabes
CLXXI	sept vers en décasyllabes	CCVIII	huit vers en décasyllabes
CLXXII	huit vers en décasyllabes	CCIX	huit vers en décasyllabes
CLXXIII	six vers en octosyllabes	CCX	huit vers en décasyllabes
CLXXIV	huit vers en octosyllabes	CCXI	huit vers en décasyllabes
CLXXV	six vers en octosyllabes	CCXII	vingt vers de six syllabes
CLXXVI	six vers en octosyllabes	CCXIII	dix vers en décasyllabes
CLXXVII	dix vers en octosyllabes	CCXIV	douze vers en décasyllabes
CLXXVIII	dix vers en décasyllabes		
CLXXIX	vingt-huit vers en décasyllabes	CCXV	six vers en décasyllabes
		CCXVI	huit vers en alexandrins
CLXXX	quatre vers en octosyllabes	CCXVII	douze vers en octosyllabes
		CCXVIII	douze vers en décasyllabes
CLXXXI	huit vers en décasyllabes		
CLXXXII	huit vers en octosyllabes	CCXIX	huit vers en octosyllabes
CLXXXIII	quatorze vers en décasyllabes	CCXX	huit vers en octosyllabes
		CCXXI	huit vers en octosyllabes
CLXXXIV	huit vers en octosyllabes	CCXXII	huit vers en octosyllabes
CLXXXV	huit vers en décasyllabes	CCXXIII	huit vers en octosyllabes
CLXXXVI	quatre vers en octosyllabes	CCXXIV	six vers en décasyllabes
		CCXXV	dix vers en décasyllabes
CLXXXVII	huit vers en octosyllabes	CCXXVI	huit vers de six syllabes
CLXXXVIII	huit vers en décasyllabes	CCXXVII	dix vers en décasyllabes
CLXXXIX	dix vers en octosyllabes	CCXXVIII	huit vers en octosyllabes
CXC	dix vers en décasyllabes	CCXXIX	dix vers en décasyllabes
CXCI	huit vers en octosyllabes	CCXXX	huit vers en octosyllabes
CXCII	dix vers en décasyllabes	CCXXXI	dix vers en décasyllabes
CXCIII	dix vers en octosyllabes	CCXXXII	dix vers en décasyllabes
CXCIV	huit vers en octosyllabes	CCXXXIII	dix vers en décasyllabes
CXCV	dix vers en octosyllabes	CCXXXIV	neuf vers en octosyllabes
CXCVI	dix vers en décasyllabes	CCXXXV	dix vers en décasyllabes

CCXXXVI	dix vers en décasyllabes	CCLVIII	dix-huit vers en décasyllabes
CCXXXVII	huit vers en décasyllabes		
CCXXXVIII	huit vers en décasyllabes	CCLIX	dix vers en décasyllabes
CCXXXIX	dix vers en décasyllabes	CCLX	huit vers en octosyllabes
CCXL	dix vers en décasyllabes	CCLXI	huit vers en décasyllabes
CCXLI	huit vers en décasyllabes	CCLXII	huit vers en décasyllabes
CCXLII	quatre vers en octosyllabes	CCLXIII	dix vers en octosyllabes
		CCLXIV	huit vers en décasyllabes
CCXLIII	dix vers en décasyllabes	CCLXV	dix vers en décasyllabes
CCXLIV	huit vers en décasyllabes	CCLXVI	huit vers en décasyllabes
		CCLXVII	huit vers en décasyllabes
CCXLV	cinq vers en octosyllabes	CCLXVIII	huit vers en octosyllabes
CCXLVI	douze vers en décasyllabes	CCLXIX	sept vers de six syllabes
		CCLXX	dix vers en décasyllabes
CCXLVII	dix vers en décasyllabes	CCLXXI	huit vers en octosyllabes
CCXLVIII	dix vers en décasyllabes	CCLXXII	cinq vers en octosyllabes
CCXLIX	huit vers en décasyllabes	CCLXXIII	dix vers en décasyllabes
CCL	douze vers en décasyllabes	CCLXXIV	deux vers en octosyllabes
		CCLXXV	huit vers en décasyllabes
CCLI	douze vers en décasyllabes	CCLXXVI	cinq vers en octosyllabes
		CCLXXVII	six vers en décasyllabes
CCLII	dix vers en décasyllabes	CCLXXVIII	douze vers en décasyllabes
CCLIII	dix vers en décasyllabes		
CCLIV	quatre vers en décasyllabes	CCLXXIX	dix vers en décasyllabes
		CCLXXX	huit vers en décasyllabes
CCLV	huit vers en décasyllabes		
		CCLXXXI	douze vers en décasyllabes
CCLVI	huit vers en octosyllabes	CCLXXXII	dix vers en décasyllabes
CCLVII	huit vers en octosyllabes	CCLXXXIII	vingt vers en décasyllabes

Les jeux de rimes dont Marot se sert dans les épigrammes sont également très variés, allant de la rime plate aux combinaisons les plus compliquées. En voici le releveé:

Une épigramme de deux vers en rimes plates.

Douze épigrammes de quatre vers dont quatre en rimes plates, une en rimes embrassées sept en rimes croisées.

Six épigrammes de cinq vers dont deux présentent le jeu de rimes: A A B B A, trois présentent le jeu de rimes: A B A A B, et une présente le jeu de rimes: A A B A B.

Onze épigrammes de six vers dont deux en rimes plates, quatre présentant le jeu de rimes: A A B A A B, quatre présentant le jeu de rimes: A A B C C B, et une présentant le jeu de rimes: A B B A A B.

Trois épigrammes de sept vers dont une présente le jeu de rimes: A B A B B C C, une présente le jeu de rimes: A A B B C B C, et une présente le jeu de rimes: A B A B C D C.

Cent cinq épigrammes de huit vers dont quatre en rimes plates, une en rimes croisées, quatre-vingt-dix présentant le jeu de rimes : A B A B B C B C, trois présentant le jeu de rimes : A B A B B A B A, trois présentant le jeu de rimes : A B A B C D C D, une présentant le jeu de rimes : A B B A A C A C, une présentant le jeu de rimes : A B A B B C C B, une présentant le jeu de rimes : A B A C C D C D, et une présentant le jeu de rimes : A B A A B B C C.

Deux épigrammes de neuf vers dont une présente le jeu de rimes : A B A B B C D D C, et une présente le jeu de rimes : A B A A B B C B C.

Cent treize épigrammes de dix vers dont trois en rimes plates, quatre-vingt-dix-huit présentant le jeu de rimes : A B A B B C C D C D, trois présentant le jeu de rimes : A B A A B B C B B C, une présentant le jeu de rimes : A B A B B C C A C A, une présentant le jeu de rimes : A B A B A A B A A B, une présentant le jeu de rimes : A B A B B A A C A C, une présentant le jeu de rimes : A B B A A C C D C D, une présentant le jeu de rimes : A A B C C B B D B D, une présentant le jeu de rimes : A B A B B C C B C B, une présentant le jeu de rimes : A B A B B A A B A B, une présentant le jeu de rimes : A B A A B B A C C A, et une présentant le jeu de rimes : A B A A B B C D D C.

Onze épigrammes de douze vers dont une en rimes plates, une présentant le jeu de rimes : A B A A B B C C D C C D, trois présentant le jeu de rimes : A B A B B C B C C D C D, une présentant le jeu de rimes : A B A B B C C B D D E E, une présentant le jeu de rimes : A B A B B C B C A D A D, trois présentant le jeu de rimes : A B A B B C C D D E D E, et une présentant le jeu de rimes : A B A B B C B C C D C D.

Une épigramme de treize vers qui présente le jeu de rimes : A A B A A B B C C D C C D.

Quatre épigrammes de quatorze vers dont trois en rimes plates, et une présentant le jeu de rimes : A B A B B C C D C D D E D E.[1]

Deux épigrammes de seize vers dont une en rimes plates, et une présentant le jeu de rimes : A A A B A A B B B A B B B A.

Deux épigrammes de dix-huit vers dont une en rimes plates, et une présentant le jeu de rimes : A B A B B C C D C D D E E F F G F G.

Trois épigrammes de vingt vers dont deux en rimes plates, et une en rimes croisées (A B A B C D C D).

Une épigramme de vingt-quatre vers en rimes croisées (A B A B B C B C).

Une épigramme de vingt-huit vers en rimes plates.

Une épigramme de trente vers en rimes plates.

Une épigramme de trente-quatre vers en rimes plates.

Deux épigrammes de quarante-deux vers dont une en rimes plates, et une présentant le jeu de rimes : A A B A A B / A B A B B C B C / A A B C C B / A A B C C B / A B A B B C B C / A B A B B C B C.

Une épigramme de quarante-huit vers en rimes plates.

---

[1] Bien que le fait d'être en 14 vers puisse faire penser que ces poèmes sont des sonnets, leurs jeux de rimes ne se plient pas à être arrangés en deux quatrains et deux tercets.

II. LE TEXTE

i. *Classification et ordre*

Il n'existe pas d'économie naturelle, traditionnelle ou même généralement acceptée des Œuvres de Marot.[1] Aucune partie de l'œuvre du poète ne le montre mieux que les Epigrammes. Marot, comme nous l'avons vu,[2] n'a employé le terme qu'à partir de 1538, changeant le titre d'un grand nombre de poèmes préalablement publiés comme Dizains, Huitains, Blasons, Envois, Etrennes, etc., en Epigrammes.[3] Les *Deux Livres d'Epigrammes* qui forment une des sections de l'édition des *Œuvres* de 1538,[4] la dernière édition publiée avec la collaboration de Marot,[5] n'ont cependant jamais été reproduits depuis 1544, l'année de la publication de l'édition de Constantin.[6] Cet éditeur rompit l'économie des *Œuvres* de 1538, et, en ce qui concerne les Epigrammes, abolit la distinction entre les deux Livres, et publia, en une section, toutes les pièces ayant paru comme épigrammes en 1538 en y ajoutant une vingtaine d'autres poèmes.[7] Les autres éditeurs

---

[1] Voir *Epîtres*, pp. 26–31, et C. A. Mayer, *Les Œuvres de Clément Marot: L'Economie de l'Edition Critique*, BHR, t. XXIX, 1967, pp. 357–72.
[2] Voir plus haut, pp. 5–8.
[3] C'est le cas du *Premier Livre des Epigrammes*, voir plus haut, pp. 13–14.
[4] *Bibliographie*, II, nos. 70 et 71.
[5] Voir C. A. Mayer, *Le Texte de Marot*, BHR, t. XIV, 1952, pp. 314–28 et t. XV, 1953, pp. 71–91.
[6] *Bibliographie*, II, no. 129.
[7] Voici l'économie des Epigrammes dans l'édition Constantin:
A. De l'*Adolescence*
   Une seule pièce: *A M. Cretin* (Epigramme CCLXXI)
B. Du *Recueil* (notons que ce mot de recueil n'est qu'un terme indéfini servant aux éditeurs à partir de l'édition de Dolet en 1542 pour désigner n'importe quel poème de Marot n'ayant pas paru dans l'*Adolescence Clementine*. Constantin se montre ici encore plus vague, puisqu'il range dans le *Recueil* nombre de poèmes ayant paru dans l'*Adolescence*).
   Toutes les pièces ayant paru dans les *Deux Livres d'Epigrammes* en 1538 figurent dans cette deuxième section (y compris les pièces à la louange de Dolet de l'édition du 31 juillet 1538, de même que les pièces contre Dolet de l'édition de Gryphius) à l'exception de plusieurs poèmes ayant le titre d'*Etrenne* et qui se trouvent retranchés des Epigrammes pour figurer dans une section spéciale d'*Etrennes* avec les Etrennes proprement dites, c'est-à-dire le groupe de poèmes de cinq vers adressés aux Dames de la Cour le 1er janvier 1541 (voir *Œuvres diverses*, pp. 15–16). Enfin une vingtaine d'épigrammes inédites figurent à la fin de cette section.

du XVIe siècle suivirent dans l'ensemble Constantin, se contentant d'ajouter des pièces nouvelles, surtout après la publication, en 1547 et 1550, d'un nombre considérable d'épigrammes posthumes.[1]

Ce n'est pas à dire que dans les très nombreuses éditions des *Œuvres* parues au XVIe siècle les épigrammes soient reproduites toujours dans le même ordre. Pourtant il n'existe de tentative systématique d'imposer un ordre nouveau aux épigrammes de Marot qu'au XVIIIe siècle dans l'édition de Lenglet-Dufresnoy. Cet éditeur groupa en effet un assez grand nombre d'épigrammes selon les maîtresses du poète auxquelles elles auraient été dédiées.[2] Les éditeurs plus récents, surtout Guiffrey[3] et Grenier,[4] ont essayé de classer ces poèmes selon la date supposée de leur composition. Comme pour un très grand nombre de pièces de Marot il est impossible d'établir avec quelque certitude la date de composition, l'ordre chronologique est impossible à réaliser. Tout ce que l'éditeur réussit par une telle tentative, c'est de ruiner l'unité esthétique ou l'ordre traditionnel, c'est-à-dire relevant de l'autorité du poète, pour y substituer un ordre sans véritable

---

[1] *Epigrammes de Clement Marot, faictz à l'imitation de Martial. Plus quelques autres Œuvres dudict Marot, non encores Imprimees par cy devant*, Poitiers, J. et E. de Marnef, 1547 (*Bibliographie*, II, no. 154).
Traductions de Latin en Francoys, Imitations et Inventions nouvelles, tant de Clement Marot que d'autres des plus excellens Poetes de ce temps, Paris, E. Groulleau, 1550 (*Bibliographie*, II, no. 273).

[2] Les Epigrammes figurent dans le deuxième tome de cette édition. Elles sont divisées en dix sections. Une première sans titre comprend deux épigrammes, *A G. Cretin* (Epigramme CCLXXI) et *A M. de Chasteaubriant* (Epigramme I). La deuxième section est intitulée : *Epigrammes au Roy, Princes, Gentilshommes & autres seigneurs de la Court*. Elle consiste en un groupe tout à fait amorphe de poèmes, où en dehors de pièces de circonstances, figurent des épigrammes satiriques comme par exemple *De frere Thibaut* (Epigramme XLVII). Ajoutons qu'il n'y a aucun ordre apparent dans cette section.
La troisième section, également amorphe, porte le titre : *Epigrammes Aux deux Roynes de France & de Navarre, Dames & Demoiselles de la Court*. La quatrième section est intitulée *Les Amours de Anne* et contient outre des pièces effectivement adressées à Anne, un grand nombre d'épigrammes amoureuses dont la destinatrice nous est inconnue, comme par exemple *De Ouy & Nenny* (Epigramme LXVII). La cinquième section, au titre *Les Amours de Diane*, ne comporte que cinq pièces, toutes effectivement adressées à « Diane ». Suivent cinq autres sections : *Ses Amours à diverses dames*, *Epigrammes d'autres Amours que des siennes*, *Epigrammes à l'imitation de Martial*, *Epigrammes ajoutées à cette édition surtout du recueil de 1544* et enfin *Estrenes*.

[3] *Œuvres de Clément Marot*, Paris, 1875–1931, 5 vols.

[4] *Œuvres complètes de Clément Marot*, Garnier, Paris, s.d., 2 vols.

raison d'être, sans justification de quelque point de vue que ce soit.[1]

Ce n'est pas que le problème soit facile. Mais ici, comme pour les Rondeaux et les Chansons, nous avons dans une certaine mesure l'autorité du poète pour nous aider. Les *Deux Livres d'Epigrammes* dans l'édition de 1538[2] ont, sans le moindre doute, été arrangés par Marot lui-même. Il est vrai que les critères qui ont guidé le poète dans l'ordre des pièces ne sont pas toujours très apparents. Ainsi la distinction entre le *Premier* et le *Second Livre* semble être largement basée sur la nouveauté. Le *Premier Livre* comprend surtout des pièces ayant été publiées préalablement, tandis que *Le Second Livre* consiste presque exclusivement en poèmes jusque-là inédits. A l'intérieur de chacun des deux livres Marot ne semble du reste avoir suivi ni l'ordre chronologique, ni un ordre esthétique. Au contraire on trouve pêle-mêle, et sans le moindre souci de chronologie, des poèmes d'amour, des pièces satiriques, des poèmes de circonstance dans lesquels le poète fait la chronique de la cour, où il quémande, où il flatte, tourne des compliments ou bien célèbre des événements politiques. Pourtant, bien que les raisons du poète pour avoir dressé l'économie interne de ces *Deux Livres d'Epigrammes* telle qu'il l'a fait nous échappent, nous nous trouvons bien en présence d'un ordre fait et voulu par le poète lui-même, et un ordre qu'il n'a jamais changé. De plus, à la différence de certaines autres sections des Œuvres de 1538, comme par exemple les *Chantz divers*[3] et les *Elegies*[4] dont une analyse attentive montre les incohérences et qui ne reflètent en somme que les hésitations de Marot,[5] l'étude des *Deux Livres d'Epigrammes* montre bien que le poète

---

[1] Notons que P. Jannet (*Œuvres complètes de Clément Marot*, Picard, Paris, 1868, 4 vols.) avait renoncé à l'ordre chronologique en divisant les épigrammes en deux sections (A. *Epigrammes comprises dans l'édition de 1544*, et B. *Epigrammes de l'édition de 1596*) et en ajoutant la note suivante:

« On a essayé de divers systèmes de classement des œuvres de Marot. L'ordre chronologique aurait l'avantage de rapprocher des pièces qui se rattachent les unes aux autres par le fond, bien qu'elles diffèrent par la forme. Mais il est très difficile d'assigner une date précise à chaque pièce. . . . D'ailleurs le classement par genres a bien ses avantages, entre autres celui de faciliter les recherches. C'est celui qu'adoptèrent Marot lui-même, et ses premiers éditeurs. » (*Ed. cit.*, t. I, p. v.)

[2] *Bibliographie*, II, nos. 70 et 71.
[3] Voir *Les Œuvres de Clément Marot: L'Economie de l'Edition Critique*, art. cit.
[4] Voir *Œuvres lyriques*, pp. 16–21.   [5] Voir plus haut, p. 13.

a non seulement essayé de lancer un genre nouveau dans la poésie française, mais encore a dressé un ordre défini et voulu comme tel. Du reste aucun des éditeurs qui depuis Constantin ont essayé d'imaginer une économie nouvelle n'ont réussi à donner aux Epigrammes un ordre acceptable. Dans ces conditions tout nous porte à respecter l'autorité de Marot et à publier les *Deux Livres d'Epigrammes* dans l'ordre de l'édition de 1538.

Les *Deux Livres d'Epigrammes* ne contiennent cependant pas la totalité des épigrammes de Marot; même tout un groupe de pièces de ce genre composées avant 1538 n'y figure pas, sans compter les nombreux poèmes ajoutés par les éditeurs après 1538 et surtout les épigrammes publiées dans les éditions posthumes.[1]

Parmi ces nombreuses pièces il en est une partie qui présente une certaine cohésion et qui doit donc former un groupe distinct au même titre que les *Deux Livres* publiés en 1538. Il s'agit des *Epigrammes faictz à l'imitation de Martial*. Nous avons vu qu'au moment de songer à introduire dans la littérature française le genre gréco-latin de l'Epigramme, c'est-à-dire vers 1537,[2] Marot, probablement sous l'influence d'Etienne Dolet, imita Martial. Le manuscrit de Chantilly, rédigé au mois de mars 1538,[3] contient un premier groupe de poèmes sous le titre de: *Epigrammes de Marot a limitation de Martial*[4] consistant en onze pièces.[5] L'édition posthume, *Epigrammes de Clement Marot, faictz à l'imitation de Martial. Plus quelques autres Œuvres dudict Marot, non encores Imprimees par cy devant*, publiée en 1547,[6] reprend tous ces poèmes et y ajoute 16 inédits. Nous sommes donc en droit de considérer les *Epigrammes faictz à l'imitation de Martial* non seulement comme un groupe distinct et parfaitement défini, mais encore comme un groupe formé par le poète lui-même. En le publiant nous restons donc fidèles à ses volontés.

On a pourtant mis en doute cette volonté du poète. Selon Villey notamment, Marot aurait pu songer à publier ces épigrammes sous

---
[1] Voir plus haut, p. 17.
[2] Voir plus haut, pp. 8–9.
[3] *Bibliographie*, I, pp. 10–18.   [4] P. 142.
[5] Ce sont Epigrammes CLXXIX, CLVII, CLVI, CLXXII, CLXX, L, CLV, CLII, CLXXIV, CLXXV, CLXXI.
[6] Poitiers, J. et E. de Marnef (*Bibliographie*, II, no. 154).

un titre différent, si la mort ne l'en avait empêché.[1] Il est vrai que certaines épigrammes publiées en 1538 dans les *Deux Livres d'Epigrammes* sont imitées de Martial, ce qui pourrait nous faire croire qu'il n'entendait pas distinguer les poèmes imités de Martial de ses autres pièces. Ce n'est pourtant qu'un exemple de plus montrant que Marot hésite, qu'il ne va pas jusqu'au bout, qu'il n'est pas vraiment systématique. Il reste que dans le manuscrit de Chantilly il a mis à part les épigrammes imitées de Martial, et qu'il n'a publié, dans aucune de ses éditions, les autres épigrammes imitées de Martial, composées pour la plupart entre 1537 et 1542, et que nous ne connaissons que par l'édition de 1547,[2] montrant ainsi qu'il désirait les laisser en un groupe ayant une identité très nette. Dans ces conditions l'argument de Villey relève de l'arbitraire et de la pure hypothèse. Il nous est impossible de savoir ce que Marot aurait fait s'il avait vécu; nous ne pouvons que respecter ses volontés là où nous pouvons les établir par ses actions.

Quant à l'ordre interne de ce groupe, j'ai suivi celui de l'édition de 1547, qui donne la presque totalité des pièces en question, alors que le manuscrit de Chantilly n'en reproduit qu'une dizaine. J'ai ajouté à la fin les épigrammes imitées de Martial non contenues dans cette édition.[3]

Reste tout un groupe d'épigrammes sans le moindre lien, publiées entre 1542[4] et 1550,[5] ou bien restées manuscrites. Certaines de ces pièces peuvent être datées et sont donc susceptibles d'être publiées dans l'ordre chronologique. Les poèmes posthumes, d'autre part, n'offrent pas la moindre indication d'une date, à l'exception du *terminus ad quem* septembre 1544, date de la mort du poète. Je donne toutes ces pièces dans l'ordre de leur publication originale.

[1] *Les grands écrivains du XVIe siècle, Marot et Rabelais*, Champion, Paris, 1923, p. 119.
[2] Voir plus haut, p. 43.
[3] Ce sont Epigrammes CLXXXI, CLXXXII, CLXXXIII, CLXXXIV et CLXXXV.
[4] *Les Œuvres*, Lyon, E. Dolet; *Bibliographie*, II, no. 105.
[5] *Traductions de Latin en Françoys, Imitations et Inventions nouvelles, tant de Clement Marot que d'autres des plus excellens Poetes de ce temps*, Paris, E. Groulleau, 1550 (*Bibliographie*, II, no. 273), et *Œuvres*, Lyon, Roville, 1550 (*Bibliographie*, II, no. 174).

ii. *La question d'authenticité*

Comme nous le savons, l'édition des *Œuvres* de 1538 et le manuscrit de Chantilly sont les seuls recueils, pour l'œuvre de Marot en général, dont l'autorité est entière,[1] et qui constituent ainsi une garantie totale d'authenticité pour toutes les pièces qu'ils contiennent.

En ce qui concerne les Epigrammes l'autorité d'un certain nombre d'autres éditions doit être examinée. C'est d'abord l'édition lyonnaise des *Œuvres* publiée en 1544, dite édition Constantin.[2] Elle présente en effet une vingtaine d'épigrammes en inédit. Comme je l'ai prouvé ailleurs, la valeur de cette édition est minime.[3] On ne saurait donc accepter comme authentique ces épigrammes qu'après un examen minutieux.

Une vingtaine d'autres épigrammes furent attribuées à Marot par Lenglet-Dufresnoy[4] et après lui par tous les éditeurs modernes du poète, d'après un recueil collectif paru en 1544 et portant le titre: *Recueil de vraye Poesie Françoyse, prinse de plusieurs Poetes les plus excellentz de ce regne*.[5] A quelques rares exceptions près, les pièces sont reproduites sans nom d'auteur dans ce recueil. On ne voit donc pas comment Lenglet-Dufresnoy a pu en attribuer certaines à Marot. Il est vrai que plusieurs de ces épigrammes appartiennent à notre poète, puisqu'elles figurent déjà dans le manuscrit de Chantilly, ou seront reprises dans une édition ultérieure possédant quelque autorité.[6] Pourtant douze poèmes donnés dans ce recueil sous l'anonymat doivent être retranchés de l'œuvre de Marot, puisqu'ils n'ont jamais été réimprimés dans une édition de Marot au XVIe siècle et qu'aucune preuve interne ne nous permet de les lui attribuer. Ce sont les pièces suivantes:

« Amour, voyant ma grande loyaulté »
« Baiser souvent n'est ce pas grand plaisir »
« Bon jour, la Dame au bel amy »
« En devisant à la belle Cathin »

---

[1] Voir *Le Texte de Marot*, art. cit., et *Bibliographie des Œuvres de Marot*, ouvr. cit., t. I, pp. 10–18.   [2] *Bibliographie*, II, no. 129.
[3] Voir *Le Texte de Marot*, art. cit., t. XV, pp. 75–80, *Les Epîtres*, pp. 26–31, et *Œuvres lyriques*, p. 49.
[4] *Œuvres de Clément Marot*, Gosse et Neaulme, La Haye, 1731, 6 vol.
[5] Paris, D. Janot pour J. Longis et V. Sertenas, 10 décembre 1544 (*Bibliographie*, II, no. 264).   [6] Voir plus bas, pp. 46–7.

« Force d'amour me veult souvent contraindre »[1]
« J'apperçoy bien qu'Amour est de nature estrange »[2]
« Je ne fay rien que plaindre & souspirer »[3]
« Le lendemain des nopces on vint veoir »
« Le plus grand mal & le plus dangereux »[4]
« Le vin qui trop cher m'est vendu »
« Mars & Venus furent touts deux surprins »
« Recepte pour un flux de bourse »
« Robin mangeoit un quignon de pain bis »[5]

L'édition la plus importante après celle des *Œuvres* de 1538 est l'édition posthume: *Epigrammes de Clement Marot, faictz à l'imitation de Martial. Plus quelques autres Œuvres dudict Marot, non encores Imprimées par cy devant*, sortie des presses de Jean et d'Enguilbert de Marnef à Poitiers en 1547.[6] Comme le dit le titre, ce recueil ne contient, à quelques exceptions près, que des inédits. Plus important encore, les Marnef impriment plusieurs pièces que nous ne connaissons autrement que par le manuscrit de Chantilly. A la différence des autres éditeurs posthumes de Marot, ils ont donc pu se procurer des manuscrits authentiques du poète. Cette constatation confère une valeur très grande à ce recueil surtout du point de vue de la question d'authenticité. Dans l'ensemble on peut accepter comme authentiques toutes les pièces qui s'y trouvent imprimées.[7]

Un autre recueil posthume est d'une grande importance pour juger de l'authenticité d'un certain nombre d'épigrammes de Marot. Il s'agit du recueil collectif intitulé: *Traductions de*

[1] Ce poème appartient à Charles de Sainte-Marthe. Il figure en effet dans la *Poesie françoise* de ce dernier (Paris, 1540).
[2] Ce poème, qui figure également dans le ms 200 de la Bibliothèque de Soissons (fo. 41 v⁰) appartient à Claude Chappuys (voir *Claude Chappuys, Poésies Intimes*, éd. crit. par A. M. Best, Genève, Droz, 1966, no. LXXVIII).
[3] Comme l'épigramme précédente, cette pièce figure dans le ms no. 200 de Soissons (fo. 43 v⁰) et appartient à Claude Chappuys (*éd. cit.*, no. LXXXV).
[4] Cette épigramme figure dans le ms no. 200 de Soissons (fo. 40 v⁰).
[5] Cette épigramme figure également dans le ms no. 4813 du fonds latin de la Bibliothèque Nationale (p. 264).
[6] *Bibliographie*, t. II, no. 154. Sur cette édition, voir *Le Texte de Marot*, art. cit., t. XV, p. 90.
[7] Deux poèmes qui figurent dans cette édition sont apocryphes. Ce sont: « Pour tous les biens qui sont deça la Mer » (*A une malcontante d'avoir esté sobrement louée, & se plaignant non sobrement*), de Mellin de Saint-Gelais, et « Excuse, las, President tresinsigne » (*A Monsieur Pelisson President de Savoye 1543*).

Latin en Françoys, Imitations et Inventions nouvelles, tant de Clement Marot que d'autres des plus excellens Poetes de ce temps, imprimé par Estienne Groulleau à Paris en 1550.[1] Comme les *Epigrammes* de 1547, les *Traductions* de 1550 contiennent un assez grand nombre d'épigrammes inédites de Marot. Bien que nous n'ayons pas la garantie de la comparaison du manuscrit de Chantilly qui confère au recueil des Marnef sa grande valeur, l'examen de l'économie du recueil de Groulleau montre que lui aussi a su se procurer des textes authentiques de Marot. En effet le recueil est divisé en six sections dont la première porte le titre: *Epigrammes de Martial, traduitz par Clement Marot*; la deuxième: *Autres epigrammes de plusieurs auteurs tant de leur invention que pris du latin*; la troisième: *Autres Epigrammes & Epitaphes tous pris quasi du Latin*; la quatrième: *Epitaphes*. La cinquième section qui contient des complaintes et la sixième où sont rangés des poèmes divers ne portent pas de titre. Ajoutons que dans la deuxième section figure un poème de Marot intitulé: *Epitaphe nouveau de Martin par C.M.*,[2] et que la quatrième section contient deux autres épitaphes traduites par Marot, l'*Epitaphe d'Erasme pris du Latin Magnus Erasmus in hoc tumulo est etc. par C.M.* et l'*Epitaphe de messire Jan Olivier Evesque d'Angiers pris du Latin Inquiris, hospes qui siem &c. Traduit ainsi qu'on dit par C.M.* On note que dans ce recueil au moins, Etienne Groulleau fait preuve de beaucoup de scrupules, exprimant des doutes sur l'attribution à Marot de l'épitaphe de Jean Olivier. Le fait qu'il mette à part, dans la première section, les épigrammes de Martial traduites ou plutôt imitées par Marot montre dans ces conditions que Groulleau est certain de leur authenticité.[3] Ces constatations confèrent une très réelle valeur au recueil de Groulleau; on peut, il me semble, accepter comme authentiques toutes les pièces figurant dans la première section de cette édition. La seule exception est le huitain "L'heur ou malheur de vostre cognoissance", qui figure dans les *Œuvres* de

---

[1] *Bibliographie*, II, no. 273. Le privilège de cette édition étant du 30 septembre 1549, Brunet (III, 1460) cite un exemplaire de cette édition daté de 1549. Il est certain qu'il s'agit d'une erreur, et que l'édition sortit des presses en 1550. (L'achevé d'imprimer des deux exemplaires que j'ai pu consulter est du 15 novembre 1550.) [2] *Œuvres diverses*, p. 274, Appendice 4.

[3] Notons cependant que plusieurs de ces épigrammes semblent originales; du moins je n'ai pu trouver d'épigrammes de Martial dont elles pourraient être imitées.

Mellin de Saint-Gelais.[1] Comme les éditions de ce poète ne sont guère dignes de foi, il est probable que le poème appartient en réalité à Marot.

Deux autres éditions possèdent une importance sinon grande du moins relative dans le problème de l'authenticité. Ce sont les deux éditions des *Œuvres* procurées par des amis du poète, la première, donnée par les soins d'Antoine du Moulin en 1546 chez Jean de Tournes à Lyon,[2] et la deuxième, éditée par Charles Fontaine et publiée par Roville à Lyon en 1550.[3] Puisque, comme nous l'avons vu, un grand nombre d'épigrammes ne furent publiées qu'en 1547 et 1550, il va sans dire que l'édition de 1546 ne saurait nous rendre de grands services. Elle ne peut en somme que contrôler dans une certaine mesure l'authenticité des pièces attribuées à Marot dans l'édition de Constantin de 1544. L'édition de 1550 par contre semble suivre de très peu de temps le recueil des *Traductions* de la même année, et ne contient en vérité pas toutes les pièces données par Groulleau. Son importance pour notre problème est donc secondaire.

Toutes les épigrammes attribuées à Marot et qui ne bénéficient pas de la garantie d'authenticité qu'est leur inclusion dans une des éditions dignes de foi, c'est-à-dire les *Œuvres* données par Jean de Tournes en 1546, les *Epigrammes* de 1547, les *Traductions* de 1550 et les *Œuvres* publiées par Roville en 1550, doivent être examinées à part:

1. « Adieu ce bel œil tant humain »

Cette épigramme fut publiée pour la première fois dans l'édition des *Œuvres* de Marot publiée par Jean de Tournes à Lyon en 1549,[4] sous le titre: *A madame de La Barme, pres de Necy en Genevoys*. Récemment P. P. Plan et E. Droz ont identifié cette dame comme Pétremande de La Balme, belle-sœur de François Bonivard avec qui Marot s'était lié pendant son séjour à Genève.[5] Le poème représente donc une espèce de document biographique du poète, montrant qu'après son départ de Genève

---

[1] Lyon, H. de Harsy, 1574.
[2] *Bibliographie*, II, no. 143. Sur cette édition, voir *Epttres*, pp. 27–8.
[3] *Bibliographie*, II, no. 174. Sur cette édition, voir *Epttres*, pp. 27–8.
[4] *Bibliographie*, II, no. 169.
[5] Voir E. Droz et P. P. Plan, *Les dernières années de C. Marot d'après des poèmes inédits*, BHR, t. X, 1948.

LE TEXTE 49

et avant son arrivée auprès de François de Bellegarde, autre beau-frère de Pétremande de La Balme,[1] c'est chez cette dame qu'il trouva un refuge. L'authenticité du poème est donc certaine.

2. « Ains que me veoir, en lisant mes escripts »
Cette épigramme fut publiée pour la première fois dans l'édition Constantin[2] sous le titre: *D'une dame desirant veoir Marot*. Elle figure dans les éditions de Du Moulin et de Fontaine.[3] Son authenticité est donc très probable.

3. « Amour & mort la terre & ciel ont pris »
Ce huitain inédit au XVIe siècle fut attribué à Marot dans l'édition Guiffrey.[4] Il figure dans de très nombreux manuscrits de l'époque,[5] sans être une seule fois attribué à Marot, mais la plupart du temps à François Ier. C'est donc au roi, père de la Renaissance, qu'appartient de toute probabilité ce poème.

4. « Amy Cravan, on t'a faict le rapport »
(*A Cravan*)
Cette épigramme fut publiée pour la première fois dans *Les Œuvres de Clement Marot* imprimées par Etienne Dolet en 1542,[6] édition d'une valeur médiocre.[7] Elle figure pourtant dans les éditions procurées par Du Moulin et Fontaine. Son authenticité est donc très probable.

5. « Au jugement d'entre nous autres saiges »
Ce douzain, inédit au XVIe siècle, fut publié pour la première fois par Chavannes[8] d'après le manuscrit de Gilbert Grenet, conservé à la Bibliothèque de Lausanne.[9] Grenet était un mauvais

[1] Voir plus bas, p. 285, n. 3.
[2] Voir plus haut, p. 45. [3] Voir plus haut, p. 48. [4] *Ed. cit.*, t. IV, p. 260.
[5] Chantilly ms 520; B.N. fr. 4967, fo. 171 r⁰ et fo. 287 v⁰; 879, fo. 33; 3940, fo. 43; 2334, fo. 66; 12484, fo. 76; 25452, fo. 40 v⁰.
[6] *Bibliographie*, II, no. 105.
[7] Cf. *Le Texte de Marot*, art. cit., t. XV, pp. 80–8.
[8] F. Chavannes, *Notice sur un ms du XVIe siècle appartenant à la Bibliothèque cantonale; Poésies inédites de Clément Marot, de Catherine de Médicis et de Théodore de Bèze*, Lausanne, 1844.
[9] Voir *Bibliographie*, I, pp. 47–63.

scribe et ses attributions sont le plus souvent fausses.[1] Rien ne nous permet d'attribuer ce poème à Marot.[2]

6. « Bien heureux qui ne doibt rien »
Ce poème fut publié pour la première fois par Etienne Dolet dans son *Second Enfer* en 1544.[3] Il n'est pas attribué de façon formelle à Marot. Aussi ne fut-il inclus ni dans l'édition de Du Moulin, ni dans celle de Fontaine. Il ne semble pas appartenir à Marot.

7. « Bien peu d'enfans on treuve qui ne gardent »
(*Clement Marot aux amateurs de la saincte Escripture*)
Ce poème fut publié pour la première fois dans *Le Nouveau Testament* imprimé à Genève, par J. Gérard, en 1543.[4] Il ne semble avoir été réimprimé qu'une fois au XVIe siècle, de nouveau à Genève dans une seconde édition du Nouveau Testament, l'année suivante.[5] Ce poème, attribué formellement à Marot dans le titre, a des chances d'être authentique, puisqu'en 1543, l'année de la parution de cette édition, Marot était réfugié à Genève et essayait de gagner de l'argent par sa plume.

8. « Celle qui porte un front cler & serain »
(*De madame de l'Estrange*)
Cette épigramme fut publiée pour la première fois dans l'édition de Constantin.[6] Elle fut réimprimée par Du Moulin et Fontaine. Son authenticité est donc très probable.

9. « Celluy qui est pour repaistre à la table »
(*Huictain de maintien que l'on doibt tenir à la table*)
Ce poème fut publié pour la première fois dans *Le Second Enfer* d'Etienne Dolet,[7] en 1544. Il n'est ni formellement attribué à Marot, ni réimprimé dans une édition du XVIe siècle. Il ne semble pas appartenir à Marot.

[1] Voir *ibid*.
[2] Selon l'édition Guiffrey (IV, 59) ce poème figurerait au ms 202 (ancienne cote 189B) de la Bibliothèque de Soissons (sans toutefois y être attribué à Marot). Je n'ai pu l'y trouver.
[3] *Le Second Enfer d'Estienne Dolet*, Troyes, 1544 (*Bibliographie*, II, no. 263).
[4] *Bibliographie*, II, no. 260.
[5] *Ibid*. Cf. Th. Dufour, *Le Catéchisme français de Calvin*, 1878, p. CLXXX.
[6] Voir plus haut, p. 45.   [7] Voir plus haut, n. 3.

10. « Ces jours passez une maison brusloit »
(*De l'invocation des saints*)
Ce poème inédit au XVIe siècle fut publié pour la première fois dans l'édition Guiffrey,[1] d'après le manuscrit no. 22560 du fonds français de la Bibliothèque Nationale.[2] Il faut noter que le poème figure dans une section du manuscrit consistant entièrement en pièces dirigées contre les moines, la Sorbonne, le carême, etc., et dans laquelle pas un seul poème n'est attribué. A moins de penser que tout poème à tendance protestante ne saurait être que de la plume de Marot, il n'existe aucune raison pour lui attribuer ce poème particulier.

11. « Cesse, Crassus, de fortune contraindre »
(*A monsieur Crassus qui vouloit amasser deux mil escuz*)
Ce poème fut publié pour la première fois dans l'édition Constantin.[3] Il se retrouve dans les éditions de Du Moulin et de Fontaine. Son authenticité est donc très probable.

12. « Ceux qui attaintz estoyent de pestilence »
(*Clement Marot aux lecteurs*)
Cette épigramme liminaire fut publiée dans *Sommaire de certains & vrays remedes contre la Peste . . . Par M. Françoys Chappuys, de Lyon, Medecin à la noble cité de Genève*.[4] A moins de croire à une supercherie, somme toute assez peu probable, on doit accepter cette épigramme comme probablement authentique.

13. « Collin s'en allit au lendit »
(*Sur quelques mauvaises manieres de parler*)
Ce poème fut publié pour la première fois dans une édition rouennaise des *Œuvres* de Marot en 1615, d'où il entra par la suite dans l'édition de Lenglet-Dufresnoy. Il figure dans de nombreux manuscrits du XVIe siècle, sans être jamais attribué à Marot, et souvent avec une variante surprenante qui exclut toute possibilité d'attribution à Marot: « Calvin s'en fut au landit. »[5]

14. « Cueur assiegé d'infinité d'amys »
Ce blason inédit au XVIe siècle fut publié pour la première fois

---

[1] *Ed. cit.*, t. IV, p. 260.   [2] Fo. 127 v⁰.   [3] Voir plus haut, p. 45.
[4] Lyon, J. et F. Frellon, 1545 (*Bibliographie*, II, no. 265).
[5] B.N. ms fr. 4901, fo. 36.

dans l'édition de B.S. Marc.[1] Il figure dans deux manuscrits de l'époque, B.N. fr. 2370[2] et Chantilly no. 523,[3] sans la moindre attribution.

15. « De bonnes graces estes si bien pourveue »

Cette épigramme fut attribuée à Marot pour la première fois par Lenglet-Dufresnoy, sans que je sache d'où cet érudit l'a tirée. Selon Villey elle aurait paru dans la réimpression des *Traductions* de Groulleau[4] de 1554.[5] En fait, elle n'y figure pas.

16. « De ce que ne chet soubz ung pris »
(*Replicque*)

Ce poème, réponse au dizain « Du baiser qu'avez soudain pris », fut publié à la suite de ce dizain dans les deux éditions de l'*Adolescence Clementine* imprimées sans lieu en 1537,[6] éditions auxquelles Marot n'a pas collaboré. Les deux poèmes ne figurent pas dans le manuscrit de Chantilly ni dans aucune édition possédant de l'autorité imprimée au XVIe siècle. C'est seulement à partir de l'édition de Lenglet-Dufresnoy que ces deux pièces entrèrent au répertoire des poèmes de Marot. Il y a très peu de chances qu'elles soient authentiques.

17. « De cruauté Neron a eu le pris »
(*Contre G. Poyet*)

Ce poème fut publié par Chavannes d'après le manuscrit de Gilbert Grenet.[7] Son attribution à Marot ne saurait être maintenue, pas plus que celle de presque toutes les pièces copiées par Grenet.[8]

18. « De deux dames & grandes amyes »
(*Compte joyeulx*)

Ce poème fut publié, sous le titre faux de *Couple joyeulx*, dans l'édition Guiffrey[9] d'après le ms 201 de Soissons.[10] Le poème n'est accompagné d'aucune indication d'auteur. On ne voit donc pas la raison de son attribution à Marot.

[1] Voir *Bibliographie*, I, p. 89.   [2] Fo. 30. Cf. *Bibliographie*, I, p. 89.
[3] Fo. 144 v⁰.   [4] Voir plus haut, pp. 46-7.   [5] *Bibliographie*, II, no. 273.
[6] *Bibliographie*, II, nos. 55 et 58.   [7] Voir plus haut, p. 49.
[8] Voir *Bibliographie*, t. I, p. 62.   [9] *Ed. cit.*, IV, p. 257.
[10] Fo. 35 v⁰ (Ancienne cote 189 A).

19. « De Jan de Meung s'enfle le cours de Loire »
   (*Des poetes françois, à Salel*)
   Ce poème liminaire fut publié pour la première fois dans *Les Œuvres de Hugues Salel*, en 1540.[1] Il figura par la suite dans l'édition Constantin et dans toutes les *Œuvres* de Marot parues depuis 1544. L'authenticité de ce poème est certaine à tous les points de vue, texte comme histoire de la publication.

20. « De la Sorbonne un docteur amoureux »
   Ce poème parut pour la première fois en 1534, dans *La suyte de ladolescence Clementine*, publiée à Lyon par F. Juste.[2] Il fut réimprimé en 1539 par Steels à Anvers,[3] d'où il passa dans l'édition de Lenglet-Dufresnoy. Il figure également dans le ms 202 de Soissons, et dans le ms 22560 de la Bibliothèque Nationale,[4] mais sans y être attribué à Marot. On sait que pour ce qui est du problème de l'authenticité, les éditions de Juste et de Steels ne possèdent aucune valeur. Dans les circonstances, tout ce qu'on peut affirmer, c'est que ce poème, bien qu'attribué à Marot dès 1534, ne fut jamais avoué par lui, et ne figure pas dans les deux éditions posthumes procurées par les amis de Marot. Ajoutons que les scribes qui ont copié cette pièce ne l'ont pas attribuée à Marot. Dans ces conditions son authenticité est hautement improbable.

21. « Despuys le temps que Dieu forma la tour »
   Ce poème inédit au XVIe siècle fut publié pour la première fois par Chavannes[5] d'après le manuscrit de Gilbert Grenet. Il figure également dans le ms 203 de Soissons, mais sans y être attribué à Marot. Il n'existe aucune preuve à l'appui de l'authenticité de cette pièce.

22. « De peu Assez ha cil qui se contente »
   (*Sur la devise de Jan Le Maire de Belges, laquelle est: De peu assez*)
   Ce poème liminaire parut pour la première fois dans une édition du *Miroir de tres chrestienne princesse Marguerite de France, Royne de Navarre*.[6] Le poème se trouve réimprimé dans

---

[1] *Bibliographie*, II, no. 256.
[2] *Bibliographie*, II, no. 25.
[3] *Bibliographie*, II, no. 79.
[4] Voir plus haut, pp. 50–1.
[5] Voir plus haut, p. 49.
[6] Paris, Augereau, décembre 1533; *Bibliographie*, II, no. 240.

deux curieuses éditions des *Epîtres de l'Amant vert* de Jean Lemaire, imprimées en 1537 et 1552 à Lyon par François Juste et Pierre de Tours.[1] Cette édition, la seconde n'étant qu'une réimpression, est dans une très large mesure une supercherie, attribuant à Jean Lemaire une *Tierce epistre de l'Amant verd* qui ne saurait lui appartenir,[2] de sorte qu'il est impossible d'admettre que Marot y fût pour quoi que ce soit. L'authenticité de ce poème nous est pourtant garantie par le fait qu'il figure dans l'œuvre de Marguerite, la protectrice du poète.

23. « Des bons propoz cy dedans contenuz »
(*Luy encores*)
Comme la pièce « Si sçavoir veulx les rencontres plaisantes »[3] ce poème se trouve imprimé pour la première fois dans une édition des *Apophthegmes* d'Erasme, traduits par Macault et publiée à Paris en 1539.[4] On sait que Macault était ami de Marot. Ce poème est donc très probablement authentique.

24. « Dessus ce beau may verdelet »
Ce poème de cinq vers sans titre précède le *Chant Royal Chrestien* de Marot[5] dans les manuscrits 1721 et 17527 du fonds français de la Bibliothèque Nationale. Il resta inédit au XVIe siècle. Il est pourtant difficile de douter de son authenticité.

25. « Dictes ouy, madame ma maistresse »
Ce poème attribué à Marot par Lenglet-Dufresnoy fut publié pour la première fois dans le recueil collectif, *Hecatomphile* ... *Les fleurs de Poesie Françoyse*,[6] en 1534, sans y être attribué à Marot. Il figure également dans quatre manuscrits du fonds français de la Bibliothèque Nationale: 1667,[7] 2370,[8] 2372[9] et 2335,[10] de même que dans le ms 200 de Soissons. Dans certains de

[1] *Bibliographie*, II, nos. 248 et 276. Sur ces éditions, voir C. A. Mayer, « La Tierce Epistre de l'Amant verd » de Jean Lemaire de Belges, dans *Mélanges d'Histoire Littéraire en l'honneur de Pierre Jourda*, De Jean Lemaire de Belges à Jean Giraudoux, Paris, Nizet, 1970.   [2] Voir *art. cit.*
[3] Voir plus bas, p. 67. Cette pièce porte le titre: *Clement Marot aux lecteurs françoyz.*
[4] Veuve Claude Chevallon. *Bibliographie*, II, no. 255. Un exemplaire de cette édition se trouve à la Bibliothèque Nationale sous la cote Rés. p.z. 1870.
[5] Chant-royal II, *Œuvres diverses*, LXXXVII.
[6] Paris, Galiot du Pré, 1534; *Bibliographie*, II, no. 242.
[7] Fo. 194.   [8] Fo. 90.   [9] Fo. 145.   [10] Fo. 87.

ces manuscrits le poème est attribué à François Ier, dans d'autres à Mellin de Saint-Gelais. Pas un seul ne le donne à Marot.

26. « Dolet enquis sur le point de la foy »
(*Contre Mathieu Ory, inquisiteur de la foy*)
Ce poème fut attribué à Marot dans l'édition Guiffrey[1] d'après les manuscrits 12795 et 22560 du fonds français de la Bibliothèque Nationale, où il n'est cependant pas attribué à Marot. Au moment où Dolet fut interrogé par l'inquisiteur Mathieu Ory, c'est-à-dire de 1542 en 1543, Marot et Dolet étaient brouillés. Guiffrey, il est vrai, suggère que le poème fut composé lors de l'arrivée du poète à Lyon en décembre 1536; mais outre que dans ces conditions le poème serait de nature prophétique, il faut se rappeler qu'à la fin de l'année 1536 Dolet était emprisonné à la Conciergerie à Paris pour le meurtre du peintre Compaing, et qu'il ne fut remis en liberté qu'en février 1537, lorsque Marot fut de retour à Paris. Il n'existe aucune raison pour croire que ce poème lui appartienne.

27. « Du baiser qu'avez soudain pris »
Le cas de cette pièce est identique en tout point à celui du poème qui en forme la réponse, c'est-à-dire: « De ce que ne chet soubz ung pris »,[2] poème dont nous avons déjà examiné l'authenticité.[3]

28. « D'ung grand seigneur le bon sens esprouvé »
(*Dixain sur monseigneur le connestable*)
Ce poème fut publié pour la première fois dans l'édition Guiffrey[4] d'après le manuscrit 1700 du fonds français de la Bibliothèque Nationale.[5] Dans le manuscrit le poème n'est pas attribuè à Marot. Comme il ne figure dans aucun autre recueil manuscrit ou imprimé du XVIe siècle, et qu'il ne contient aucune preuve interne qui permette de l'attribuer à Marot, son authenticité ne repose sur rien.

29. « En bonne foy, je ne suys point content »
(*Huictain de ceulx qui vont à la taverne sans argent*)
Comme dans le cas du poème précédent, cette pièce fut publiée pour la première fois dans l'édition Guiffrey,[6] cette fois d'après le

---

[1] *Ed. cit.*, IV, p. 225.   [2] Voir plus haut, p. 52.   [3] *Ibid.*
[4] *Ed. cit.*, IV, p. 296.   [5] Fo. 84 v⁰.   [6] *Ed. cit.*, IV, p. 285.

manuscrit 201 de Soissons.[1] Ici encore, le poème n'est pas attribué à Marot dans le manuscrit, et il est par conséquent impossible de trouver la moindre raison pour donner la paternité de ce poème à notre poète.

30. « En vous aymant vous me verrez hair »
(*Dizain*)

Ce poème, inédit au XVIe siècle, fut publié pour la première fois, et attribué à Marot, par Génin,[2] d'après le ms 1556 du fonds Saint-Germain, l'actuel manuscrit 17527 du fonds français de la Bibliothèque Nationale.[3] Ici encore, tout ce qu'on peut dire c'est que le poème n'est pas attribué à Marot par le scribe du manuscrit, qu'aucune preuve interne n'entraine la conviction que Marot en est l'auteur et qu'il n'existe donc pas la moindre raison de le lui attribuer.

31. « Escoutez cieulx, et prestez audience »

Ce poème fut publié pour la première fois dans *Les Œuvres de Clement Marot* imprimées à Paris par Nicolas Du Chemin en 1546.[4] Il y est pourtant nommément attribué à Bonaventure des Périers.

32. « Fille qui prend fascheux mary »
(*D'une mal mariée*)

Cette pièce parut pour la première fois dans *Les Œuvres de Clement Marot* publiées par Etienne Dolet à Lyon en 1542.[5] Elle fut réimprimée dans les éditions de Du Moulin et de Fontaine. Son authenticité est donc très probable.

33. « Fuyez, fuyez (ce conseil je vous donne) »
(*Contre l'inique. A Antoine du Moulin, Masconnois & Claude Galland*)

Cette épigramme, adressée à Antoine Du Moulin, fut publiée pour la première fois dans l'édition des *Œuvres* de Marot procurée par cet ami du poète. Il ne saurait donc exister de doute sur l'authenticité de ce poème.

---

[1] Fo. 53 r°.   [2] *Lettres de Marguerite d'Angoulême*, 1841, t. I, p. 44.
[3] Fo. 27.   [4] *Bibliographie*, II, no. 147.   [5] *Bibliographie*, II, no. 105.

34. « Icy est le Perron »
    (*Pour le Perron de mon seigneur le Daulphin, au tournoy des Chevaliers errants*)
    Ce poème fut publié pour la première fois dans les *Œuvres* imprimées par Dolet à Lyon en 1542.[1] C'est le premier de tout un groupe de poèmes que Marot écrivit pour le Tournoi des Chevaliers errants à Châtellerault en 1541, tenu à l'honneur du mariage de Jeanne d'Albret avec Guillaume de Clèves. Plusieurs documents nomment Marot comme l'auteur de ces poèmes.[2] Il n'y a donc pas de doute quant à leur authenticité.

35. « Icy l'Autheur son Epistre laissa »
    (*Clement Marot, filz de l'Autheur, Aux Lecteurs*)
    Ce poème se trouve à la fin de l'épître de Jean Marot à la reine Claude dans *Le recueil Jehan Marot*,[3] publié probablement en 1533. L'authenticité de ce poème est certaine.

36. « Il pleut au Roy, l'ung de ces jours passez »
    (*Au grant Maistre*)
    Ce poème, inédit au XVIe siècle, fut publié pour la première fois dans l'édition Guiffrey[4] d'après le manuscrit 200 de la Bibliothèque de Soissons.[5] Il faut noter que le scribe du manuscrit ne l'a pas attribué à Marot. Le texte du poème pourrait cependant être considéré comme indiquant que c'est Marot qui demande au Grand-Maître Anne de Montmorency de l'aider à se faire payer ses gages pour l'année 1527 après que le trésorier de l'Epargne eut refusé d'honorer l'acquit-au-comptant du roi.[6] Si j'hésite à considérer comme authentique cette épigramme, ce n'est pas seulement parce qu'elle est restée inédite au XVIe siècle et que le scribe ne l'a pas attribuée à Marot, mais c'est que la situation où une promesse royale d'argent n'a pas été honorée, et où par conséquent des courtisans se sont adressés aux puissants du jour en faisant état de cette promesse afin d'obtenir un don, n'était sans doute pas très rare. Il me semble donc qu'il n'existe pas de raison péremptoire pour attribuer ce poème à Marot.

[1] *Bibliographie*, II, no. 105.   [2] Voir plus bas, p. 271, n. 1.
[3] Voir plus bas, p. 320, n. 2.   [4] *Ed. cit.*, IV, p. 32.   [5] Fo. 56 r⁰.
[6] Voir *Epîtres*, pp. 8–9, *Epîtres*, nos. XII, XIII, XIV et XV, et Epigramme CL.

37. « Incontinent que Viscontin mourut »
(*De Viscontin & de la calende du Roy*)
Cette épigramme parut pour la première fois dans l'édition de Constantin. Elle se retrouve dans les éditions de Du Moulin et de Charles Fontaine. Comme de plus Marot avait parlé de Viscontin dans un de ses poèmes les plus célèbres,[1] il n'existe aucun doute quant à l'authenticité de ce poème.

38. « J'ay la langue pendant au milieu de mon corps »
(*Enigme*)
Ce distique, inédit au XVIe siècle, fut publié par E. Marmicouche au XIXe siècle.[2] Il paraît qu'il figure comme inscription sur la cloche de l'église du village de Saint-Clément, annexe de la paroisse de Cézac près Cahors. Une tradition locale en ferait Marot l'auteur. Il s'agit de toute évidence d'une légende de plus dans la vie et l'œuvre de Marot.

39. « J'ay tant de mal & vous de cruaulté »
(*Plaintes*)
Ce poème, inédit au XVIe siècle, fut publié pour la première fois dans l'édition Guiffrey[3] d'après le manuscrit 200 de Soissons.[4] Le poème figure également dans le manuscrit 2370 du fonds français de la Bibliothèque Nationale.[5] Dans les deux manuscrits le poème n'a ni titre ni attribution. Il appartient en réalité à Mellin de Saint-Gelais.[6]

40. « J'ay un joly courtault, madame »
(*Huictain*)
Ce poème, inédit au XVIe siècle, fut publié pour la première fois dans l'édition Guiffrey[7] d'après le manuscrit 22564 du fonds français de la Bibliothèque Nationale.[8] Le poème n'est pas attribué à Marot dans le manuscrit.

41. « Je ne me sens de graces tant pourveu »
Cette pièce, comme le poème « De bonnes graces estes si bien

[1] *Epitres*, XXV, variante du vers 85, et p. 175.
[2] Cit. par Guiffrey, *éd. cit*, IV, p. 268.
[3] *Ed. cit.*, IV, p. 260.   [4] Fo. 32.   [5] Fo. 63 r°.
[6] Il est imprimé dans les *Œuvres* de ce poète (Blanchemain, t. II, p. 275).
[7] *Ed. cit.*, IV, p. 258.
[8] Fo. 41. A côté du titre se trouve la date 1540.

pourveue »[1] auquel elle est la réponse, ne fut imprimée dans aucune édition parue du vivant du poète. Selon Villey[2] elle figurerait dans la réimpression de 1554 des *Traductions* publiées par Groulleau.[3] Je ne l'y ai pas trouvée.

42. « Je ne suis pas tout seul qui s'esmerveille »
(*Dizain de Cl. Marot envoyé audit Malingre, demourant à Yverdon*)
Cette pièce, de même que l'épigramme « L'Epistre & l'Epigramme », fut imprimée pour la première fois dans une plaquette intitulée *Epistre de M. Malingre*, le 20 octobre 1546.[4] L'épître du pasteur d'Yverdon, Matthieu Malingre, qui forme la partie principale de cette plaquette, est adressée à Marot et est une espèce de salutation au poète venant d'arriver à Genève. Elle fut donc composée à la fin de 1542 ou tout au début de 1543. Marot y répondit par les deux poèmes que Malingre fit imprimer dans la plaquette de 1546. Leur authenticité est certaine.

43. « L'autre jour ung povre estranger »
(*Dizain du trop saoul et de l'affamé*)
Ce dixain parut pour la première fois dans l'*Adolescence Clementine* publiée par François Juste à Lyon le 12 juillet 1533.[5] Il y figure dans une dernière section sans titre qui contient pêle-mêle d'authentiques compositions comme l'épigramme *Du Lieutenant Criminel de Paris & de Samblançay*[6] et des pièces comme l'*Epitaphe du Conte de Salles* et la *Complaincte de Dame Bazoche sur le trespas dudict Comte* que Marot a désavouées,[7] et plusieurs autres qui ne sauraient lui appartenir.[8]

Pour toutes les pièces contenues dans cette section de l'*Adolescence* du 12 juillet 1533 le seul critère d'authenticité possible c'est l'aveu de Marot, c'est-à-dire leur inclusion dans l'édition des *Œuvres* de 1538, comme dans le cas de l'épigramme *Du Lieutenant Criminel de Paris & de Samblançay*. Le *Dizain du*

---

[1] Voir plus haut, p. 52
[2] *Tableau chronologique des publications de Marot*, RSS, t. VII–VIII, 1920–1, et Champion, Paris, 1921.
[3] *Bibliographie*, II, no. 273. [4] Bâle, J. Estauge; *Bibliographie*, II, no. 268.
[5] *Bibliographie*, II, no. 14 bis. [6] Epigramme XLIII.
[7] Voir *Epîtres*, p. 92. [8] Voir *Œuvres diverses*, pp. 39–40.

trop saoul et de l'affamé par contre ne fut jamais avoué par Marot.[1] Son authenticité doit donc être rejetée.

44. « L'Epistre & l'Epigramme »
L'histoire de cette pièce est identique à celle du dizain à Malingre.[2] Son authenticité est certaine.

45. « Le Roy, aymant la decoration »
(*Sur l'ordonnance que le Roy feit de bastir à Paris avec proportion*)
Ce poème parut pour la première fois dans *La suyte de l'adolescence Clementine* publiée à Lyon par François Juste en décembre 1534.[3] Pour toutes les pièces figurant dans cette édition le même critère que pour les pièces figurant dans l'*Adolescence* publiée par le même éditeur[4] doit être employé. Or le poème n'est ni dans les *Œuvres* de 1538 ni dans une des éditions posthumes possédant de l'autorité. Il figure dans l'*Adolescence Clementine* publiée par Steels à Anvers en 1539[5] et puis dans l'édition des *Œuvres* de Marot donnée en 1596 par le docteur Miziere.[6] On le trouve également dans le manuscrit 22560 du fonds français de la Bibliothèque Nationale.[7]
Comme le poème représente une attaque contre la Sorbonne, le critère de l'aveu de Marot ne joue pas entièrement. Il est possible que le poète après son retour d'exil n'ait pas tenu à avouer une satire contre la Sorbonne. Pourtant l'authenticité de ce poème me semble extrêmement douteuse.

46. « Le temps passé l'esprit sainct eslisoit »
(*Contre la nomination des évêques*)
Cette pièce, inédite au XVIe siècle, fut publiée pour la première fois dans l'édition Guiffrey[8] d'après le ms 201 de Soissons[9] où elle est donnée sans titre ni attribution.

---

[1] Ajoutons qu'il figure, dans l'*Adolescence Clementine* publiée par la veuve Roffet en août 1534 (*Bibliographie*, II, no. 19), dans la section de pièces apocryphes sous le titre: *S'ensuyvent aucunes œuvres qui ne sont de la façon dudict Marot*.
[2] Voir plus haut, p. 59.
[3] *Bibliographie*, II, no. 25.
[4] Voir plus haut, p. 59 n. 5.
[5] *Bibliographie*, II, no. 79.
[6] *Bibliographie*, II, no. 232.
[7] Deuxième partie, fo. 129 r⁰.
[8] Ed. cit., IV, p. 236.
[9] Fo. 89 v⁰.

47. « L'œil abaissé sur face extenuée »
(*Douleur & Volupté*)
Ce long poème fut attribué à Marot par Lenglet-Dufresnoy. Il fut imprimé pour la première fois en 1544 dans le *Recueil de vraye Poesie Françoyse*[1] où il figure sans nom d'auteur. Il appartient en réalité à Antoine Héroet, comme l'a montré Villey.[2]

48. « Lorsque, Cesar, Paris il te pleut veoir »
(*A l'empereur*)
Cette pièce fut attribuée à Marot pour la première fois dans l'édition de Constantin.[3] Elle se rapporte à l'arrivée à Paris de Charles-Quint le 1er janvier 1540. Marot, on le sait, composa un nombre de poèmes à cette occasion. Or, ils furent imprimés dans une édition spéciale, *Les Cantiques de la paix*, par Etienne Roffet, en janvier 1540.[4] Ce fait rend suspecte l'authenticité d'un poème composé à cette occasion, mais publié non dans l'édition de Roffet mais quatre ans plus tard par Constantin. Du reste nous savons que le même Constantin attribua à Marot une pièce composée pour saluer l'empereur, *France à l'empereur à son arrivée* (« Si ce bas monde & toute sa rondeur »), pièce qui appartient en réalité à Hugues Salel.[5] Dans ces conditions l'authenticité de l'épigramme *A l'empereur* me paraît douteuse. Il faut pourtant noter qu'elle figure dans les éditions de Du Moulin et de Fontaine.

49. « Louize est tant gracieuse et tant belle »
(*Estrenne*)
Ce poème fut publié, sans nom d'auteur, dans les *Œuvres de Louize Labé Lionnoize*, en 1555.[6] Il fut attribué à Marot au XIXe siècle dans l'édition Blanchemain.[7] Il n'existe aucune raison pour une telle attribution.

[1] Paris, D. Janot; *Bibliographie*, II, no. 264.
[2] *Tableau chronologique des publications de Marot*, ouvr. cit., t. IX, p. 198.
[3] Elle figure, sans attribution, dans *L'ordre tenu et gardé à l'entrée de tres haut et tres puissant prince Charles, empereur toujours auguste en la ville de Paris, capitale du royaume de France*, G. Corrozet et J. Dupré, Paris, 1539 a.s.
[4] *Bibliographie*, II, no. 86.
[5] Voir *Œuvres lyriques*, p. 49. La pièce figure dans *Les Œuvres de Hugues Salel*, Paris, E. Roffet, 1540 n.s.
[6] *Bibliographie*, II, no. 282.
[7] *Œuvres de Louise Labé*, éd. P. Blanchemain, Paris, 1875, pp. 143 et 215.

50. « Madame, est il pas deshonneste »
(*Dixain*)
Ce poème, inédit au XVIe siècle, fut publié pour la première fois dans l'édition Guiffrey[1] d'après le ms 884 du fonds français de la Bibliothèque Nationale.[2] A la différence de beaucoup d'autres pièces tirées par cet éditeur de manuscrits divers, l'attribution de ce poème à Marot est justifiée du fait que le scribe du manuscrit a mis le nom de Marot à la fin du poème. Comme l'identité de ce scribe, de même que la date exacte du manuscrit sont inconnues, l'authenticité de cette épigramme est évidemment douteuse.

51. « Martin estoit dedans un boys taillis »
(*De Alix & de Martin*)
Ce poème parut pour la première fois dans l'édition de Constantin. Il figure également dans le ms 15220 du fonds français de la Bibliothèque Nationale[3] où il n'est cependant pas attribué à Marot. Les éditions de Du Moulin et de Fontaine le reproduisent. Son authenticité est donc probable.

52. « Mon estable pas tant ne vault »
Réponse au huitain « J'ay un joly courtault, madame »,[4] le présent poème a une histoire identique à ce dernier, c'est-à-dire qu'il fut publié dans l'édition Guiffrey[5] d'après le ms 22564 du fonds français de la Bibliothèque Nationale.[6] Il n'existe aucune raison de l'attribuer à Marot.

53. « On dira ce que l'on vouldra »
(*De la Ville de Lyon*)
Ce poème fut publié pour la première fois par Constantin. Il figure dans les éditions de Du Moulin et de Fontaine. Son authenticité est probable.[7]

54. « Paisible demaine »
(*Blason de Paris*)
Ce blason, inédit au XVIe siècle, fut publié pour la première fois dans l'édition Guiffrey[8] d'après le ms 199 de Soissons,[9] où il n'est pas attribué à Marot.

---

[1] *Ed. cit.*, IV, p. 259.   [2] Fo. 307 v0.   [3] Fo. 43 r0.
[4] Voir plus haut, p. 58.   [5] *Ed. cit.*, IV, p. 259.   [6] Fo. 41.
[7] J'ignore pourquoi il ne se trouve pas dans l'édition Guiffrey.
[8] *Ed. cit.*, IV, p. 299.   [9] Fo. 2 r0.

55. « Pensant en moy trouver l'or souverain »
(*Audit Galland*)
Cette épigramme parut en 1547 dans une plaquette intitulée *Epistre à une noble Dame religieuse, pleine de sçavoir & vertuz: Par maistre Claude Galland de Tournus.*[1] Bien qu'elle ne soit pas nommément attribuée à Marot, elle pourrait lui appartenir. Elle suit en effet une autre épigramme adressée à Galland et qui est signée de Marot. Il s'agit de la *Response par Clement Marot à maistre Claude Galland* (« Quand devers moy tes escritz sont venuz »).[2]

56. « Peu de Villons en bon savoir »
(*Distique du dict Marot*)
Ce distique parut pour la première fois en 1533 dans *Les Œuvres de Françoys Villon de Paris reveues & remises en leur entier par Clement Marot valet de chambre du Roy.*[3] Il est certain que, comme le titre l'indique, c'est Marot qui procura cette édition de Villon, qui mit des notes marginales au texte de Villon et qui écrivit la célèbre préface. L'authenticité de ce distique est donc indiscutable.

57. « Plaise au roy congé me donner »
(*Au Roy*)
Ce poème, inédit au XVIe siècle, fut publié pour la première fois par Lenglet-Dufresnoy. Il figure dans un manuscrit relié à la fin d'une édition de l'*Histoire de Leander et Hero*,[4] manuscrit qui ne contient que deux pièces, à savoir le premier Cantique de Marot (« Plaigne les mortz qui plaindre les vouldra »)[5] et la présente épigramme. Bien que ce poème ne soit pas signé, il existe une présomption d'authenticité. De plus nous savons que Marot traduisit les deux premiers livres des *Métamorphoses*, le deuxième

---

[1] *Bibliographie*, II, no. 271. Voir C. A. Mayer, *Une épigramme inédite de Clément Marot*, BHR, t. XVI, 1954, p. 209.
[2] Voir plus bas, p. 64.
[3] Paris, Galiot du Pré; *Bibliographie*, II, no. 238.
[4] *Bibliographie*, II, no. 97 (B.N. fonds Rothschild; E. Picot, Cat. Rothschild, no. 2593).
[5] *Œuvres lyriques*, LXXVI, Cantique I.

vers la fin de sa vie.[1] Il n'y a donc rien d'étrange à ce qu'il ait songé à traduire le troisième livre.[2] L'épigramme contient des allusions à peine voilées à un retour souhaité par le poète. Il est donc fort probable que le poète en question soit effectivement Marot qui, lors de son deuxième exil essaye de reconquérir la faveur royale par ce biais d'une promesse de continuer la traduction d'Ovide.

58. « Pour un seul coup, sans y faire retour »
(*Du jeu d'amours, par M.*)
Cette épigramme parut pour la première fois dans le recueil *Traductions de Latin en Françoys* publié par Groulleau en 1550.[3] Ce recueil, nous l'avons vu, possède une grande autorité. Cependant, le présent poème ne figure point dans la première section, celle des pièces de Marot, et semble de ce fait devoir être écarté. On peut ajouter que les trois autres poèmes ne figurant pas dans la première section, mais que Groulleau entend attribuer à Marot, portent au titre la signature: « par C.M. », alors que le présent poème est intitulé: *Du jeu d'amours, par M.*,[4] preuve que Groulleau entend désigner un poète autre que Clément Marot.

59. « Puis qu'il convient pour le pardon gaigner »
(*A une dont il ne povoit oster son cueur*)
Ce poème fut publié pour la première fois dans l'édition Constantin. Il figure dans les éditions de Du Moulin et de Fontaine. Son authenticité est donc probable.[5]

60. « Quand devers moy tes escritz sont venuz »
(*Response par Clement Marot à maistre Claude Galland*)
Cette épigramme fut publiée pour la première fois en 1547 dans la plaquette de Claude Galland, *Epistre à une noble Dame religieuse pleine de sçavoir & vertuz*.[6] L'authenticité de cette

[1] La traduction du deuxième livre figure pour la première fois dans l'édition des *Œuvres* de Marot publiées par Dolet en 1543 (*Bibliographie*, II, no. 118).
[2] Notons qu'une traduction des trois premiers livres des *Métamorphoses*, les deux premiers de Marot et le troisième de Barthélemy Aneau, parut à Lyon, chez Roville, en 1556 (*Bibliographie*, II, no. 201).
[3] *Bibliographie*, II, no. 273. Voir plus haut, pp. 46-7.
[4] Voir plus haut, p. 47.
[5] J'ignore pourquoi il ne se trouve pas dans l'édition Guiffrey.
[6] *Bibliographie*, II, no. 271. Voir plus haut, pp. 63.

pièce semble certaine. En effet Galland, un ami du poète, a de toute évidence reçu de lui cette *Réponse* et l'a publiée dans son premier livre.[1] Il n'est guère probable qu'il ait commis une supercherie.

61. « Quand je vous veulx descouvrir mon martyre »
Cette pièce, de même que l'épigramme « De bonnes graces estes si bien pourveue »,[2] fut attribuée à Marot pour la première fois par Lenglet-Dufresnoy, sans que je sache d'où il l'a tirée. Selon Villey elle aurait paru dans la réimpression des *Traductions* de Groulleau de 1554. Elle n'y figure pas plus que l'épigramme « De bonnes graces estes si bien pourveue ».

62. « Quand maistre Pierre d'Alesso »
Ce poème parut pour la première fois dans un recueil collectif publié en 1661, *Fine galanterie du temps*.[3] Il n'existe pas de raisons pour l'attribuer à Marot.

63. « Quant en mon nom assemblez vous serez »
(*Dixain de Marot*)
Ce poème, inédit au XVIe siècle, fut publié par Ph.A. Becker[4] d'après le ms NB 3525 de la Bibliothèque de Vienne.[5] Le poème est attribué à Marot par son titre même, et est suivi de la devise du poète: « La mort n'y mord ». Son authenticité semble probable.

64. « Que gaignes tu, dy moy, chrestien »
Ce poème fut publié pour la première fois dans *Les Œuvres de Clement Marot*, sorties des presses de Nicolas Du Chemin, à Paris, en 1546.[6] Il n'y a guère de preuves pour attribuer cette pièce à Marot.

65. « Qu'esse qu'Huban? c'est beaulté naturelle »
(*Epigramme par maniere de dialogue Pour madamoiselle d'Huban*)
Cette épigramme, inédite au XVIe siècle, fut publiée pour la

---

[1] Voir C. A. Mayer, *Une épigramme inédite de Clément Marot*, art. cit.
[2] Voir plus haut, p. 52.
[3] Paris, Jean Ribou. Sur cette épigramme voir P. Villey, *Tableau chronologique des publications de Marot*, ouvr. cit., p. 192.
[4] *Archiv für das Studium der neueren Sprachen und Literaturen*, CXXXIII, p. 142.
[5] Fo. 42 r⁰. [6] *Bibliographie*, II, no. 147.

première fois dans l'édition Guiffrey[1] d'après le ms 1667 du fonds français de la Bibliothèque Nationale.[2] Le scribe du manuscrit n'a pas attribué ce poème à Marot; pourtant il est fort possible qu'il en soit l'auteur. Gilberte de Rabutin, surnommée la belle Huban, était une des dames des plus en vue à la Cour. Marot, on le sait, a écrit pour elle, bien que tenant la plume pour un Monsieur de Barroys,[3] une élégie.[4] Il se peut donc fort bien qu'il soit l'auteur de cette épigramme.

66. « Recipe assis sus un banc »
(*Remede contre la peste*)
Ce poème parut pour la première fois dans l'*Adolescence Clementine* publiée par Juste à Lyon, le 12 juillet 1533.[5] Comme pour toutes les pièces publiées pour la première fois dans cette édition, le seul critère d'authenticité est l'aveu de Marot. Or le *Remede contre la peste* ne figure pas dans l'édition de 1538, ni du reste dans les éditions posthumes procurées par les amis du poète. Comme il n'existe pas de raisons expliquant pourquoi Marot eût désavoué cette pièce, on ne peut que conclure qu'elle n'est pas authentique. Il est vrai qu'elle figure dans deux éditions de l'*Adolescence Clementine* publiées par la veuve de Pierre Roffet en 1534,[6] sous le titre *Remede contre la peste faict par Clement Marot*, mais nous savons que Marot n'a pas collaboré à ces éditions qui contiennent un assez grand nombre de pièces apocryphes. De plus, dans la deuxième de ces éditions, la section dans laquelle est reproduit le *Remede contre la peste* porte le titre: *S'ensuyvent aucunes œuvres qui ne sont de la façon dudict Marot*.

67. « Roullet, quand Monsieur je te nomme »
(*Dudict Marot à Monsieur Roullet Huictain*)
Cette épigramme, inédite au XVIe siècle, figure dans le ms 1667 du fonds français de la Bibliothèque Nationale.[7] Le poème est une version différente de l'épigramme imitée de Martial: « Quand Monsieur je te dy, Roullet ».[8] Il existe plusieurs autres épigrammes de Martial dont Marot a donné deux versions

---

[1] *Ed. cit.*, IV, p. 261.
[2] Fo. 108 r⁰.
[3] Voir *Œuvres lyriques*, p. 265, n. 1.
[4] *Œuvres lyriques*, LXXIII, Elégie XXII.
[5] *Bibliographie*, II, no. 14 bis.
[6] *Bibliographie*, II, no. 16 et no. 19.
[7] Fo. 184 v⁰.
[8] Epigramme CLXVIII.

LE TEXTE 67

au moins partielles. Il n'y a donc aucun doute sur l'authenticité de ce poème.

68. « Si en Villon on treuve encor à dire »
(*C. Marot au Roy, nostre souverain*)
Cette épigramme, de même que le distique « Peu de Villons en bon savoir », figure dans l'édition de Villon procurée par Marot en 1533.[1] Il n'y a aucun doute quant à son authenticité.

69. « Si j'ay comptant un beau Cheval payé »
(*D'un Cheval & d'une Dame*)
Ce poème parut pour la première fois dans l'édition Constantin. Il figure dans les éditions de Du Moulin et de Fontaine. Son authenticité est donc probable.

70. « Si sçavoir veulx les rencontres plaisantes »
(*Clement Marot aux lecteurs françoyz*)
L'histoire de cette épigramme, composée et publiée comme poème liminaire aux *Apophthegmes* d'Erasme traduits par Antoine Macault,[2] est identique à celle de la pièce « Des bons propoz cy dedans contenuz ».[3] Son authenticité est certaine.

71. « Soit en ce camp paix pour mieulx faire guerre »
(*Salutation du camp de monsieur d'Anguien à Sirisolle*)
Ce poème fut publié pour la première fois dans *Les Œuvres de Clement Marot* sorties des presses de Jean de Tournes à Lyon en 1549.[4] Il figure également dans le ms 200 de Soissons.[5] Marot se nomme dans ce poème dont l'authenticité est donc certaine.

72. « Sus, quatre vers, partez en haste »
(*Dicton dudict Marot en ryme croisée*)
Ce quatrain, inédit au XVIe siècle, fut publié pour la première fois dans l'édition Guiffrey[6] d'après le ms 2206 du fonds français de la Bibliothèque Nationale.[7] On voit que le poème est attribué à Marot par le scribe du manuscrit, dans lequel ce quatrain est

---

[1] *Bibliographie*, II, no. 238. Voir plus haut, p. 63.
[2] *Les Apophthegmes*, Paris, veuve Claude Chevallon, 1539; *Bibliographie*, II, no. 255. Voir plus haut, p. 54.
[3] Voir plus haut, p. 54.   [4] *Bibliographie*, II, no. 169.
[5] Fo. 93 r⁰.   [6] *Ed. cit.*, IV, p. 263.   [7] Fo. 193 r⁰.

copié à la suite de l'épître *Au roy pour le deslivrer de prison*.[1]
L'authenticité de ce poème me paraît donc probable.

73. « Tant que le Bleu aura nom loyaulté »
(*A une qui portoit le Bleu pour ses couleurs*)
Ce poème parut pour la première fois dans *Les Œuvres de Clément Marot* publiées par Etienne Dolet à Lyon en 1542.[2] Il figure dans l'édition Constantin de même que dans celle de Du Moulin et de Fontaine. Son authenticité est donc probable.

74. « Ton lut hersoir se resentoit »
(*Etrenne*)
De même que la pièce « Louize est tant gracieuse et tant belle »,[3] ce poème fut publié pour la première fois en 1555, dans les *Œuvres* de Louise Labé,[4] et fut attribué à Marot par Blanchemain[5] sans la moindre justification.

75. « Ton vieil Cousteau, Pierre Marrel, rouillé »
(*A Pierre Marrel, le merciant d'un Cousteau*)
Ce poème parut pour la première fois dans l'édition Constantin. Il figure également, attribué à Marot, dans le manuscrit 12795 du fonds français de la Bibliothèque Nationale.[6] Enfin il se trouve dans les éditions de Du Moulin et de Fontaine. Son authenticité est donc très probable.

76. « Tous les sermens que femme peut jurer »
(*Sur Jupiter ex alto*)
Ce poème fut publié pour la première fois dans l'*Adolescence Clementine* sortie des presses de Juste à Lyon le 12 juillet 1533.[7] Comme pour toutes les pièces parues en princeps dans cette édition, il faut voir si Marot l'a avouée. Ce n'est pas le cas, puisque ce poème ne figure ni dans l'édition de 1538, ni dans une autre des éditions possédant une relative autorité. Pourtant on le trouve dans les manuscrits 2370[8] et 12795[9] du fonds français de la Bibliothèque Nationale. L'authenticité de cette pièce me semble néanmoins très douteuse.

---

[1] *Epttres*, XI.   [2] *Bibliographie*, II, no. 105.   [3] Voir plus haut, p. 61.
[4] *Bibliographie*, II, no. 282.   [5] *Ouvr. cit.*, pp. 144 et 215.
[6] Fo. 104 v⁰.   [7] *Bibliographie*, II, no. 14 bis.
[8] Fo. 98 v⁰.   [9] Fo. 92 v⁰.

77. « Toy, noble esprit, qui veulx chercher les Muses »
(*De Monsieur du Val, Tresorier de l'espargne*)
Ce poème parut pour la première fois dans l'édition Constantin. Il figure dans les éditions de Du Moulin et de Fontaine. Comme le trésorier Duval nous est connu, et comme il existe une réponse de lui adressée à Marot,[1] l'authenticité de ce poème est certaine.

78. « Tu dys, Paris, ne sçay pourquoy »
(*De Paris*)
Ce poème inédit au XVIe siècle fut publié pour la première fois dans l'édition Guiffrey[2] d'après les mss 22560 et 22563 du fonds français de la Bibliothèque Nationale. Il faut noter non seulement que le poème n'est pas attribué à Marot dans ces deux manuscrits, mais encore qu'il se situe clairement au temps de la ligue et ne saurait donc appartenir à notre poète.

79. « Tu es logé au cabinet »
(*Marot à Robinet*)
Ce poème, inédit au XVIe siècle, fut publié pour la première fois dans l'édition Guiffrey[3] d'après le ms 12795 du fonds français de la Bibliothèque Nationale.[4] On voit que le poème est attribué à Marot dans le titre. De plus il est suivi dans le manuscrit par une réponse intitulée: *Robinet à Marot*, dans laquelle le deuxième vers se lit: « Je suis logé, tres cher amy Clement ». L'authenticité de cette pièce est donc très probable.

80. « Tu painctz ta barbe, amy Bruslard, c'est signe »
(*A Geoffroy Bruslard*)
Cette pièce parut pour la première fois dans l'édition Constantin. Elle se retrouve dans les éditions de Du Moulin et de Fontaine. Son authenticité est donc probable.

81. « Une nonnain tres belle & en bon poinct »
(*Dixain*)
Ce poème inédit au XVIe siècle fut publié pour la première fois dans l'édition Guiffrey[5] d'après le ms 201 de Soissons.[6] Il

---

[1] Voir plus bas, p. 269, n. 3. [2] *Ed. cit.*, IV, p. 300.
[3] *Ed. cit.*, IV, p. 38. [4] Fo. 105 v⁰.
[5] *Ed. cit.*, IV, p. 261. [6] Fo. 26 r⁰.

figure également dans le ms 20025 du fonds français de la Bibliothèque Nationale.[1] Dans aucun des deux manuscrits le poème n'est attribué à Marot.

82. « Ung advocat de plaider on pria »
(*Dizain*)

Ce poème parut pour la première fois dans un recueil collectif, *Petit traicté, contenant en soy la fleur de toutes joyeusetez en Epistres Ballades & Rondeaux fort recreatifz joyeux & nouveaux*, sorti des presses de Vincent Sertenas à Paris en 1535.[2] Le poème n'y est pas attribué à Marot. Il figure également, avec une version fautive de onze vers, dans le ms 20025 du fonds français de la Bibliothèque Nationale,[3] ici encore sans attribution. C'est cette version fautive de onze vers qu'on retrouve dans l'édition Guiffrey.[4] Il n'y a aucune raison d'attribuer ce poème à Marot.

83. « Ung hault cuyder par ung trop entreprendre »
(*Dizain de Marot du chancelier Guillaume Poyet*)

Ce dizain, inédit au XVIe siècle, fut publié pour la première fois par F. Chavannes[5] d'après le manuscrit de Gilbert Grenet.[6] Or les attributions de Gilbert Grenet sont le plus souvent fantaisistes, sans compter que Chavannes renchérit encore sur leur caractère incertain en publiant presque sans critique toutes les pièces copiées par Grenet et qui ne se trouvent pas dans l'œuvre imprimée de Marot.[7] Ajoutons que la condamnation à mort du chancelier Poyet eut lieu en 1544, c'est-à-dire l'année de la mort de Marot; il est peu probable qu'il ait composé cette pièce. De toute façon il n'y a pas de preuve valable pour la lui attribuer.

84. « Ung pellerin que les Turcs avoient pris »
(*Dixain*)

Ce poème, inédit au XVIe siècle, fut publié pour la première

---

[1] Fo. 90 v⁰.   [2] *Bibliographie*, II, no. 245.   [3] Fo. 46 r⁰.
[4] *Ed. cit.*, IV, p. 258. Selon Guiffrey ce texte viendrait du ms 1988 du fonds français de la Bibliothèque Nationale et du ms 202 de Soissons (sans indication de folios). En fait le poème ne figure ni dans l'un ni dans l'autre de ces manuscrits. Je ne sais d'où Guiffrey a tiré son texte.
[5] *Notice sur un manuscrit du XVIe siècle*, ouvr. cit., voir plus haut, p. 49.
[6] Voir *Bibliographie*, I, pp. 47–63, et plus haut, p. 49.
[7] Voir *Bibliographie*, I, p. 62.

fois dans l'édition Guiffrey[1] d'après le ms 201 de Soissons[2] où il n'est pas attribué à Marot.

85. « Un gros garçon qui creve de santé »
(*Contre un censeur ignorant*)
Cette pièce inédite au XVIe siècle fut publiée pour la première fois par Lenglet-Dufresnoy qui semble l'avoir tirée des *Menagiana*.[3] Il n'existe aucune preuve en faveur de l'authenticité de ce poème.

86. « Un gros prieur son petit filz baisoit »
(*D'un gros Prieur*)
Ce poème parut pour la première fois dans l'édition Constantin. Il figure dans les éditions de Du Moulin et de Fontaine, de même que dans le ms 15220 du fonds français de la Bibliothèque Nationale[4] et dans le ms 201 de Soissons.[5] Son authenticité est très probable.

87. « Un jour Martin vint Alix empoigner »
(*Aultre d'Alix & Martin*)
Ce poème parut en 1543 dans le recueil collectif *La Fleur de poesie françoyse* publié par Alain Lotrian,[6] sans être attribué à Marot. L'année suivante il figura dans le recueil de Denis Janot, *Le Recueil de vraye Poesie Françoyse*,[7] de nouveau sans attribution, mais avec un texte légèrement différent, Martin et Alix devenant Robin et Margot. C'est cette version qu'imprima Lenglet-Dufresnoy. Il n'y a aucune raison d'attribuer ce poème à Marot.

88. « Un moine un jour alla chez un libraire »
(*Dixain d'un moine qui demandoit la Verité cachée par moquerie*)
Ce dizain fut publié pour la première fois en 1559 dans une édition de la Moralité, *La Verité cachée composée à six personnages*.[8]

---

[1] *Ed. cit.*, IV, p. 258.   [2] Fo. 51 (nouvelle foliation, fo. 55) r⁰.
[3] Voir Villey, *Tableau chronologique*, art. cit., p. 197.   [4] Fo. 42 v⁰.
[5] Fo. 26 r⁰.   [6] *Bibliographie*, II, no. 259.
[7] *Bibliographie*, II, no. 264.   [8] Genève, A. Cercéa.

72   INTRODUCTION

Le poème figure également, bien que dans une version assez différente, dans le manuscrit de Gilbert Grenet. Ajoutons qu'il n'est attribué à Marot ni dans la version imprimée ni dans la version manuscrite. Il n'y a aucune raison de lui attribuer ce poème.

89. « Venir fault en toute saison »
(*Douze sentences en distique*)
Cette pièce parut dans l'*Adolescence Clementine* publiée par Juste à Lyon le 12 juillet 1533.[1] Elle ne figure dans aucune des éditions possédant de l'autorité. On ne peut donc accepter son authenticité.

90. « Veu que suys né en povreté amere »
(*Aultre dizain de Clement Marot*)
Ce poème, inédit au XVIe siècle, fut publié pour la première fois dans l'édition Guiffrey[2] probablement d'après le ms 20025 du fonds français de la Bibliothèque Nationale.[3] On voit que le poème est attribué à Marot dans le titre même. De plus cette épigramme est l'éloge de Marguerite de Navarre que le poète appelle sa mère et sa sœur. Il y a donc beaucoup de chances pour que ce poète soit Marot.

91. « Voicy le Val des constans amoureux »
(*Pour le Perron de Monseigneur d'Orleans*)
Ce poème, publié pour la première fois dans l'édition Constantin, est une des pièces écrites par Marot pour le tournoi des chevaliers errants.[4] Son authenticité est donc certaine.

92. « Vostre obligé (Monsieur) je me confesse »
(*Huictain*)
Ce poème fut attribué à Marot par Lenglet-Dufresnoy, qui l'avait probablement tiré du *Recueil de vraie Poesie Françoyse* de

[1] *Bibliographie*, II, no. 14 bis.   [2] *Ed. cit.*, IV, p. 187.
[3] Fo. 48 v⁰. Dans l'édition Guiffrey, il est vrai, le poème est accompagné de l'indication suivante: *Inédit*—Bibl. Nationale, ms fr. 1988. En fait, le ms 1988 ne contient qu'une seule œuvre, à savoir la traduction française du *De curialium miseriis* (cf. P. M. Smith, *The Anti-Courtier Trend in Sixteenth-Century French Literature*, Genève, Droz, 1966, p. 23, n. 2) de Piccolomini, et pas un seul poème.
[4] Voir plus haut, p. 57.

Janot.[1] Selon Villey,[2] le poème aurait d'abord paru dans la *Poésie françoise* de Charles de Sainte-Marthe.[3] Je n'ai pu l'y trouver.

93. « Vous vous plaignez de mon audace »
(*Dizain du baiser desrobé*)
Ce poème parut pour la première fois dans les deux éditions de la *Suite de l'Adolescence Clementine* publiées en 1537.[4] Il ne fut réimprimé dans aucune des éditions possédant de l'autorité, mais fut attribué à Marot par Lenglet-Dufresnoy. Son authenticité ne peut être acceptée.

94. « Voyez l'histoire (o vous, nobles espritz) »
(*Clement Marot aux lecteurs*)
Ce poème liminaire parut pour la première fois dans la traduction de Thucydide par Claude de Seyssel publiée en 1527.[5] Il n'y a pas de doute quant à l'authenticité de cette pièce.

J'accepte donc comme authentiques les pièces suivantes:
« Adieu ce bel œil tant humain »
« Ceux qui attaintz estoyent de Pestilence »
« De Jan de Meung s'enfle le cours de Loire »
« De peu Assez ha cil qui se contente »
« Des bons propoz cy dedans contenuz »
« Dessus ce beau may verdelet »
« Fuyez, fuyez (ce conseil je vous donne) »
« Icy est le Perron »
« Icy l'Autheur son Epistre laissa »
« Incontinent que Viscontin mourut »
« Je ne suis pas tout seul qui s'esmerveille »
« L'Epistre et l'Epigramme »
« Peu de Villons en bon savoir »
« Plaise au Roy congé me donner »
« Quand devers moy tes escritz sont venuz »
« Roullet, quand Monsieur je te nomme »
« Si en Villon on treuve encore à dire »

[1] *Bibliographie*, II, no. 264. Voir plus haut, p. 45.
[2] *Tableau chronologique*, art. cit., t. IX, p. 200.
[3] Paris, 1540.
[4] *Bibliographie*, II, no. 56 et no. 59.
[5] *Bibliographie*, II, no. 237.

« Si sçavoir veulx les rencontres plaisantes »
« Soit en ce camp paix pour mieulx faire guerre »
« Toy, noble esprit, qui veulx chercher les Muses »
« Voicy le Val des constans amoureux »
« Voyez l'histoire (o vous, nobles esprits) »

L'authenticité des pièces suivantes me semble probable ou très probable:

« Ains que me veoir en lisant mes escripts »
« Amy Cravan, on t'a faict le rapport »
« Bien peu d'enfans on treuve qui ne gardent »
« Celle qui porte un front cler & serain »
« Cesse, Crassus, de fortune contraindre »
« Fille qui prend fascheux mary »
« L'heur ou malheur de vostre cognoissance »[1]
« Lorsque (Cesar) Paris il te pleut veoir »
« Martin estoit dedans un boys taillis »
« On dira ce que l'on vouldra »
« Pensant en moy trouver l'or souverain »
« Puis qu'il convient pour le pardon gaigner »
« Quant en mon nom assemblez vous serez »
« Qu'esse qu'Huban? c'est beaulté naturelle »
« Si j'ay comptant un beau Cheval payé »
« Sus, quatre vers, partez en haste »
« Tant que le Bleu aura nom loyaulté »
« Ton vieil Cousteau, Pierre Marrel, rouillé »
« Tu es logé au cabinet »
« Tu painctz ta barbe, amy Bruslard, c'est signe »
« Un gros Prieur son petit filz baisoit »
« Veu que suys né en povreté amere »

Je publie ces pièces à leur place[2] en les frappant d'un astérisque.

Je crois d'authenticité douteuse ou improbable, bien qu'on ne puisse prouver qu'elles ne soient pas de Marot, les pièces suivantes:

« Il pleut au Roy, l'ung de ces jours passez »
« Le Roy, aymant la decoration »
« Madame, est-il pas deshonneste »
« Tous les sermens que femme peut jurer »

Je mets ces pièces par conséquent dans un Appendice.

[1] Voir plus haut, pp. 47–8.   [2] Voir plus bas, 40–1.

Je rejette purement et simplement les pièces suivantes:
« Amour & mort le terre & ciel ont pris »
« Au jugement d'entre nous autres saiges »
« Bien heureux qui ne doibt rien »
« Celluy qui est pour repaistre à la table »
« Ces jours passez une maison brusloit »
« Collin s'en allit au lendit »
« Cueur assiégé d'infinité d'amys »
« De bonnes graces est si bien pourveue »
« De ce que ne chet soubz ung pris »
« De cruauté Neron a eu le pris »
« De deux dames & grandes amyes »
« De la Sorbonne un docteur amoureux »
« Despuys le temps que Dieu forma la tour »
« Dictes ouy, madame ma maistresse »
« Dolet enquis sur le point de la foy »
« Du baiser qu'avez soudain pris »
« D'ung grand seigneur le bon sens esprouvé »
« En bonne foy, je ne suys point content »
« En vous aymant vous me verrez hair »
« Escoutez cieulx, et prestez audience »
« J'ay la langue pendant au milieu de mon corps »
« J'ay tant de mal & vous de cruauté »
« J'ay un joly courtault madame »
« Je ne me sens de graces tant pourveu »
« L'autre jour ung povre estranger »
« Le temps passé l'esprit sainct eslisoit »
« L'œil abaissé sur face extenuée »
« Louize est tant gracieuse et tant belle »
« Mon estable pas tant ne vault »
« Paisible demaine »
« Pour un seul coup, sans y faire retour »
« Quand je vous veulx descouvrir mon martyr »
« Quand maistre Pierre d'Alesso »
« Que gaignes tu, dy moy, chrestien »
« Recipe assis sus un banc »
« Ton lut hersoir se resentoit »
« Tu dys, Paris, ne sçay pourquoy »
« Une nonnain tres belle & en bon poinct »
« Ung advocat de plaider on pria »

« Ung hault cuyder par ung trop entreprendre »
« Ung pellerin que les Turcs avoient pris »
« Ung gros garçon qui creve de santé »
« Un jour Martin vint Alix empoigner »
« Un moine un jour alla chez un libraire »
« Venir fault en toute saison »
« Vostre obligé (Monsieur) je me confesse »
« Vous vous plaignez de mon audace ».

iii. L'établissement du texte

Pour toutes les pièces publiées dans l'édition des *Œuvres* de 1538,[1] c'est cette dernière qui doit servir de texte de base.[2] Cependant cette édition, nous le savons, n'est pas dépourvue de fautes.[3] Il convient donc de corriger les coquilles et leçons fautives qu'elle présente par les leçons meilleures des éditions précédentes données avec la collaboration de Marot, y compris le manuscrit de Chantilly:

LADOLESCENCE CLEMENTINE, 12 août 1532, Paris, G. Tory pour P. Roffet; *Bibliographie*, II, no. 9.

LADOLESCENCE CLEMENTINE, 13 novembre 1532, Paris, G. Tory pour P. Roffet; *Bibliographie*, II, no. 11.

Ladolescence Clementine, 12 février 1533 n.s., Paris, G. Tory pour P. Roffet; *Bibliographie*, II, no. 12.

Ladolescence Clementine, 7 juin 1533, Paris, G. Tory pour P. Roffet; *Bibliographie*, II, no. 14.

LA SUITE de l'adolescence Clementine, Paris, veuve P. Roffet, s.d.; *Bibliographie*, II, no. 15.

Le manuscrit no. 748 du Musée Condé de Chantilly: *Recueil des dernières Œuvres de Clement Marot, non imprimées Et premierement Celles quil fit durant son exil, Et depuis son retour*, mars 1538 n.s., *Bibliographie*, I, pp. 10–18.

Cependant en de très nombreux cas, l'édition de 1538 est le texte unique. En effet les Deux Livres d'Epigrammes de cette édition consistent en grande partie en inédits, bien qu'un certain nombre de ces pièces figure dans le manuscrit de Chantilly rédigé trois mois avant les *Œuvres* de 1538. Pour la majorité des épigrammes de cette édition le texte de 1538 est donc la source unique plutôt qu'un texte de base.

[1] *Bibliographie*, II, no. 71.
[2] Sur l'autorité de l'édition de 1538, voir *Le Texte de Marot*, art. cit.
[3] Voir *ibid.*, t. XIV, 1952, pp. 316–19.

LE TEXTE 77

Il en est de même d'un groupe d'épigrammes se trouvant dans le manuscrit de Chantilly sans être imprimées dans l'édition de 1538 et dont la plupart restèrent inédites du vivant du poète.[1] Pour ces pièces le manuscrit de Chantilly est le seul texte.[2] De même pour toutes les pièces publiées pour la première fois en 1542 dans l'édition des *Œuvres* imprimée par Etienne Dolet,[3] ou bien dans l'édition Constantin,[4] il n'existe au fond qu'un seul état, aucune édition postérieure ne possédant assez d'autorité ou présentant un texte nettement supérieur. Même remarque pour les poèmes publiés dans les recueils posthumes, c'est-à-dire principalement l'édition des *Epigrammes* de 1547,[5] et les *Traductions* de 1550.[6] Dans tous les cas où l'édition donnée par les soins de Charles Fontaine en 1550[7] reproduit une pièce publiée pour la première fois dans un de ces recueils, le texte est sensiblement le même.

Enfin pour ce qui est des pièces liminaires trouvées soit dans des éditions procurées par Marot,[8] soit dans les *Œuvres* d'autres auteurs,[9] nous ne connaissons qu'un seul texte, tout comme pour les pièces manuscrites restées inédites au XVIe siècle.[10]

Voici les ouvrages imprimés et les recueils manuscrits qui ont servi pour l'établissement du texte de toutes les pièces qui ne proviennent pas des *Œuvres* de 1538:

Le Miroir de tres chrestienne princesse Marguerite de France, Royne de Navarre, Duchesse d'Alençon et de Berry, auquel elle voit & son neant & son tout, Paris, Augereau, 1533; *Bibliographie*, II, no. 240.

Les Œuvres de Françoys Villon de Paris, reveues & remises en leur

---

[1] Ce sont: Epigrammes CLII, CLV, CLVI, CLVII, CLXX, CLXXI, CLXXII, CLXXIV, CLXXV, CLXXIX, CLXXXIX (publiée pour la première fois en 1537), CXC (publiée pour la première fois en 1537), CXCIII, CXCIV, CXCV, CXCVI, CXCVII, CC, CCIII.
[2] Un assez grand nombre de ces pièces se trouvent reproduites dans l'édition des *Epigrammes* de 1547 (*Bibliographie*, II, no. 154). Sans exception, à quelques différences graphiques près, cette édition reproduit le texte du manuscrit de Chantilly.
[3] *Bibliographie*, II, no. 105.   [4] *Bibliographie*, II, no. 129.
[5] *Bibliographie*, II, no. 154.   [6] *Bibliographie*, II, no. 273.
[7] *Bibliographie*, II, no. 174.
[8] Ce sont l'*Adolescence Clementine* et les *Œuvres* de 1538.
[9] Voir plus bas, pp. 315–24.
[10] Ce sont, en dehors des poèmes déjà cités provenant du manuscrit de Chantilly, les pièces suivantes: Epigrammes CLXXXVI, CLXXXVII, CXCII, CXCIX, CCXXXIV, CCLXX, CCLXXII.

entier par Clement Marot, valet de chambre du Roy, Paris, Galiot du Pré, septembre 1533; *Bibliographie*, II, no. 238.

Les apophthegmes. Cest à dire promptz, subtilz & sententieulz ditz de plusieurs Royz, chefz darmee, philosophes & autres grans personnaiges tant Grecz que Latins. Translatez de latin en françoys par lesleu Macault, notaire, secretaire & valet de la chambre du roy, Paris, veuve Claude Chevallon, 1539; *Bibliographie*, II, no. 255.

Les Œuvres de Hugues Salel, Paris, Roffet, février 1540 n.s.; *Bibliographie*, II, no. 256.

Les Œuvres de CLEMENT MAROT, Lyon, Dolet, 1542; *Bibliographie*, II, no. 105.

Le Nouveau Testament, Genève, J. Gérard, 1543; *Bibliographie*, II, no. 260.

Les œuvres de clement marot, de cahors, vallet de chambre du roy. Plus amples, & en meilleur ordre que paravant, Lyon, A l'enseigne du Rocher (Constantin), 1544; *Bibliographie*, II, no. 129.

Sommaire de certains & vrays remedes contre la Peste, contenant La maniere de préserver les sains, contregarder les infectz & ceux qui servent les malades, de guerir les frappez & de nettoyer les lieux infectz. Le tout traicté si familierement qu'un chascun en cas de necessité se pourra penser soymesme. Par M. Françoys Chappuys, de Lyon, Medecin à la noble cité de Genève, Lyon, J. et F. Frellon, 1545; *Bibliographie*, II, no. 265.

Œuvres, Lyon, J. de Tournes, 1546; *Bibliographie*, II, no. 143.

L'Epistre de M. Malingre, envoyee a Clement Marot: en laquelle est demandee la cause de son departement de France, Basle, J. Estauge, 20 octobre 1546; *Bibliographie*, II, no. 268.

Epigrammes de Clement Marot, faictz à l'imitation de Martial. Plus quelques autres Œuvres dudict Marot, non encores Imprimees par cy devant, Poitiers, J. et E. de Marnef, 1547; *Bibliographie*, II, no. 154.

Claude Galland, *Epistre à une noble Dame religieuse, pleine de sçavoir & vertuz*, Lyon, J. de Tournes, 1547; *Bibliographie*, II, no. 271.

Œuvres, Lyon, J. de Tournes, 1549; *Bibliographie*, II, no. 169.

Traductions de Latin en Françoys, Imitations et Inventions nouvelles, tant de Clement Marot que d'autres des plus excellens Poetes de ce temps, Paris, E. Groulleau, 1550; *Bibliographie*, II, no. 273.

Le manuscrit no. 748 du Musée Condé, Chantilly; *Recueil des dernières Œuvres de Clement Marot, non imprimées Et premierement Celles quil fit durant son exil, Et depuis son retour*, mars 1538 n.s., *Bibliographie*, I, pp. 10–18.

Le manuscrit no. 1667 du fonds français de la Bibliothèque Nationale.
Le manuscrit no. 2206 du fonds français de la Bibliothèque Nationale.
Le manuscrit no. 12795 du fonds français de la Bibliothèque Nationale.
Le manuscrit no. 20025 du fonds français de la Bibliothèque Nationale.
Le manuscrit no. 2593 (Cat. Picot) du fonds Rothschild de la Bibliothèque Nationale.
Le manuscrit NB 3525 de la Staatsbibliothek de Vienne.

LE TEXTE 79

Le problème des variantes est semblable en tout point à celui des variantes dans les tomes précédents de cette édition.[1] Pour toutes les pièces parues pour la première fois dans l'*Adolescence Clementine* de 1532, il existe, nous le savons,[2] deux états, le premier étant celui de 1532 et le second celui de 1538.[3] Pour tous les poèmes par contre publiés dans *La Suite de l'Adolescence Clementine* de la fin de 1533 ou du début de 1534—rappelons que cette édition fut publiée sans date[4]—il n'existe qu'un seul état, le texte de 1538 étant sensiblement le même que celui de la *Suite*.

Les poèmes parus pour la première fois dans les *Œuvres* de 1538 ne présentent évidemment qu'un état, à l'exception de quelques rares épigrammes dont le manuscrit de Chantilly nous livre une version antérieure et sans doute originale.

Je reproduis donc en règle générale les variantes de toutes les éditions d'avant 1538 ayant bénéficié de la collaboration de Marot.

Comme dans les *Œuvres diverses* et les *Œuvres lyriques* je donne les variantes de tous les manuscrits connus, même quand il y a peu de chances pour qu'ils nous donnent des versions dignes de foi.[5]

Voici la liste des éditions et des recueils manuscrits qui ont servi pour les variantes:

Histoire de Thucydide athénien, de la guerre qui fut entre les Péloponésiens et Athéniens; translatée en langue francoyse par Claude de Seyssel, 1527; *Bibliographie*, II, no. 237.

LADOLESCENCE CLEMENTINE, Lyon, François Juste, 12 juillet 1533; *Bibliographie*, II, no. 14 bis.

L'adolescence clementine, Paris, L. Cyaneus pour la veuve P. Roffet, 19 août 1534; *Bibliographie*, II, no. 19.

---

[1] Voir *Epîtres*, pp. 73–4; *Œuvres satiriques*, pp. 42–3; *Œuvres lyriques*, pp. 68–74; *Œuvres diverses*, pp. 53–5.
[2] Voir *Le Texte de Marot*, art. cit., t XIV, 1952, pp. 314–28.
[3] Le cas de pièces publiées avant 1532 et dont on connaît trois états n'existe pas en ce qui concerne les *Epigrammes*.
[4] *Bibliographie*, II, no. 14.
[5] Dans les *Epîtres* et dans les *Œuvres satiriques* je n'ai pas cru devoir donner les variantes de toutes les versions manuscrites connues. C'est que, dans le cas de beaucoup des pièces les plus connues de Marot comme par exemple l'épître *Au Roy, pour avoir esté desrobé* (Epître XXV) ou l'*Enfer* (*Œuvres satiriques*, I) etc., il existe des versions manuscrites très nombreuses et presque toutes dépourvues de la moindre autorité. Dans le cas des poèmes rangés dans les *Œuvres lyriques*, les *Œuvres diverses* et les *Epigrammes*, il n'en est pas ainsi.

Ladolescence Clementine, s.l. (Paris, Denis Janot), 1537; *Bibliographie*, II, no. 55.
Adolescence, s.l., 1537; *Bibliographie*, II, no. 58.
L'adolescence clementine, G. du Mont pour J. Steels, 1539; *Bibliographie*, II, no. 79.
LA SUITE de l'adolescence Clementine, Paris, veuve P. Roffet, s.d.; *Bibliographie*, II, no. 15.
La Suite de l'Adolescence Clementine, Paris, veuve P. Roffet, 1534; *Bibliographie*, II, no. 20.
La suyte de ladolescence Clementine, Lyon, François Juste, 1534; *Bibliographie*, II, no. 25.
La Suyte de Ladolescence Clementine, s.l. (Paris, Denis Janot), 1537; *Bibliographie*, II, no. 56.
La Fleur de toutes joyeusetez, s.l.n.d.; *Bibliographie*, II, no. 243.
Hecatomphile, . . . Les fleurs de Poesie Françoyse, s.l., 1536; *Bibliographie*, II, no. 242.
Hecatomphile, . . . Les fleurs de Poesie Françoyse, s.l., 1537.
Petit traicté, contenant en soy la fleur de toutes joyeusetez en Epistres Ballades & Rondeaux fort recreatifz joyeux & nouveaux, Paris, A. Bonnemere pour V. Sertenas, 1535; *Bibliographie*, II, no. 244.
Petit traicté . . ., Paris, 1538; *Bibliographie*, II, no. 244.
Jean Marot, Le recueil Jehan Marot de Caen, poete & escripvain de la magnanime Royne Anne de Bretaigne & depuys Valet de chambre du Treschrestien Roy Françoys premier de ce nom, Paris, veuve P. Roffet, s.d. (1533).
J. Lemaire de Belges, L'amand vert, Lyon, François Juste, 1537; *Bibliographie*, II, no. 248.
Œuvres, Lyon, Etienne Dolet, 1538; *Bibliographie*, II, no. 70.
Œuvres, Lyon, Roville, 1550; *Bibliographie*, II, no. 174.
Cantiques de la paix, Paris, A. Berthelin, s.d. (1541); *Bibliographie*, II, no. 90.
La Fleur de poesie françoyse, recueil joyeulx contenant plusieurs huictains, Dixains, Quatrains, Chansons et aultres dictez de diverses matieres mis en nottes musicalles par plusieurs autheurs et reduictz en ce petit livre, Paris, A. Lotrian, 1542; *Bibliographie*, II, no. 259.
La Fleur de poesie françoyse . . . Paris, A. Lotrian, 1543; *Bibliographie*, II, no. 259.
Recueil de vraye Poesie Francoyse, prinse de plusieurs Poetes les plus excellentz de ce regne, Paris, D. Janot pour J. Longis et V. Sertenas, 10 décembre 1544; *Bibliographie*, II, no. 264.
Le manuscrit no. 523 du Musée Condé de Chantilly.
Le manuscrit Gueffier (no. 2964 du fonds Rothschild de la Bibliothèque Nationale; Cat. Picot).
Le manuscrit no. 884 du fonds français de la Bibliothèque Nationale.
Le manuscrit no. 1700 du fonds français de la Bibliothèque Nationale.
Le manuscrit no. 1717 du fonds français de la Bibliothèque Nationale.
Le manuscrit no. 1721 du fonds français de la Bibliothèque Nationale.

LE TEXTE 81

Le manuscrit no. 2335 du fonds français de la Bibliothèque Nationale.
Le manuscrit no. 2370 du fonds français de la Bibliothèque Nationale.
Le manuscrit no. 2372 du fonds français de la Bibliothèque Nationale.
Le manuscrit no. 4967 du fonds français de la Bibliothèque Nationale.
Le manuscrit no. 12484 du fonds français de la Bibliothèque Nationale.
Le manuscrit no. 12489 du fonds français de la Bibliothèque Nationale.
Le manuscrit no. 15220 du fonds français de la Bibliothèque Nationale.
Le manuscrit no. 17527 du fonds français de la Bibliothèque Nationale.
Le manuscrit no. 22560 du fonds français de la Bibliothèque Nationale.
Le manuscrit no. 23289 du fonds français de la Bibliothèque Nationale.
Le manuscrit no. 477 des Nouvelles acquisitions françaises de la Bibliothèque Nationale.
Le manuscrit no. 4813 du fonds latin de la Bibliothèque Nationale.
Le manuscrit no. 200 de la Bibliothèque municipale de Soissons.
Le manuscrit no. 201 de la Bibliothèque municipale de Soissons.
Le manuscrit no. 202 de la Bibliothèque municipale de Soissons.
Le manuscrit no. 203 de la Bibliothèque municipale de Soissons.
Le manuscrit no. 78 C10 de la Staatsbibliothek de Berlin.

SIGLES

Histoire de Thucydide athénien, de la guerre qui fut entre les Péloponésiens et Athéniens: translatée en langue françoyse par Claude de Seyssel, 1527; Bibliographie, II, no. 237.   A
L'ADOLESCENCE CLÉMENTINE . . ., Paris, G. Tory pour P. Roffet, 12 août 1532.
Bibliographie, II, no. 9.   B1
LADOLESCENCE CLEMENTINE . . ., Paris, G. Tory pour P. Roffet, 13 novembre 1532.
Bibliographie, II, no. 11.   B2
Ladolescence Clementine . . ., Paris, G. Tory pour P. Roffet, 12 février 1533 n.s.
Bibliographie, II, no. 12.   B3
Ladolescence Clementine . . ., Paris, G. Tory pour P. Roffet, 7 juin 1533.
Bibliographie, II, no. 14.   B4
LADOLESCENCE CLEMENTINE . . ., Lyon, François Juste, 12 juillet 1533.
Bibliographie, II, no. 14 bis.   B5
L'adolescence clementine . . ., Paris, L. Cyaneus pour la veuve P. Roffet, 19 août 1534.
Bibliographie, II, no. 19.   B6
Ladolescence Clementine . . ., s.l. (Paris, Denis Janot), 1537.
Bibliographie, II, no. 55.   B7
Adolescence Clementine . . ., s.l., 1537.
Bibliographie, II, no. 58.   B8
L'adolescence clementine, Anvers, G. Du Mont pour J. Steels, 1539.
Bibliographie, II, no. 79.   B9
Marguerite de Navarre, Le Miroir de tres chrestienne princesse Marguerite de France, Royne de Navarre, Duchesse d'Alençon et de Berry, auquel elle voit & son neant & son tout, Paris, Augereau, 1533.
Bibliographie, II, no. 240.   C
Les Œuvres de Françoys Villon de Paris, reveues & remises en leur entier par Clement Marot, valet de chambre du Roy, Paris, Galiot du Pré, septembre 1533.
Bibliographie, II, no. 238.   D
LA SUITE de l'adolescence Clementine, Paris, veuve P. Roffet, s.d.
Bibliographie, II, no. 15.   E1
La Suite de l'Adolescence Clementine, Paris, veuve P. Roffet, 1534.
Bibliographie, II, no. 20.   E2

SIGLES

La suyte de ladolescence Clementine, Lyon, François Juste, 1534.
Bibliographie, II, no. 25. *E3*
La Suyte de Ladolescence Clementine, s.l. (Paris, Denis Janot), 1537.
Bibliographie, II, no. 56. *E4*
La Fleur de toutes joyeusetez, s.l.n.d.
Bibliographie, II, no. 243. *F1*
Hecatomphile..., s.l., 1536.
Bibliographie, II, no. 242. *F2*
Hecatomphile..., s.l., 1537. *F3*
Petit traicté..., Paris, A. Bonnemere pour V. Sertenas, 1535.
Bibliographie, II, no. 244. *G1*
Petit traicté..., Paris, 1538.
Bibliographie, II, no. 244. *G2*
Jean Marot, Le recueil Jehan Marot de Caen, poete & escripvain de la magnanime Royne Anne de Bretaigne & depuys Valet de chambre du Treschrestien Roy Françoys premier de ce nom, Paris, veuve P. Roffet, s.d. *H*
(J. Lemaire de Belges) *L'amand vert*..., Lyon, François Juste, 1537.
Bibliographie, II, no. 248. *I*
Les Œuvres de CLEMENT MAROT..., Lyon, Etienne Dolet, 31 juillet 1538.
Bibliographie, II, no. 70. *J1*
Les Œuvres de CLEMENT MAROT..., Lyon, Sébastien Gryphius, s.d. (été 1538).
Bibliographie, II, no. 71. *J2*
Les Œuvres de CLEMENT MAROT..., Lyon, Etienne Dolet, 1542.
Bibliographie, II, no. 105. *J3*
LES ŒUVRES DE CLEMENT MAROT..., Lyon (Constantin), A l'enseigne du Rocher, 1544.
Bibliographie, II, no. 129. *J4*
Œuvres, Lyon, J. de Tournes, 1546.
Bibliographie, II, no. 143. *J5*
Œuvres, Lyon, J. de Tournes, 1549.
Bibliographie, II, no. 169. *J6*
Œuvres, Lyon, Roville, 1550.
Bibliographie, II, no. 174. *J7*
Les apophthegmes. Cest à dire promptz, subtilz & sententieulz ditz de plusieurs Royz, chefz darmee, philosophes & autres grans personnaiges tant Grecz que Latins. Translatez de latin en françoys par lesleu Macault, notaire, secretaire & valet de la chambre du roy, Paris, veuve C. Chevallon, 1539.
Bibliographie, II, no. 255. *K*
Les Œuvres de Hugues Salel, Paris, Roffet, février 1540 n.s.
Bibliographie, II, no. 256. *L*
Cantiques de la paix, Paris, A. Berthelin, s.d. (1541).
Bibliographie, II, no. 90. *M*

La Fleur de poesie françoyse, recueil joyeulx contenant plusieurs huictains, Dixains, Quatrains, Chansons et aultres dictez de diverses matieres mis en nottes musicalles par plusieurs autheurs et reduictz en ce petit livre, Paris, A. Lotrain, 1542.
    Bibliographie, II, no. 259.   *N¹*
La Fleur de poesie françoyse..., Paris, A. Lotiran, 1543.
    Bibliographie, II, no. 259.   *N²*
Le Nouveau Testament, Genève, J. Gérard, 1543.
    Bibliographie, II, no. 260.   *O*
Recueil de vraye Poesie Françoyse, prinse de plusieurs Poetes les plus excellentz de ce regne, Paris, D. Janot pour J. Longis et V. Sertenas, 10 décembre 1544.
    Bibliographie, II, no. 264.   *P*
Sommaire de certains & vrays remedes contre la Peste, contenant La maniere de preserver les sains, contregarder les infectz & ceux qui servent les malades, de guerir les frappez & de nettoyer les lieux infectz. Le tout traicté si familierement qu'un chascun en cas de necessité se pourra penser soymesme. Par M. Françoys Chappuys, de Lyon, Medecin à la noble cité de Genève, Lyon, J. et F. Frellon, 1544.
    Bibliographie, II, no. 265.   *Q*
L'Epistre de M. Malingre, envoyee a Clement Marot: en laquelle est demandee la cause de son departement de France..., Basle, J. Estauge, 20 octobre 1546.
    Bibliographie, II, no. 268.   *R*
Epigrammes de Clement Marot, faictz à l'imitation de Martial..., Poitiers, J. et E. de Marnef, 1547.
    Bibliographie, II, no. 154.   *S*
Epistre à une noble Dame..., Lyon, J. de Tournes, 1547.
    Bibliographie, II, no. 271.   *T*
Traductions de Latin en Françoys, Imitations et Inventions nouvelles, tant de Clement Marot que d'autres des plus excellens Poetes de ce temps, Paris, E. Groulleau, 1550.
    Bibliographie, II, no. 273.   *U¹*
Traductions de Latin en Françoys..., Paris, E. Groulleau, 1554.
    Bibliographie, II, no. 273.   *U²*
Le manuscrit no. 748 du Musée Condé, Chantilly; Recueil des dernières Œuvres de Clement Marot, non imprimées Et premierement Celles quil fit durant son exil, Et depuis son retour, mars 1538 n.s.
    Bibliographie, I, pp. 10–18.   *a¹*
Le manuscrit no. 523 du Musée Condé de Chantilly.   *a²*
Le manuscrit Gueffier (Cat. Picot no. 2964) du fonds Rothschild de la Bibliothèque Nationale.   *b¹*
Le manuscrit no. 2593 (Cat. Picot) du fonds Rothschild de la Bibliothèque Nationale.   *b²*
Le manuscrit no. 884 du fonds français de la Bibliothèque Nationale.   *c*

SIGLES

Le manuscrit no. 1667 du fonds français de la Bibliothèque
Nationale. *d*
Le manuscrit no. 1700 du fonds français de la Bibliothèque
Nationale. *e*
Le manuscrit no. 1717 du fonds français de la Bibliothèque
Nationale. *f*
Le manuscrit no. 1721 du fonds français de la Bibliothèque
Nationale. *g*
Le manuscrit no. 2206 du fonds français de la Bibliothèque
Nationale. *h*
Le manuscrit no. 2335 du fonds français de la Bibliothèque
Nationale. *i*
Le manuscrit no. 2370 du fonds français de la Bibliothèque
Nationale. *j*
Le manuscrit no. 2372 du fonds français de la Bibliothèque
Nationale. *k*
Le manuscrit no. 4967 du fonds français de la Bibliothèque
Nationale. *l*
Le manuscrit no. 12484 du fonds français de la Bibliothèque
Nationale. *m*
Le manuscrit no. 12489 du fonds français de la Bibliothèque
Nationale. *n*
Le manuscrit no. 12795 du fonds français de la Bibliothèque
Nationale. *o*
Le manuscrit no. 15220 du fonds français de la Bibliothèque
Nationale. *p*
Le manuscrit no. 17527 du fonds français de la Bibliothèque
Nationale. *q*
Le manuscrit no. 20025 du fonds français de la Bibliothèque
Nationale. *r*
Le manuscrit no. 22560 du fonds français de la Bibliothèque
Nationale. *s*
Le manuscrit no. 23829 du fonds français de la Bibliothèque
Nationale. *t*
Le manuscrit no. 477 des Nouvelles acquisitions françaises de la
Bibliothèque Nationale. *u*
Le manuscrit no. 4813 du fonds latin de la Bibliothèque Nationale. *v*
Le manuscrit no. 200 de la Bibliothèque municipale de Soissons. w^1
Le manuscrit no. 201 de la Bibliothèque municipale de Soissons. w^2
Le manuscrit no. 202 de la Bibliothèque municipale de Soissons. w^3
Le manuscrit no. 203 de la Bibliothèque municipale de Soissons. w^4
Le manuscrit no. 78 C10 de la Staatsbibliothek de Berlin. *x*
Le manuscrit NB 3525 de la Staatsbibliothek de Vienne. *y*

BIBLIOGRAPHIE

PLAN DE LA BIBLIOGRAPHIE[1]

I. Ouvrages sur Marot.
II. Auteurs anciens et prédécesseurs de Marot.
III. Contemporains de Marot, auteurs du XVIe siècle.
IV. Ouvrages historiques et littéraires.
V. Autres ouvrages consultés.

I. OUVRAGES SUR MAROT

Becker, Ph. A., *Ein unbekanntes Epigramm Clement Marots*, Archiv für das Studium der neueren Sprachen und Literaturen, CXXXIII, p. 142.
Mayer, C. A., *Le premier sonnet français: Marot, Mellin de Saint-Gelais et Jean Bouchet*, RHLF, 1967, pp. 481-93.
Mayer, C. A., *Les Œuvres de Clément Marot: L'Economie de l'Edition critique*, BHR, t. XXIX, 1967, pp. 357-72.
Mayer, C. A., *Clément Marot, Œuvres lyriques*, University of London, The Athlone Press, 1964.
Mayer, C. A., *Clément Marot, Œuvres diverses*, University of London, The Athlone Press, 1966.
Smith, P. M. et Mayer, C. A., *La première Epigramme française: Clément Marot, Jean Bouchet et Michel d'Amboise. Définition, Sources, Antériorité*, BHR, t. XXXII, 1970, pp. 579-602.

II. AUTEURS ANCIENS ET PRÉDÉCESSEURS DE MAROT

Angeriano, G., *Hieronymi Angeriani Neapolitani ἐρωτοπαιγνιον*, Paris, Vatellus, s.d. (1520?).
Anthologia latina, éd. F. Buecheler et A. Riese, Leipzig, Teubner, 1906.
Baude, H., *Les vers de Maître Henri Baude*, éd. Quicherat, 1856.
La Verité cachée composée à six personnages, Genève, A. Cercéa, 1559.
Margarita Facetiarum, Strasbourg, 1508.
Martial, *Epigrammes*, éd. H. J. Isaac, Paris, Les Belles Lettres, Collection des Universités de France, 1930, 3 vol.
Terence, *Œuvres*, éd. J. Marouzeau, Les Belles Lettres, Collection des Universités de France, 1947.

[1] Je ne cite pas les travaux mentionnés dans les Bibliographies d'un des tomes précédents de cette édition.

III. CONTEMPORAINS DE MAROT, AUTEURS DU XVIe SIÈCLE

Bergounioux, H., *Hugues Salel, Œuvres poétiques*, Bordeaux, 1929.
Billon, J. de, *Le fort inexpugnable de l'honneur feminin*, Paris, J. d'Albier, 1555.
Bourbon, N., *Nugae*, Paris, Vascosan, 1533.
Bucher, G. Colin, éd. J. Denais (*Un émule de Clément Marot: Germain Colin Bucher*), Paris, 1890.
Chappuys, Claude, *Poésies Intimes*, éd. A. M. Best, Genève, Droz, 1966.
d'Amboise, Michel, *Les Epigrammes avecques la complainte de vertu traduyte du frere Baptiste Mantuan en son livre des calamitez des tempts, et la fable de l'amoureux Biblis et de Cannas traduyte d'Ovide par Michel d'Amboyse dit l'esclave fortuné, escuyer, seigneur de Chevillon*, Paris, A. Lotrian et J. Longis, s.d. (1532).
D'Aubigné, Agrippa, *Histoire Universelle*, éd. Lalanne, 1854.
Des Periers, Bonaventure, *Recueil des Œuvres*, 1544.
Dolet, Etienne, *Commentariorum Linguae Latinae Epitome Duplex*, Bâle, 1537.
Ducher, G., *Epigrammaton libri duo*, Lyon, 1538.
Gringore, P., *Œuvres complètes*, éd. C. d'Héricault et A. de Montaiglon, Paris, 1855, 2 vol.
Habert, F., *Le Temple de Chasteté*, Paris, Fezandat, 1549.
Jacoubet, H., *Les Trois centuries de Maistre Jehan de Boyssoné*, éd. critique, Toulouse, 1931.
Marguerite de Navarre, *L'Heptameron*, éd. M. François (Paris, Garnier, 1943).
Saint-Gelais, Mellin de, *Œuvres*, Lyon, H. de Harsy, 1574.
Sainthe-Marthe, C. de, *Poésie françoise*, Lyon, Le Prince, 1540.
Scève, Maurice, *Délie*, éd. I. D. McFarlane, Cambridge University Press, 1966.
Tabourot, E., *Les Escraignes dijonnoises*, Paris, C. de Monstroeil, 1595.
Wyatt, Sir Thomas, *Collected Poems*, éd. K. Muir and P. Thomson, Liverpool University Press, 1969.

IV. OUVRAGES HISTORIQUES ET LITTÉRAIRES

Buggort, K. W., *Alberto da Ripa, Lutenist and Composer*, Phil. Diss., Michigan, 1956.
Cechini, *Serafino Aquilano*, 1935.
Chenevière, A., *A. Du Moulin, valet de chambre de la reine de Navarre*, RHLF, II, 1895, pp. 469–90 et III, 1896, pp. 218–44.
Davison, F., *A Poetical Rhapsody*, 1602.
De Boysson, *Un humaniste toulousain: Jehan de Boysson, 1505–1559*, Paris, 1913.
Dexter, G., *La Perrière and his poetic works*, thèse de M.A., Londres, 1952.

Dufour, Th., *Le Catéchisme français de Calvin*, 1878.
Faguet, E., *Seizième Siècle*, Paris, Boivin, s.d.
Hutton, J., *The Greek Anthology in France and in the Latin Writers of the Netherlands to the year 1800*, Cornell Studies in Classical Philology, t. XXVIII, Ithaca, Cornell University Press, 1946.
Isambert, F. A., *Recueil général des anciennes lois françaises depuis l'an 420 jusqu'à la révolution de 1789*, Paris, 1821–33, 29 vol.
Jacoubet, H., *Les Poésies latines de Jehan de Boyssoné*, Toulouse, 1931.
Laferrière-Percy, *Marguerite d'Angoulême, son livre de dépenses (1540-1545)*, Paris, Aubry, 1862.
Mayer, C. A., « *La Tierce Epistre de l'Amant verd* » *de Jean Lemaire de Belges*, dans *Mélanges d'Histoire Littéraire en l'honneur de Pierre Jourda, De Jean Lemaire de Belges à Jean Giraudoux*, Paris, Nizet, 1970.
Mugnier, F., *La vie et les poésies de Jehan de Boyssoné*, Mémoires et documents de la Société Savoisienne d'histoire et d'archéologie, 1897.
Nicéron, J. P., *Mémoires pour servir à l'histoire des hommes illustres dans la République des lettres*, Paris, 1729–45.
Picot, E., *Sur une statue de Venus envoyée par Renzo da Ceri au roi François I*[er], Revue archéologique, 1902, t. II, pp. 223 suiv.
Scott, J. G., *Les sources des sonnets elizabéthins*, Bibliothèque de la Revue de Littérature comparée, Paris, 1929.
Smith, P. M., *The Anti-Courtier Trend in sixteenth-century French Literature*, Genève, Droz, 1966.
White, M., *Petrarchism in the French Rondeau before 1527*, FS, vol. XXII, 1968, pp. 287–95.
Wulson de la Colombière, *Le vray Théatre d'honneur et de chevalerie ou le miroir heroique de la noblesse*, Paris, 1648, 2 vol.

V. AUTRES OUVRAGES CONSULTÉS

Fine Galanterie du temps, Paris, J. Ribou, 1661.
Litta, P., *Famiglie celebri italiane*, Naples, 2 vol., 1902–23.
Nicot, J., *Thrésor de la langue françoyse, tant anciene que moderne, auquel entre autres choses sont les mots propres de marine, vénerie et faulconnerie, cy devant ramassez par Aimar de Ranconnet . . . reveu et augmenté . . . de plus de la moitié par Jean Nicot . . .*, Paris, P. Douceur, 1606.
Voltaire, *Œuvres complètes*, éd. Moland, 52 vol. Paris, 1877–1885.

LISTE DES ABRÉVIATIONS

BdB	*Bulletin du Bibliophile et du Bibliothécaire.*
BHR	*Bibliothèque d'Humanisme et Renaissance.*
Bibliographie	C. A. Mayer, *Bibliographie des Œuvres de Clement Marot*, 2 vol.
BSHPF	*Bulletin de la Société de l'histoire de protestantisme français.*
Cat. des Actes	P. Marichal, *Catalogue des Actes de François Ier*, 10 vol.
CFMA	*Classiques français du Moyen Age.*
FS	*French Studies.*
RHLF	*Revue d'histoire littéraire de la France.*
RSS	*Revue du Seizième Siècle.*
SATF	*Société des anciens textes français.*
STFM	*Société des textes français modernes.*

LES EPIGRAMMES

LES EPIGRAMMES DE CLEMENT MAROT
DIVISEZ EN DEUX LIVRES

I. LE PREMIER LIVRE DES
EPIGRAMMES

I

*A Messire Jan de Laval, Chevalier
Seigneur de Chasteaubriant*[1]

Ce Livre mien d'Epigrammes te donne,
Prince Breton, et le te presentant
Present te faiz meilleur que la personne
De l'Ouvrier mesme, et fut il mieulx chantant;   4
Car Mort ne va les Œuvres abatant,
Et Mortel est cestuy là qui les dicte.
Puis tien je suis des jours a tant et tant;
De m'y donner ne seroit que redicte.   8

COMPOSÉE avant la fin juillet 1538. PUBLIÉE pour la première fois dans *Les Œuvres de Clement Marot*, Lyon, E. Dolet, 1538. TEXTE de J^2.

II

De Barbe et de Jacquette

Quand je voy Barbe en Habit bien duysant
Qui l'Estomach blanc et poly descœuvre,
Je la compare au Dyamant luisant
Fort bien taillé mis de mesmes en œuvre.

COMPOSÉE avant 1527. PUBLIÉE pour la première fois dans *LADOLESCENCE CLEMENTINE*, Paris, P. Roffet, le 12 août 1532 (*Bibliographie*, II, no. 9). FIGURE dans *Les dizains* dans *LADOLESCENCE CLEMENTINE*. TEXTE de J^2. VARIANTES de B^1 B^2 B^3 B^4 f u.

Titre B^1 B^2 B^3 B^4 f u Le Dixain de Barbe & de Iaquette
1 B^1 B^2 B^3 B^4 f u en riche habit duysant
3 B^1 B^2 B^3 a ung Strin bien luysant
  B^4 Ie le compare a Strin bien luysant
4 B^1 B^2 B^3 B^4 f u taille & mieulx gette en œuvre

[1] Jean de Laval, seigneur de Chateaubriand, né en 1486, mort en 1542, gouverneur et amiral de Bretagne. Cf. *Les Epîtres*, p. 182, n. 2.

Mais quand je voy Jacquette qui se cœuvre 5
Le dur Tetin, le Corps de bonne prise,
D'ung simple Gris Acoustrement de Frise,
Adonc je dy pour la beaulté d'icelle:
Ton Habit Gris est une Cendre Grise
Couvrant ung Feu qui tousjours estincelle.[1] 10

5 *f u* De lautrepart quant Jaquette se cœuvre
9 *f u* est comme
10 *B¹ B² B³ B⁴* Laquelle cœuvre ung feu qui estincelle
f Qui cœuvre ung feu dont sort mainte estincelle

III

De Dame Jane Gaillarde[2]
Lyonnoise

C'est ung grand cas veoir le Mont Pelyon[3]
Ou d'avoir veu les ruines de Troie;
Mais qui ne veoit la Ville de Lyon
Aulcun plaisir à ses Yeux il n'octroye.
Non qu'en Lyon si grand plaisir je croye, 5
Mais bien en une estant dedans sa garde;

COMPOSÉE avant 1527. PUBLIÉE pour la première fois dans *LADOLES-CENCE CLEMENTINE*, Paris, P. Roffet, 12 août 1538 (*Bibliographie*, II, no. 9).
FIGURE dans *Les dizains* dans *LADOLESCENCE CLEMENTINE*. TEXTE de *J²*. VARIANTES de *B¹ B² B³ B⁴ i*.

Titre *B¹ B² B³ B⁴* Le Dixain de ma dame Iehanne Gaillarde, Lyonnoise
  i Dixain
2 *B¹ B² B³ B⁴ i* Cest grand merveille avoir veu la grant troye
4 *B¹ B² i* Aucun soulas
  B³ B⁴ Aucuns soulas

[1] Cf. Epigramme x, *Des Statues de Barbe & de Jacquette*.
[2] Sur Jeanne Gaillarde, célèbre à l'époque dans la société lyonnaise, voir *Œuvres diverses*, XVIII (Rondeau XVIII *A ma Dame Jehanne Gaillarde de Lyon, Femme de bon sçavoir*) et p. 85, n. 1.
[3] C'est au mont Pélion, en Arcadie, qu'eut lieu la fête du mariage de Pélée avec Thétis, au cours de laquelle Eris, déesse de la discorde, jeta au milieu des invités la pomme d'or, causant ainsi le jugement de Pâris et la guerre de Troie.

Car de la veoir d'esprit ainsi gaillarde
C'est bien plus veu que de veoir Ilyon,
Et de ce Siecle ung miracle regarde,
Pource qu'elle est seule entre ung million. 10

7 B^1 B^2 B^3 B^4 Car qui la voyt en esprit si gaillarde
8 B^1 B^2 B^3 B^4 i Plaisir y prend plus qua veoir Ilion
9 B^1 B^2 B^3 B^4 Et de ce monde ung des haultz cas regarde
   i Et de ce monde ung des hault cas regarde

IV

De ma Dame la Duchesse
d'Alençon[1]

Ma Maistresse est de si haulte valeur
Qu'elle a le corps droit, beau, chaste & pudique;
Son cueur constant n'est pour heur ou malheur
Jamais trop gay ne trop melancolique.
Elle a au Chef ung Esprit Angelique 5
Le plus subtil qui onc aux Cieulx volla.
O grand merveille! on peult veoir par cela
Que je suis Serf d'ung Monstre fort estrange,
Monstre je dy, car pour tout vray elle a
Corps femenin, Cueur d'homme & Teste d'Ange. 10

COMPOSÉE entre 1519 et 1526 (voir n. 1). PUBLIÉE pour la première fois dans *LADOLESCENCE CLEMENTINE*, Paris, P. Roffet, 12 août 1532 (*Bibliographie*, II, no. 9). FIGURE dans *Les dizains* dans *LADOLESCENCE CLEMENTINE*. TEXTE de J^2. VARIANTES de B^1 B^2 B^3 B^4 u.

Titre B^1 B^2 B^3 B^4 Le dixain du monstre, a ma dame la Duchesse Dalencon
    u Le dizain du monstre
2 u droit chaste
6 B^4 au cieulx
  u oncques
8 u Que jayme & sers ung

[1] Marguerite d'Angoulême, sœur de François Ier, épouse de Charles, duc d'Alençon. Marot entra au service de cette princesse en 1519 (voir *Epîtres*, II, et *Œuvres diverses*, XX) et y resta jusqu'à ce qu'il devînt, vers la fin de l'année 1526 probablement, valet de chambre du roi (voir *Epîtres*, XII, XIII, XIV et XV).

V

A Ysabeau[1]

Qui en Amour veult sa jeunesse esbattre
Vertus luy sont propres en dictz & faictz;
Mais il ne fault qu'ung vent pour les abattre
Si Fermeté ne soustient bien le faiz.
Ceste Vertu & ses Servans parfaictz 5
Portent le Noir qui ne se peult destaindre;[2]
Et qui l'amour premiere laisse estaindre
Le noir Habit n'est digne de porter.
Tout Homme doibt ceste vertu attaindre;
Si Femme y fault, elle est à supporter. 10

COMPOSÉE avant 1527. PUBLIÉE pour la première fois dans *LADOLES-CENCE CLEMENTINE*, Paris, P. Roffet, 12 août 1532 (*Bibliographie*, II, no. 9). FIGURE dans *Les dizains* dans *LADOLESCENCE CLEMENTINE*. TEXTE de J^2. VARIANTES de B^1 B^2 B^3 B^4 *u*.

Titre B^1 B^2 B^3 B^4 *u* Le dixain de Fermete
1 B^1 B^2 B^3 B^4 *u* amours
6 *u* estaindre

[1] Bien que ce poème fût composé avant 1527, le titre *A Ysabeau* ne fait son apparition qu'en 1538. Avant cette date le poème est intitulé, dans les versions imprimées comme dans la version manuscrite, *Le dixain de Fermeté*. Puisqu'en 1538 Marot donne le nom d'Ysabeau à la femme qui, en 1526, l'aurait dénoncé aux autorités pour avoir mangé de la viande en carême—sans doute pure imagination de la part du poète—il est impossible de ne pas voir dans ce changement de titre une moquerie de la part du poète substituant au substantif « fermeté » le nom de la femme qu'il a mise au pilori « comme inconstante » (cf. *Œuvres diverses*, LXIII, Rondeau LXIII *De l'inconstance d'Ysabeau*). Sur cette question, voir C. A. Mayer, *Marot et « celle qui fut s'amye »*, BHR, t. XXVIII, 1966, pp. 324–31.
[2] Sur le symbolisme des couleurs, voir *Epîtres*, p. 120, n. 2, *Œuvres diverses*, p. 102, n. 1, et XLI.

VI

Du jour des Innocens[1]

Treschere Sœur, si je sçavoys où couche
Vostre personne au jour des Innocens,
De bon matin je yrois à vostre Couche
Veoir ce gent Corps que j'ayme entre cinq cens.
Adonc ma Main (veu l'ardeur que je sens)   5
Ne se pourroit bonnement contenter
Sans vous toucher, tenir, taster, tenter;
Et si quelcqun survenoit d'adventure,
Semblant ferois de vous innocenter.
Seroit ce pas honneste couverture?   10

COMPOSÉE avant 1527. PUBLIÉE pour la première fois dans *LADOLES-CENCE CLEMENTINE*, Paris, P. Roffet, 12 août 1532 (*Bibliographie*, II, no. 9). FIGURE dans *Les dizains* dans *LADOLESCENCE CLEMENTINE*. TEXTE de J[2]. VARIANTES de B[1] B[2] B[3] B[4] f s.

Titre B[1] B[2] B[3] B[4] f u Le Dizain des Innocens
1 f Ma doulse amour si
  u Si je scavoye treschere amye ou couche
5 f u Alors

[1] Cette épigramme est basée sur la coutume de fouetter les enfants, et aussi les jeunes gens, le jour des Innocents. Cf. cette description par l'auteur anonyme des *Proverbes françois*: « C'est une coustume ancienne . . . & assez connue que le jour de la feste des Innocens, apres Noel, on donne le fouet en badinant en mémoire du massacre des Innocens. De là est venu le proverbe donner les Innocens pour dire donner le fouet ». (B.N. ms fr. 10145.) Cf. aussi *Les Escraignes dijonnoises* par E. Tabourot (Paris, C. de Monstroeil, 1595, XVIII): « Vous sçavez que l'on a à Dijon ceste peute coustume de fouetter les filles le jour des Innocens, laquelle est entretenue par les braves amoureux pour avoir occasion de donner quelque chose en estraines à leurs amoureuses, & cependant avoir ce qu'ils estiment à grand contentement, voir le cul des pauvres filles, & quelque chose de mal joinct auprès. »
On trouve des allusions à cet usage dans l'*Heptaméron* de Marguerite de Navarre (nouvelle XLV) et chez Brantôme (*Œuvres*, éd. Lalanne, t. IX, p. 726).

VII

D'ung Songe

La nuyct passée en mon Lict je songeoye
Qu'entre mes Bras vous tenoys nue à nu;
Mais au resveil se rabaissa la joye
De mon desir en dormant advenu.
Adonc je suis vers Apollo venu   5
Luy demander qu'adviendroit de mon songe.
Lors luy, jalous de toy, longuement songe;
Puis me respond: tel bien ne peulx avoir.
Helas, m'amour, faiz luy dire mensonge,
Si confondras d'Apollo le sçavoir.   10

COMPOSÉE avant 1527. PUBLIÉE pour la première fois dans *LADOLES-CENCE CLEMENTINE*, Paris, P. Roffet, 12 août 1532 (*Bibliographie*, II, no. 9).
FIGURE dans *Les dizains* dans *LADOLESCENCE CLEMENTINE*. TEXTE de *J²*. VARIANTES de *B¹ B² B³ B⁴ u*.

Titre *B¹ B² B³ B⁴ u* Le Dizain du songe
2 *u* tenoye
8 *u* ne puys
9 *B⁴* dire mon songe

VIII

Du moys de May & d'Anne[1]

May qui portoit Robe reverdissante,
De fleurs semée, ung jour se mist en place,
Et quand m'Amye il vit tant florissante,
De grand despit rougist sa verte Face,
En me disant: tu cuydes qu'elle efface 5
(A mon advis) les fleurs qui de moy yssent.
Je luy responds: toutes tes fleurs perissent
Incontinent que Yver les vient toucher;
Mais en tout temps de Madame florissent
Les grands vertus que Mort ne peult secher. 10

COMPOSÉE au mois de mai 1527 (cf. variante du titre). PUBLIÉE pour la première fois dans *LADOLESCENCE CLEMENTINE*, Paris, P. Roffet, 12 août 1532 (*Bibliographie*, II, no. 9). FIGURE dans *Les dizains* dans *LADOLESCENCE CLEMENTINE*. TEXTE de J^2. VARIANTES de B^1 B^2 B^3 B^4 f k n u.

Titre B^1 B^2 B^3 B^4 k n u Le Dizain de May
    f Le disain de may faict par maistre Clement marot l'an mil cinq cens XXVII Le roy estant au bois de Vincennes[2]
1 f k May bien vestu dabit reverdissant
2 B^1 De fleur semee
  f k Semé de fleurs ung
3 f k florissant
5 u Et puys me dist tu penses
6 u Comme je croy

[1] Sur l'amitié entre le poète et Anne d'Alençon, voir plus haut, pp. 21-3. Il est vrai que dans l'édition princeps le titre ne fait pas mention du nom d'Anne, mais il est impossible, contrairement à ce qui été suggéré par divers commentateurs, d'y voir une preuve contre cette amitié, ou de croire que ce poème n'ait pas été composé pour cette jeune fille. En effet, l'épigramme XXIV « D'Anne qui luy jecta de la Neige », porte dans l'édition princeps le titre *Le dixain de la neige* alors que le premier vers commence, dans toutes les éditions et dans tous les manuscrits, par le mot *Anne*, preuve que malgré le titre le poème fut bien écrit pour cette amie de Marot.

[2] Pendant tout le mois de mai de l'année 1527, la cour se trouva effectivement au bois de Vincennes (*Cat. des Actes*, VIII, p. 453).

IX

D'ung Baiser reffusé

    La nuict passée à moy s'est amusé
Le Dieu d'Amours; au moins je le songeoye;
Lequel me dist: pauvre Amant refusé
D'ung seul baiser, prens reconfort & joye;
Ta Maistresse est de doulceur la montjoye,   5
Dont (comme croy) son reffuz cessera.
Ha, dis je, Amour, ne sçay quand ce sera!
Le meilleur est que bien tost me retire.
Avec sa Dame à peine couchera
Qui par priere ung seul baiser n'en tire.   10

COMPOSÉE avant 1527. PUBLIÉE pour la première fois dans *LADOLES-CENCE CLEMENTINE*, Paris, P. Roffet, 12 août 1532 (*Bibliographie*, II, no. 9). FIGURE dans *Les dizains* dans *LADOLESCENCE CLEMENTINE*. TEXTE de J^2. VARIANTES de B^1 B^2 B^3 B^4 u.

Titre B^1 B^2 B^3 B^4 u Le Dizain du baiser reffuse
3 u Et me disoit paouvre
6 u Son dur reffuz peult estre cessera
8 B^1 B^2 B^3 B^4 u men retire

X

*Des Statues de Barbe & de Jaquette.
Vers Alexandrins.*[1]

Advint à Orleans qu'en tant de mille Dames,
Une & une aultre avec, nasquirent belles femmes;
Pour d'un tant nouveau cas saulver marques insignes,
On leur a estably deux statues marbrines.   4
Mais on s'enquiert pourquoy furent & sont encore
Mises au Temple, aux sainctz, & maint la cause i nore.
Je dy que on ne doibt mettre ailleurs qu'en sainct sejour
Celles à qui se font prieres nuict & jour.   8
Mais quelle durté est soubz voz peaulx tant doulcettes?
Maint Amant vous requiert; respondez Femmelettes!
Et les Sainctz absens oyent des Prians les langages,
Nonobstant qu'adressez ilz soient à leurs Images,   12
Mais en parlant à vous n'entendez nos parolles
Non plus que si parlions à voz sourdes Ydoles.

COMPOSÉE avant 1527. PUBLIÉE pour la première fois dans *LADOLESCENCE CLEMENTINE*, Paris, P. Roffet, 12 août 1532 (*Bibliographie*, II, no. 9).
FIGURE dans les *Blasons et Envoys* dans *LADOLESCENCE CLEMENTINE*.
TEXTE de J^2, à l'exception d'une faute au v. 4, où nous avons substitué la leçon de B^1 B^2 B^3 B^4. VARIANTES de B^1 B^2 B^3 B^4.

Titre B^1 B^2 B^3 B^4 Le Blason des statues de Barbe & de Iaquette, eslevees a saincte Croix Dorleans, Translate vers pour vers de Latin en Francoys. Vers Alexandrins.
1 B^4 d'ames
4 statues B^1 B^2 B^3 B^4] Estatues J^2
7 B^1 B^2 B^3 B^4 quon

[1] Malgré les précisions fournies par la variante du titre dans l'édition princeps, on ne sait de quelles statues il s'agit. On ignore de même les vers latins que Marot prétend traduire dans ce poème. On a l'impression qu'il s'agit d'une plaisanterie de la part du poète, d'autant plus que dans l'epigramme *De Barbe et de Jacquette* (II), ces deux dames ont l'air d'être fort vivantes, et jouissant d'une réputation douteuse.

XI

De la Rose envoyée pour Estreines

La belle Rose à Venus consacrée
L'Œil & le Sens de grand plaisir pourvoit;
Si vous diray Dame qui tant m'agrée
Raison pourquoy de rouges on en voit. 4
Ung jour Venus son Adonis suyvoit
Parmy Jardins pleins d'Espines & Branches,
Les Piedz tous nudz & les deux Bras sans manches,
Dont d'ung Rosier l'Espine luy mesfeit. 8
Or estoient lors toutes les Roses blanches,
Mais de son sang de vermeilles en feit.
De ceste Rose ay ja faict mon proffit
Vous estrenant, car plus qu'à aultre chose 12
Vostre Visage en doulceur tout confict
Semble à la fresche & vermeillete Rose.

COMPOSÉE avant 1527. PUBLIÉE pour la première fois dans *LADOLES-CENCE CLEMENTINE*, Paris, P. Roffet, 12 août 1532 (*Bibliographie*, II, no. 9). FIGURE dans les *Blasons et Envoys* dans *LADOLESCENCE CLEMENTINE*. TEXTE de J². VARIANTES de B¹ B² B³ B⁴.

Titre B¹ B² B³ B⁴ Blason de la Rose envoyee pour estreines
11 B¹ B² B³ B⁴ ay ie

XII

De Madamoyselle du Pin[1]

L'Arbre du Pin[2] tous les aultres surpasse,
Car il ne croist jamais en Terre basse;
Mais sur haultz Montz sa Racine se forme
Qui en croissant prend si tresbelle forme 4
Que par Forestz ou aulcun aultre endroit
On ne sçauroit trouver Arbre plus droit.
Qui touchera son escorce polie
Pour ce jour là n'aura melencolie. 8
Au Chef du Pin sont Fueilles verdoiantes,
Et à son pied Fontaines undoiantes.
Son boys est bon, ou couppé, ou entier;
S'il est couppé hors de son beau sentier, 12
On en fera ou Navire ou Gallée
Pour naviger dessus la Mer salée;
Et s'on le laisse en la Terre croissant,
Il deviendra fertile et florissant 16
Et produira une tresbelle Pomme
Pour substanter le triste Cueur de l'homme.
Par ainsi donc en Terre & sur la Mer
Tout noble cueur le Pin doibt estimer. 20

COMPOSÉE avant 1527. PUBLIÉE pour la première fois dans *LADOLES-CENCE CLEMENTINE*, Paris, P. Roffet, 12 août 1532 (*Bibliographie*, II, no. 9).
FIGURE dans les *Blasons et Envoys* dans *LADOLESCENCE CLEMENTINE*.
TEXTE de *J²*. VARIANTE de *B¹ B² B³ B⁴*.

Titre *B¹ B² B³ B⁴* Le blason du Pin, transmis a celle qui en porte le nom

[1] Je n'ai pu identifier ce personnage.
[2] Le jeu de mots sur le nom de la femme aimée est célèbre depuis Pétrarque (Lauro—Laura).

XIII

De Madamoyselle de la Chappelle.[1]
Vers Alexandrins

 La Chapelle qui est bastie & consacrée[2]
Pour le lieu d'oraison à Dieu plaist et aggrée.
De Contrebas & Hault, la Chappelle fournie
Avec Taille & Dessus est tresbelle armonie.   4
La Chappelle où se font eaues odoriferentes
Donne par ses liqueurs guerisons differentes.
Mais toy, Chappelle vive, estant de beaulté pleine
Tu ne fais que donner à tes Serviteurs peine.   8

COMPOSÉE avant 1527. PUBLIÉE pour la première fois dans *LADOLES-CENCE CLEMENTINE*, Paris, P. Roffet, 12 août 1532 (*Bibliographie*, II, no. 9). FIGURE dans les *Blasons et Envoys* dans *LADOLESCENCE CLEMENTINE*. TEXTE de J^2. VARIANTES de B^1 B^2 B^3 B^4.

Titre B^1 B^2 B^3 B^4 Le blason de la chapelle envoye a celle qui en porte le nom. En vers Alexandrins
3 B^1 B^2 B^3 B^4 De contres bas & haulx
4 B^1 B^2 B^3 B^4 cest tresbelle

[1] Une demoiselle de La Chappelle est inscrite à l'état de la reine Eléonore pour l'année 1531–1532 (B.N. ms fr. 2952, fo. 43 v⁰). Une demoiselle de La Chapelle est également inscrite parmi les Filles Damoiselles pour l'année 1524 à l'état de Charles, duc d'Alençon et de Marguerite (B.N. ms n.a.f. 9175 fo. 702 r⁰).
[2] Cf. plus haut, XII.

XIV

Du Roy
Vers Alexandrins

Celluy qui dit ta grace, eloquence & sçavoir
Ne estre plus grands que humains, de pres ne t'a peu veoir,
Et à qui ton parler ne sent divinité,
De termes et propos n'entend la gravité.   4
De l'Empire du Monde est ta presence digne,
Et ta voix ne dit chose humaine, mais divine.
Combien doncques diray l'Ame pleine de grace,
Si oultre les Mortelz tu as parolle et Face?   8

COMPOSÉE avant 1527. PUBLIÉE pour la première fois dans *LADOLES-CENCE CLEMENTINE*, Paris, P. Roffet, 12 août 1532 (*Bibliographie*, II, no. 9).
FIGURE dans les *Blasons et Envoys* dans *LADOLESCENCE CLEMENTINE*.
TEXTE de J^2. VARIANTES de B^1 B^2 B^3 B^4.

Titre B^1 B^2 B^3 B^4 Blason a la louange du Roy translaté de latin en Francoys. En vers Alexandrins.

XV

Pour estrener une Damoyselle

Damoyselle que j'ayme bien,
Je te donne pour la pareille
Tes Estrenes d'ung petit Chien
Qui n'est pas plus grand que l'Oreille.   4
Il jappe, il mord, il faict merveille;
Et va desja tout seul troys pas;
C'est pour toy que je l'appareille,
Excepté que je ne l'ay pas.   8

COMPOSÉE avant 1527. PUBLIÉE pour la première fois dans *LADOLES-CENCE CLEMENTINE*, Paris, P. Roffet, 12 août 1532 (*Bibliographie*, II, no. 9).
FIGURE dans les *Blasons et Envoys* dans *LADOLESCENCE CLEMENTINE*.
TEXTE de J^2. VARIANTES de B^1 B^2 B^3 B^4.

Titre B^1 B^2 B^3 B^4 Envoy pour estrener une damoiselle
7 B^1 B^2 B^3 B^4 Cest pour toy ie te lapareille

XVI

A Lynote, la Lingere mesdisante

Lynote
Bigote,
Marmote
Qui couldz, 4
Ta Note
Tant sote
Gringote
De nous. 8
Les Poulz,
Les Loupz,
Les Clouz
Te puissent ronger soubz la Cote 12
Trestous
Tes trouz
Ordouz,
Les Cuisses, le Ventre et la Motte. 16

COMPOSÉE avant 1527. PUBLIÉE pour la première fois dans *LADOLESCENCE CLEMENTINE*, Paris, P. Roffet, 12 août 1532 (*Bibliographie*, II, no. 9). FIGURE dans les *Blasons et Envoys* dans *LADOLESCENCE CLEMENTINE*. TEXTE de J^2. VARIANTES de B^1 B^2 B^3 B^4 p.

Titre B^1 B^2 B^3 B^4 Envoy Satirique, a Lynote la lingere mesdisante
    p *manque*

XVII

Marot à Abel[1]

 Poetiser trop mieulx que moy sçavez,
Et pour certain meilleure grace avez,
A ce que voy, que n'ont plusieurs & maintz
Qui pour cest Art mettent la Plume es Mains. 4

COMPOSÉE avant 1527. PUBLIÉE pour la première fois dans *LADOLES-CENCE CLEMENTINE*, Paris, P. Roffet, 12 août 1532 (*Bibliographie*, II, no. 9).
FIGURE dans les *Blasons et Envoys* dans *LADOLESCENCE CLEMENTINE*.
TEXTE de *J²*. VARIANTES de *B¹ B² B³ B⁴*.

Titre *B¹ B² B³ B⁴* Envoy responsif au precedent
1 *B¹ B² B³* Rethoriquer

[1] Ce poème est la réponse à la pièce suivante:

Abel a Marot
Poetiser contre vous je ne veulx
Mais comme l'ung des Enfans, ou Nepveux
De Poesie, ayans desir d'entendre
Vers vous je veulx mon Entendement tendre. 4

La variante donnée par l'*Adolescence Clementine* pour le titre de ce poème est *Envoi d'un poète Picard à Marot*. En dehors de cette indication nous ne savons rien sur « Abel ».

XVIII

*A Maistre Grenoille,
Poete ignorant*[1]

Bien ressembles à la Grenoille,
Non pas que tu soys aquatique,
Mais comme en l'eaue elle barbouille,
Si fais tu en l'Art Poetique. 4

COMPOSÉE avant 1527. PUBLIÉE pour la première fois dans *LADOLES-CENCE CLEMENTINE*, Paris, P. Roffet, 12 août 1532 (*Bibliographie*, II, no. 9).
FIGURE dans les *Blasons et Envoys* dans *LADOLESCENCE CLEMENTINE*.
TEXTE de J². VARIANTES de B¹ B² B³ B⁴.

Titre B¹ B² B³ B⁴ Envoy a Maistre Grenoille Poete ignorant
4 B¹ Aussi faiz tu en rethorique
B² B³ Ainsi faiz tu en rethorique

XIX

*A ung nommé Charon qu'il
convie à souper*[2]

Metz voile au vent, single vers nous Charon;
Car on t'attend; puis, quand seras en Tente,
Tant & plus boy bonum vinum charum
Qu'aurons pour vray, doncques (sans longue attente) 4
Tente tes piedz à si decentre sente,
Sans te fascher, mais en soys content tant
Qu'en ce faisant nous le soyons aultant.

COMPOSÉE avant 1527. PUBLIÉE pour la première fois dans *LADOLES-CENCE CLEMENTINE*, Paris, P. Roffet, 12 août 1532 (*Bibliographie*, II, no. 9).
FIGURE dans les *Blasons et Envoys* dans *LADOLESCENCE CLEMENTINE*.
TEXTE de J². VARIANTES de B¹ B² B³ B⁴.

Titre B¹ B² B³ B⁴ Envoy a ung nomme Charon le conviant a soupper

[1] Je n'ai pu identifier ce personnage.
[2] Probablement Florimond Le Charon, receveur et payeur des gages des officiers domestiques du roi jusqu'en 1536 (*Cat. des Actes*, II, 364, 5597; III, 51, 7702 et VII, 109, 30244), et après cette date trésorier de Bretagne (B.N. ms fr. 7856, p. 971).

XX

Au Roy

Plaise au Roy, nostre Sire,[1]
De commander & dire
Qu'ung bel Acquit on baille
A Marot qui n'a maille. 4
Lequel Acquit dira
(Au moins on y lyra)
Telle ou semblable chose
(Mais ce sera en Prose). 8
Tresorier,[2] on entend
Que vous payez (content)
Marot, n'y faillez pas,
Des le jour du Trespas 12
De Jan Marot, son Pere.[3]

COMPOSÉE probablement à la fin de 1527. PUBLIÉE pour la première fois dans *LADOLESCENCE CLEMENTINE*, Lyon, F. Juste, 12 juillet 1533 (*Bibliographie*, II, no. 14 bis). FIGURE dans *Le Menu* dans *LA SUITE de l'adolescence Clementine*. TEXTE de *J*². VARIANTES de *B⁵ E¹*.

Titre *B⁵* Lautre placet
    E¹ Placet au Roy
10 *E¹* Marot. Ny
13 *B⁵* Jehan

[1] Ce poème se place dans la campagne menée par Marot pour obtenir ses gages de valet de chambre pour l'année 1527. Ayant pris la succession de son père mort probablement en 1526, le poète s'aperçut à la fin de l'année 1527 que son nom avait été oublié sur l'état de la maison du roi. Il tâcha donc d'obtenir un acquit au comptant afin de toucher le montant de ses gages. Sur tout cela voir *Epîtres*, XII, XIII, XIV, XV; et *Œuvres diverses*, LXXI.
Dans l'édition princeps (notre *B⁵*) ce poème suit l'épigramme XLII (« Plaise au Roy ne reffuser point »), les deux pièces étant précédées du titre : *Les deux placetz qu'il fist au Roy*.
[2] Le Trésorier Preudhomme, sieur de Fontenay-Trésigny et de Panfon, trésorier de l'Epargne. Cf. *Epîtres*, p. 143, n. 1 et 2.
[3] Jean Marot, père du poète, Grand-Rhétoriqueur, valet de garderobe du roi, mort probablement en 1526. (Cf. n. 1.)

Ainsi (Sire) j'espere
Qu'au moyen d'ung Acquit
Cil qui pauvre nasquit 16
Riche se trouvera,
Tant qu'Argent durera.

14 *B⁵* En ce faisant iespere

XXI

A Monsieur le grant Maistre[1] *pour
estre mis en l'Estat*[2]

Quand par Acquitz les gaiges on assigne,
On est d'ennuy tout malade & fasché;
Mais à ce mal ne fault grand medecine;
Tant seulement fault estre bien couché;[3]
Non pas en Lict, n'en Linge bien seché, 5
Mais en l'Estat du noble Roy Chrestien.
Long temps y a que debout je me tien,
Noble Seigneur; prenez doncques envie
De me coucher à ce coup si tresbien
Que relever n'en puisse de ma vie. 10

Composée probablement au mois de mars 1528 (cf. *Epttres*, p. 145, n. 2). Publiée pour la première fois dans *LA SUITE de L'adolescence Clementine*, Paris, veuve P. Roffet, s.d. (*Bibliographie*, II, no. 15). Figure dans *Le Menu* dans *LA SUITE de l'adolescence Clementine*. Texte de *J²*. Variantes de *E¹ u*.

Titre *E¹* Dixain de Marot a Monsieur le Grant Maistre pour estre mys en l'estat
    u Dizain a monseigneur le grant maistre
3 *E¹* grand'
10 *E¹* ne puisse

[1] Anne de Montmorency.
[2] Cette pièce se range parmi les tentatives de Marot d'être inscrit comme valet de chambre dans l'état de la maison du roi pour l'année 1528. Cf. *Epttres*, p. 145, n. 2. Le grand-maître était responsable de l'Etat royal.
[3] Jeu de mots sur l'expression: coucher sur l'état. Cf. *Œuvres diverses*, LXXI.

XXII

*Le Dixain de May qui fut ord
Et de Febvrier qui luy feit tort*[1]

L'an vingt & sept, Febvrier le froidureux
Eut la saison plus claire & disposée
Que Mars n'Avril. Brief, il fut si heureux
Qu'il priva May de sa Dame Rosée;
Dont May tristé a la Terre arrousée   5
De mille pleurs,[2] ayant perdu s'Amye,
Tant que l'on dit que plouré il n'a mye,
Mais que grand' pluye hors de ses Yeux bouta.
Las, j'en jettay une foys & demye
Trop plus que luy quand m'Amye on m'osta.   10

COMPOSÉE après mai 1527. PUBLIÉE pour la première fois dans *LA SUITE de l'adolescence Clementine*, Paris, veuve P. Roffet, s.d. (*Bibliographie*, II, no. 15).
FIGURE dans *Le Menu* dans *LA SUITE de l'adolescence Clementine*. TEXTE de J^2 (conforme à E^1). VARIANTES de *f k u*.

5 *k u* may tout triste a
8 *f k* yeulz gecta

[1] Selon Guiffrey (dont Villey reproduit l'affirmation) cette épigramme se trouverait attribuée à François Ier dans plusieurs manuscrits. En fait les seuls trois manuscrits qui contiennent ce poème (notons que Guiffrey n'en cite qu'un seul, B.N. fr. 1717, notre *f*) en donnent la paternité, implicitement ou explicitement, à Marot; aucun d'eux ne mentionne François Ier.
[2] Cf. *Le Journal d'un Bourgeois de Paris*, éd. Bourrilly, p. 273:
  Audict an mil cinq cens vingt sept, incontinent après Pasques, jusques en juing ensuivant, ne cessa de plouvoir et faire froid, dont les rivieres tant de Seine que de Loire et plusieurs autres se desborderent et firent moult de dommaige, et mesmement à l'entour de Paris, comme ès faulx-bourgs de Sainct Marceau, où elle fist choir plusieurs maisons et caves.
  Et davantaige on disoit que ès Allemaignes il y eust aucunes villes qui furent abismées pour cause de la mer qui estoit près d'icelles, qui se desborda.
  Et à cause desdictes grandes eaues et du froid aussi, les biens de la terre, c'est asseavoir les arbres et vignes proufiterent peu ceste année. »

XXIII

Du depart de s'Amye[1]

Elle s'en va de moy la mieulx aymée,
Elle s'en va (certes) & si demeure
Dedans mon cueur tellement imprimée
Qu'elle y sera jusques à ce qu'il meure.
Voyse où vouldra, d'elle mon Cueur s'asseure   5
Et s'asseurant n'est melencolieux;
Mais l'Œil veult mal à l'espace des lieux
De rendre ainsi sa liesse loingtaine.
Or à Dieu doncq le plaisir de mes Yeux,
Et de mon Cueur l'asseurance certaine.

COMPOSÉE avant 1533. PUBLIÉE pour la première fois dans *LA SUITE de l'adolescence Clementine*, Paris, veuve P. Roffet, s.d. (*Bibliographie*, II, no. 15).
FIGURE dans *Le Menu* dans *LA SUITE de l'adolescence Clementine*. TEXTE de J². VARIANTE de E¹.

Titre E¹ Le dixain du depart

[1] Sur l'inspiration de ce poème, voir plus haut, p. 25.

XXIV

*D'Anne qui luy jecta
de la Neige*[1]

Anne (par jeu) me jecta de la Neige
Que je cuidoys froide certainement;
Mais c'estoit feu, l'experience en ay je;
Car embrasé je fuz soubdainement.
Puis que le feu loge secretement   5
Dedans la Neige, où trouveray je place
Pour n'ardre point? Anne, ta seule grace
Estaindre peult le feu que je sens bien,
Non point par Eau, par Neige ne par Glace
Mais par sentir ung feu pareil au mien.[2]   10

COMPOSÉE probablement avant la fin de 1530.[3] PUBLIÉE pour la première fois dans *LA SUITE de l'adolescence Clementine*, Paris, veuve P. Roffet, s.d. (*Bibliographie*, II, no. 15). FIGURE dans *Le Menu* dans *LA SUITE de l'adolescence Clementine*. TEXTE de J^2. VARIANTES de E^1 a^2 i u w^1.

Titre E^1 Le dixain de neige
    a^2 i w^1 *manque*
    u Le dizain de la neige
1 a^2 i u w^1 Anne laultre hier
7 E^1 Pour fuyre amour ? Anne
    a^2 i u w^1 Pour fuyr amour Anne
9 a^2 neige ou par

[1] Voir plus haut, pp. 21-3.
[2] Ce poème est imité d'une épigramme attribuée à Pétrone: Me nive candenti (*Anthologia latina*, éd. Riese, I, 2, no. 706).
[3] Ce poème figure dans le ms 477 du fonds Nouvelles Acquisitions françaises de la Bibliothèque Nationale (notre u). Les poèmes de Marot copiés par le scribe de ce manuscrit semblent tous antérieurs à la fin de 1530. Voir C. A. Mayer, *Un manuscrit important pour le texte de Marot*, BHR, t. XXVIII, 1966, pp. 419-26.

XXV

A Anne[1]

   Si jamais fut ung Paradis en Terre,
Là où tu es, là est il sans mentir.
   Mais tel pourroit en toy Paradis querre
Qui ne viendroit fors à peine sentir.
   Non toutesfois qu'il s'en deust repentir;   5
Car heureux est qui seuffre pour tel bien.
   Doncques celluy que tu aymeroys bien
Et qui receu seroit en si bel estre,
   Que seroit il? Certes je n'en sçay rien,
Fors qu'il seroit ce que je vouldrois estre.   10

COMPOSÉE avant la fin de 1533. PUBLIÉE pour la première fois dans *LA SUITE de l'adolescence Clementine*, Paris, veuve P. Roffet, s.d. (*Bibliographie*, II, no. 15). FIGURE dans *Le Menu* dans *LA SUITE de l'adolescence Clementine*. TEXTE de *J²*. VARIANTE de *E¹*.

Titre *E¹* Le dixain du Paradis terrestre

[1] Voir plus haut, pp. 21-3.

XXVI

*De la Venus de Marbre
presentée au Roy*[1]

Ceste Deesse avec sa ronde Pomme,
Prince Royal, des aultres le plus digne,
N'est point Venus & Venus ne se nomme;
Ja n'en desplaise à la langue Latine;

COMPOSÉE probablement en 1531 (voir n. 1). PUBLIÉE pour la première fois dans *LA SUITE de l'adolescence Clementine*, Paris, veuve P. Roffet, s.d. (*Bibliographie*, II, no. 15). FIGURE dans *Le Menu* dans *LA SUITE de l'adolescence Clementine*. TEXTE de J^2. VARIANTES de E^1 *u*.

Titre E^1 Dixain de la Venus de Marbre presentee au Roy, & sur laquelle plusieurs latins composerent.
u Le dizain de la venus de marbre qui fut donnee au roy

[1] Cette statue de Venus tenant la pomme décernée comme prix par Pâris, statue dont le sculpteur est inconnu, fut présentée à François Ier à Amboise au mois d'octobre 1530 par le condottiere italien Renzo da Ceri de'Orsini. Voir E. Picot, *Sur une statue de Venus envoyée par Renzo da Ceri au roi François Ier*, *Revue archéologique*, 1902, t. II, pp. 233 suiv.

Notons que plusieurs poètes néo-latins, Germain de Brie, Théodore de Bèze et Gilbert Ducher, ont écrit des poèmes sur cette statue :

*De Venere Marmorea Francisco Regi ab
Rengo equite donata ad Franciscum Regem
Brixii epigrammata*
Saxea fit quamvis, non est tamen inscia fandi
Quam tibi donavit Cyprida Rengus eques,
Sed quoties vult illa loqui tua labra tuumque os
Insidet hinc dictis Suada, Venusque tuis.
(*Farrago poetarum*, t. II, p. 282 v⁰.)

De Venere Marmorea Regi donata a Rengo equite
Quae tibi missa fuit nuper, rex maxime regum,
Non est ficta Venus viva sed ipsa Venus
Scilicet illa polum, Martemque Iovemque reliquit
Quod te his maiorem crederet esse tribus.

De Venere Marmorea
Ad Venerem efficta est Venus haec quae in vallibus Idae
Malum aureum victrix tulit;
Defecta est lingua, ne humanos addita formae
Verba ipsa peius urerent.
(Gilb. Ducherii Vallonis, *Epigrammat. libri duo*, p. 108.)

C'est du hault Ciel quelcque vertu divine 5
Qui de sa Main t'offre la Pomme ronde,
Te promettant tout l'Empire du Monde,[1]
Ains que mourir. O quel Marbre taillé?
Bien peu s'en fault qu'il ne dye & responde
Que mieulx encor' te doibt estre baillé. 10

8 *u* Et a bien veoire cestuy marbre
10 *u* encores

XXVII

La mesme Venus de Marbre, dit
en Vers Alexandrins[2]

Seigneurs, je suis Venus, je vous dy celle mesme
Qui la Pomme emporta pour sa beaulté supreme;
Mais tant ravye suis de si haulte louange
Que viande & liqueur je ne boy & ne mange. 4
Donc ne vous estonnez si morte semble & roide;
Sans Ceres & Bacchus tousjours Venus est froide.[3]

COMPOSÉE probablement en 1531 (voir plus haut, p. 117, n. 1). PUBLIÉE pour la première fois dans *LA SUITE de l'adolescence Clementine*, Paris, veuve P. Roffet, s.d. (*Bibliographie*, II, no. 15). FIGURE dans *Le Menu* dans *LA SUITE de l'adolescence Clementine*. TEXTE de *J*[2] (conforme à *E*[1]).

[1] Cf. cette épigramme de Germain de Brie:

Non ego sum Cypris, nec pomum quae mihi dextra est
Sphaera refert, illi quod sua forma dedit.
Sum Dea quae delapsa polo, Francisce, tibi orbis
Nuncio deberi totius imperium.
(*Farrago poetarum*, t. II, p. 282 v⁰.)

[2] Voir plus haut, p. 117, n. 1.
[3] Traduction d'un dicton latin cité dans l'*Eunuque* de Térence: « Sine Cerere et Libero friget Venus. »

XXVIII

Une Dame à ung qui luy donna sa
Pourtraicture[1]

Tu m'as donné au vif ta Face paincte,
Paincte pour vray de Main d'excellent homme;
Si l'ay je mieulx dedans mon Cueur empraincte
D'ung aultre Ouvrier qui Cupido se nomme. 4
De ton Present heureuse me renomme;
Mais plus heureuse, Amy, je seroys bien
Si en ton Cueur j'estoys empraincte, comme
Tu es emprainct et gravé sur le mien. 8

COMPOSÉE avant 1533. PUBLIÉE pour la première fois dans *LA SUITE de l'adolescence Clementine*, Paris, veuve P. Roffet, s.d. (*Bibliographie*, II, no. 15). FIGURE dans *Le Menu* dans *LA SUITE de l'adolescence Clementine*. TEXTE de *J²*. VARIANTE de *E¹*.

Titre *E¹* Huictain d'une Dame a ung qui luy donna sa pourtraicture

XXIX

Estreines envoyées avec ung
Present de couleur blanche[2]

Present, present de couleur de Colombe,
Va où mon Cueur s'est le plus adonné!
Va doulcement, & doulcement y tombe!
Mais au parler ne te monstre estonné! 4

COMPOSÉE avant 1533. PUBLIÉE pour la première fois dans *LA SUITE de l'adolescence Clementine*, Paris, veuve P. Roffet, s.d. (*Bibliographie*, II, no. 15). FIGURE dans *Le Menu* dans *LA SUITE de l'adolescence Clementine*. TEXTE de *J²*. VARIANTE de *E¹*.

Titre *E¹* Huictain pour Estreines envoyé, avecques ung present de couleur blanche

[1] Sur l'inspiration de ce poème, voir plus haut, pp. 24–5.
[2] Sur l'inspiration de ce poème, voir plus haut, pp. 24–5.

Dy que tu es pour Foy bien ordonné!
Dy oultreplus (car je te l'abandonne)
Que le Seigneur à qui tu es donné
N'a foy semblable à celle qui te donne. 8

XXX

*Sur la devise: Non ce
que je pense*

Tant est l'Amour de vous en moy empraincte,
De voz desirs je suis tant desireux,
Et de desplaire au Cueur ay telle craincte
Que plus à moy ne suis, dont suis heureux. 4
A d'aultre Sainct ne s'adressent mes voeux;
Tousjours voulant (de peur de faire offense)
Ce que voulez & non ce que je veulx,
Ce que pensez et non ce que je pense. 8

COMPOSÉE avant la fin de 1533. PUBLIÉE pour la première fois dans *LA SUITE de l'adolescence Clementine*, Paris, veuve P. Roffet, s.d. (*Bibliographie*, II, no. 15). FIGURE dans *Le Menu* dans *LA SUITE de l'adolescence Clementine*. TEXTE de J^2. VARIANTES de E^1 x.

Titre E^1 Huictain sur la Devise, Non ce que ie pense
   x manque
3 x desplaire a vous ay
5 x A autre

XXXI

A Anne

 Incontinent que je te vy venue,
Tu me semblas le cler soleil des cieulx
Qui sa lumiere a long temps retenue;
Puis se faict veoir luysant & gracieux. 4
Mais ton depart me semble une grand'nue
Qui se vient mettre au devant de mes yeux.
Pas n'eusse creu que de joye advenue
Fust advenu regret si ennuieux. 8

Composée avant la fin de 1533. Publiée pour la première fois dans *LA SUITE de l'adolescence Clementine*, Paris, veuve P. Roffet, s.d. (*Bibliographie*, II, no. 15). Figure dans *Le Menu* dans *LA SUITE de l'adolescence Clementine*. Texte de J^2. Variantes de E^1 w^1.[1]

Titre E^1 Huictain
 w^1 manque
2 w^1 le vray

XXXII

Pour Estreines

 Une assez suffisante Estreine
Trouver pour vous je ne sçauroys;
Mais vous povez estre certaine
Que vous l'auriez quand je l'auroys. 4

Composée avant 1533. Publiée pour la première fois dans *LA SUITE de l'adolescence Clementine*, Paris, veuve P. Roffet, s.d. (*Bibliographie*, II, no. 15). Figure dans *Le Menu* dans *LA SUITE de l'adolescence Clementine*. Texte de J^2. Variantes de E^1.

Titre E^1 Huictain pour Estreines

[1] Dans ce manuscrit le poème est attribué à Claude Chappuys.

Et lors qu'asseuré je seroys
D'estre receu selon mon zelle,
Moymesme je me donneroys
Du tout à vous, ma Damoyselle.   8

7 *E¹* Croyez que ie me donneroys
8 *E¹* Moymesmes a vous Damoyselle

XXXIII

Pour Estreines

Ces quatre vers à te saluer tendent,
Ces quatre vers à toy me recommendent,
Ces quatre vers sont les Estreines tiennes,
Ces quatre vers te demandent les miennes.   4

COMPOSÉE avant 1533. PUBLIÉE pour la première fois dans *LA SUITE de l'adolescence Clementine*, Paris, veuve P. Roffet, s.d. (*Bibliographie*, II, no. 15). FIGURE dans *Le Menu* dans *LA SUITE de l'adolescence Clementine*. TEXTE de *J²*. VARIANTE de *E¹*.

Titre *E¹* Quatrain pour estreines

XXXIV

De la Statue de Venus endormie[1]

Qui dort icy? le fault il demander?
Venus y dort qui vous peult commander.
Ne l'esveillez, elle ne vous nuira!
Si l'esveillez, croyez qu'elle ouvrira
Ses deux beaulx yeulx pour les vostres bander.   5

COMPOSÉE avant 1533. PUBLIÉE pour la première fois dans *LADOLESCENCE CLEMENTINE*, Lyon, F. Juste, 12 juillet 1533 (*Bibliographie*, II, no. 14 bis). FIGURE dans *Le Menu* dans *LA SUITE de l'adolescence Clementine*. TEXTE de *J²*. VARIANTES de *B⁵ o*.

Titre *B⁵* De la statue de Venus endormie sur le portal dung Logis
   o Dune statue de Venus endormye sur le portail dun logis

[1] On ignore de quelle statue il s'agit.

XXXV

De Martin & Alix

Martin menoit son Pourceau au marché
Avec Alix, qui en la plaine grande
Pria Martin luy faire le peché
De l'ung sus l'aultre; & Martin luy demande:
Et qui tiendroit nostre Pourceau, friande? 5
Qui? dist Alix, bon remede il y a.
Lors son Pourceau à sa jambe lya;
Puis Martin jusche & lourdement engaine.
Le Porc eut peur, & Alix s'escria
Serre, Martin, nostre Pourceau m'entraine. 10

COMPOSÉE avant septembre 1534. PUBLIÉE pour la première fois dans *La Suite de l'Adolescence Clementine*, Paris, veuve P. Roffet, 1534 (*Bibliographie*, II, no. 20). FIGURE dans *Le Menu* dans *La Suite de l'Adolescence Clementine*. TEXTE de J^2 (conforme à a^1). VARIANTES de E^2 b^1 p w^1 w^3.

Titre E^2 Dixain adiouste, extraict de L'unziesme livre de la Priapeie
    b^1 Dixain de la priaperie
    p w^1 manque
    w^3 Dixain de martin et dalix
3 E^2 b^1 Martin de faire
    w^3 Fort le pria de faire
5 E^2 tiendra
    p Mais qui
    w^3 Qui retiendroit
7 E^2 b^1 p w^3 Lors le
8 E^2 b^1 Et Martin
    w^3 Martin se juche
9 p peur lors
10 w^3 martin car le pourceau

XXXVI

A Monsieur Braillon,
Medecin[1]

C'est ung espoir d'entiere guerison,
Puis que santé en moy desja s'imprime.
Vray est que Yver foible, froit & grison
Nuist à nature & sa vertu reprime; 4
Mais si voulez, si aurez vous l'estime
De me guerir sans la neufve saison.
Parquoy, Monsieur, je vous supply en ryme
Me venir veoir pour parler en raison. 8

COMPOSÉE vers la fin de l'année 1531 ou au début de 1532. PUBLIÉE pour la première fois dans *LADOLESCENCE CLEMENTINE*, Paris, P. Roffet, 13 novembre 1532 (*Bibliographie*, II, no. 11). TEXTE de *J²*. VARIANTES de *B² B³ B⁴*.

Titre *B² B³ B⁴* Huictain a Monsieur Braillon
2 *B² B³ B⁴* se imprime

[1] Marot tomba malade de la peste au cours de l'année 1531. Cf. *Epîtres*, XXV. Louis Braillon, medecin du roi et plus tard échevin de Paris, soigna Marot (*Epîtres*, XXV, v. 71).

XXXVII

Responce aux Vers latins[1] *que luy avoit envoyez Monsieur Akakia, Medecin*[2]

Tes vers exquis, seigneur Akakia,
Meritent mieulx de Maro[3] le renom
Que ne font ceulx de ton amy qui a
Avec Maro confinité de nom. 4
Tes vers pour vray semblent coups de Canon,
Et resonnance aux miens est si petite
Qu'aux tiens ne sont à comparer, sinon
Du bon vouloir que ta plume recite. 8

COMPOSÉE vers la fin de l'année 1531 ou au début de 1532. PUBLIÉE pour la première fois dans LADOLESCENCE CLEMENTINE, Paris, P. Roffet, 13 novembre 1532 (*Bibliographie*, II, no. 11). TEXTE de J². VARIANTES de B² B³ B⁴.

Titre B² B³ B⁴ Huictain responsif aux vers precedens
8 B² Du bon vouloit

[1] *Mart. Acakiae Ad Clementem Maronem Tetrastichon*

Si mihi tam dives Maro quam tibi vena fuisset
Carmina sperasses his meliora dari.
Quae si spectaris non sunt te Munera digna:
Sin animum hauld dubito quin tibi grata fient.

[2] Cf. plus haut, p. 124, n. 1. Sur Martin Akaquia, médecin du roi, voir *Epîtres*, XXV, v. 71, et p. 174, n. 2.

[3] Jeu de mots sur le nom du poète et celui de Virgile. Cf. *Œuvres satiriques*, I, v. 362; VI, v. 252.

XXXVIII

*A Monsieur le Coq qui luy
promettoit guerison*[1]

Le chant du Coq la nuict point ne prononce,
Ains le retour de la lumiere absconse,
Dont sa nature il fault que noble on tienne.
Or t'es monstré vray Coq en ta response, 4
Car ton hault chant rien obscur ne m'anonce,
Mais santé vive, en quoy Dieu te maintienne.

COMPOSÉE vers la fin de l'année 1531 ou au début de 1532. PUBLIÉE pour la première fois dans *LADOLESCENCE CLEMENTINE*, Paris, P. Roffet, 13 novembre 1532 (*Bibliographie*, II, no. 11). TEXTE de *J²*. VARIANTES de *B² B³ B⁴*.

Titre *B² B³ B⁴* Sizain a Monsieur le Coq qui par une lettre responsive promectoit guerison audict Marot
1 *B² B³ B⁴* point ne
4 *B³* Or tes monstres

XXXIX

Au dict Coq[2]

Si le franc Coq liberal de nature
N'est empesché avec sa Gelinotte,
Luy plaise entendre au chant que je luy notte
Et visiter la triste creature 4
Qui en sa chambre a faict ceste escripture
Mieulx enfermé qu'en sa cage Lynotte.

COMPOSÉE vers la fin de l'année 1531 ou au début de 1532. PUBLIÉE pour la première fois dans *LADOLESCENCE CLEMENTINE*, Paris, P. Roffet, 13 novembre 1532 (*Bibliographie*, II, no. 11). TEXTE de *J²*. VARIANTES de *B² B³ B⁴*.

Titre *B² B³ B⁴* Autre Sizain audict Coq
3 *B² B³ B⁴* que Ie ly note

[1] Cf. plus haut, p. 124, n. 1. Sur Jacques Lecoq, docteur régent en la Faculté de Médecine de l'Université de Paris, voir *Epîtres*, XXV, v. 71. Il fut au service du roi, aux gages de 800 livres, jusqu'en 1532 (B.N. ms fr. 3054, fo. 28 v⁰, et ms fr. 7856, p. 940). [2] Voir plus haut, n. 1.

XL

A Monsieur l'Amy, Medecin[1]

Amy de nom, de pensée & de faict,
Qu'ay je mesfaict que vers moy ne prens voye?
Graces à Dieu, tu es dru & refaict;
Moy plus deffaict que ceulx que mortz on faict,   4
Mort en effect si Dieu toy ne m'envoye.
Brief, ne pourvoye au mal qui me desvoye;
Que je te voye, à demy suis gueri;
Et sans te veoir à demy suis pery.   8

COMPOSÉE avant novembre 1532. PUBLIÉE pour la première fois dans *LADOLESCENCE CLEMENTINE*, Paris, P. Roffet, 13 novembre 1532 (*Bibliographie*, II, no. 11). TEXTE de J^2. VARIANTE de B^2 B^3 B^4.

Titre B^2 B^3 B^4 Huictain a Monsieur Lamy aussi Medecin, nouvellement sorty de Maladie

XLI

A Pierre Vuyard[2]

Ce meschant Corps demande guerison,
Mon frere cher, & l'Esprit au contraire
Le veult laisser comme une orde Prison.
L'ung tend au monde & l'autre à s'en distraire.

COMPOSÉE probablement vers la fin de l'année 1531 ou au début de 1532. PUBLIÉE pour la première fois dans *LADOLESCENCE CLEMENTINE*, Paris, P. Roffet, 13 novembre 1532. TEXTE de J^2. VARIANTES de B^2 B^3 B^4 C o.

Titre B^2 Dizain a Pierre Vuyard Secretaire dudict Seigneur
B^3 B^4 o Dixain dun malade
C   Dizain d'ung Chrestien malade à son amy

---

[1] Je n'ai pu identifier ce personnage.
[2] Sur Pierre Vuyart ou Wyart, secrétaire du duc de Guise, voir *Epîtres*, XXIII, et p. 167, n. 2. Sur la maladie de Marot, voir plus haut, p. 124, n. 1.

C'est grand pitié que de les ouyr braire. 5
Ha (dit le Corps), fault il mourir ainsi?
Ha (dit l'Esprit), fault il languir icy?
Va (dit le Corps), mieulx que toy je soubhaicte.
Va (dit l'Esprit), tu faulx & moy aussi.
Du Seigneur Dieu la volunté soit faicte. 10

XLII

Au Roy[1]

Plaise au Roy ne reffuser point,
Ou donner, lequel qu'il vouldra,
A Marot cent escuz appoinct.
Et il promect qu'en son pourpoinct, 4
Pour les garder, ne les couldra.
Monsieur le Legat l'absouldra
Pour plus dignement recevoir;
J'entens s'il veult faire devoir 8
De seeller l'Acquit à l'Espergne;
Mais s'il est dur à y pourveoir,
Croyez qu'il aura grand pouvoir
S'il me faict bien dire d'Auvergne. 12

Composée en 1527. Publiée pour la première fois dans *LADOLESCENCE CLEMENTINE*, Lyon, F. Juste, 12 juillet 1533 (*Bibliographie*, II, no. 14 bis).
Texte de *J²*. Variantes de *B⁵ B⁶*.

Titre *B⁵* Les deux placetz quil fist au Roy
     B⁶ Placet au Roy pour Marot
3 *B⁵* a point
11 *B⁵ B⁶* Ie croy qu'il

[1] Voir plus haut, Epigramme xx.

XLIII

Du Lieutenant Criminel de Paris et de Samblançay[1]

Lors que Maillart, Juge d'enfer,[2] menoit
A Montfaulcon Samblançay l'ame rendre
A vostre advis lequel des deux tenoit
Meilleur maintien? Pour le vous faire entendre, 4
Maillard sembloit homme qui mort va prendre
Et Samblançay fut si ferme vieillart[3]
Que l'on cuidoit (pour vray) qu'il menast pendre
A Montfaulcon le Lieutenant Maillart. 8

COMPOSÉE peu après le 12 août 1527. PUBLIÉE pour la première fois dans *LADOLESCENCE CLEMENTINE*, Lyon, F. Juste, 12 juillet 1533 (*Bibliographie*, II, no. 14 bis). TEXTE de *J²*. VARIANTES de *B⁵ b¹ w³*.

Titre *B⁵* Huictain sus la contenance du Lieutenant Criminel de Paris quant il menoyt pendre Semblançay
    b¹ manque
    w³ Huitain de feu monsieur de saincblancay
3 *B⁵ b¹* En vostre
5 *w³* que mort
6 *B⁵ b¹ w³* Samblancay estoit ferme
7 *B⁵ b¹ w³* Brief on cuydoit

---

[1] Sur le procès et l'exécution (le 12 août 1527) du trésorier général Jacques de Beaune, seigneur de Semblançay, voir *Œuvres lyriques*, V, et p. 134, n. 1.
[2] Dans l'*Enfer* (*Œuvres satiriques*, I) Marot avait mis en scène le lieutenant criminel de la prévôté de Paris, Gilles Maillart, sous les traits du juge d'enfer Rhadamante (vv. 218 suiv.). C'est ce qui explique l'épithète de « juge d'enfer ». Sur Gilles Maillart voir *Œuvres satiriques*, p. 63, n. 1 et p. 64, n. 3.
[3] La constance dont Semblançay fit preuve lors de son exécution fut notée par tous les témoins. Cf. *Œuvres lyriques*, p. 137, n. 2 et n. 3.

XLIV

D'une Espousée

L'Espousé, la premiere nuict,
Asseuroit sa Femme farouche:
Mordez moy (dict il) s'il vous cuict;
Voyla mon doit en vostre bouche!
Elle y consent, il s'escarmouche; 5
Et, apres qu'il l'eut deshousée:
Or ça (dist il) tendre rosée,
Vous ay je faict du mal ainsi?
Adonc respondit l'Espousée:
Je ne vous ay pas mors aussi. 10

COMPOSÉE avant 1537. PUBLIÉE pour la première fois dans *La Suyte de Ladolescence Clementine*, s.l. (Paris, Denis Janot), 1537 (*Bibliographie*, II, no. 56). TEXTE de *J²*. VARIANTES de *E⁴ a¹ o r w³ x*.

Titre *E⁴* Dizain sur le propos dune nouvellement mariée
    a¹ De lespouse et de lespousee
    o r Dizain
    w³ Dixain du nouveau marye et de sa femme
    x manque
1 *E⁴* L'Espoux a la premiere nuyt
2 *E⁴* Asseurant
    w³ Trouva sa femme ung peu farouche
3 *E⁴ r* Si vous
6 *E⁴* Et puis quant il
    r quil eust
    w³ x Apres quil eust bien laboure
8 *E⁴* Vous ay je point faict mal
    o w³ grand mal
    x Vous a il faict grant mal
9 *E⁴* Alors
    o En riant a dict lespousee
    w³ Alors respondit

XLV

*A celluy qui devant le Roy dit
que ce mot Viser (dont Marot usa)
n'estoit bon langage*[1]

 Regarder est tresbon langage;
Viser est plus agu du tiers.
De dire qu'il n'est en usage,
J'en croy tous les Arbalestiers.   4
 Je demanderoys voulentiers
Comme on diroit plus proprement:
Ung de ces deux Hacquebutiers
Par mal Viser fault lourdement.   8
 Je dy (à parler rondement)
Qu'il fault que ce mot y pourvoye,
Et ne se peult dire aultrement,
Qui est tout le pis que je y voye.   12
 Celluy qui ne Vise à la voye
Par où il va fault & s'abuse;
Mais point ne fault ne se forvoye
Celluy qui du terme ainsi use.   16
 Doncques, Amy, ne le recuse;
Car quand au pis on le prendroit,
User on en peult soubz la ruse
De Metaphore en maint endroit.   20

COMPOSÉE avant juillet 1533. PUBLIÉE pour la première fois dans *LADOLESCENCE CLEMENTINE*, Lyon, F. Juste, 12 juillet 1533 (*Bibliographie*, II, no. 14 bis). TEXTE de *J*². VARIANTES de *B*⁵.

Titre *B*⁵ Quadrins respondans à ce que monsieur de sainct Ambroys le reprint
  sus le mot de viser Disant que regarder estoit plus propre
7 *B*⁵ Lung de ses
9 *B*⁵ Je dy que necessairement
10 *B*⁵ Il fault que ce mot y pourvoye
13 *B*⁵ en la
16 *B*⁵ qui de ses termes use
17 *B*⁵ Homme docte ne
20 *B*⁵ en cest endroit

[1] La variante du titre montre que la personne avec qui Marot eut cette dispute est son ami et protecteur Jacques Colin, abbé de Saint-Ambroise, lecteur du roi. Voir *Epitres*, XXVI.
 Le mot de *viser* est attesté en français dès le XIIe siècle.

Viser du Latin vient tout droit;
Visée en est une Lisiere;
Et par ailleurs Viser fauldroit
Pour bien m'attaindre à la Visiere. 24

21 *B⁵* Viser vient du latin tout droict
24 *B⁵* Pour mieulx mataindre

XLVI

De l'Abbé & de son Valet

Monsieur l'Abbé & monsieur son Valet
Sont faictz egaulx tous deux comme de cire;
L'ung est grand fol, l'aultre ung petit folet;
L'ung veult railler, l'aultre gaudir & rire;
L'ung boit du bon, l'aultre ne boit du pire; 5
Mais ung debat au soir entre eulx s'esmeut,

COMPOSÉE avant 1537. PUBLIÉE pour la première fois dans *Ladolescence Clementine*, s.l. (Paris, D. Janot), 1537 (*Bibliographie*, II, no. 55). TEXTE de *J²*. VARIANTES de *B⁷ B⁸ a¹ b¹ d s w⁴*.

Titre *B⁷ B⁸* Dizain de Labbe & du varlet
    a¹   Contre ung abbe et son vallet
    b¹   *manque*
    d   Maistre C. Marot dun Abbé et son varlet 1536
    s   Dun Abbé & de son vallet
    w⁴   Dizain
2 *b¹* Sont tous deux faictz esgaux comme
3 *B⁷ B⁸ w⁴* lautre petit
  d l'aultre est ung follet
4 *d* railler et l'autre danser et rire
  s Lun boit du bon, lautre ne boit du pire
5 *B⁷ B⁸* ne veult
  d Lun veult du
  s Lun veult mocquer, l'autre gaudir & rire
  w⁴ Lun veult du bon lautre ne veult du pire
6 *d* Mais au soir entre eulx ung desbat sesmeut

Car maistre Abbé toute la nuict ne veult
Estre sans vin, que sans secours ne meure,
Et son Valet jamais dormir ne peult,
Tandis qu'au pot une goute en demeure. 10

7 *d* abbé jamais dormir ne
  s Abbé jamais estre ne veult
  w⁴ Abbe jamais estre ne peult
8 *d* Sans vin de peur que
  s La nuict sans
  w⁴ Quil nait du vin que
10 *B⁷* goutte en demeure
  d Tant qu'au pot goutte il en
  s y demeure
  w⁴ goutte demeure

XLVII

De frere Thibault

Frere Thibault, sejourné gros & gras,
Tiroit de nuict une Garse en chemise
Par les treilliz de sa chambre, où le bras
Elle passa, puis la teste y a mise,
Puis tout le sein; mais elle fut bien prise, 5
Car son fessier y passer ne sceut onc.
Par la morbieu (ce dict le Moyne adonc),
Il ne me chault de bras, tetin ne teste!
Passez le Cul, ou vous retirez donc!
Je ne sçaurois (sans luy) vous faire feste. 10

Composée avant mars 1538. Publiée pour la première fois dans *Les Œuvres de Clement Marot*, Lyon, E. Dolet, 1538 (*Bibliographie*, II, no. 70). Texte de *J²*. Variantes de *a¹ p s*.[1]

Titre *p* manque
2 *s* Tiroit un jour
3 *a¹* le treillis
  p Par le treillis de sa chambre ou les bras
  s les bras
4 *s* Elle y passa
5 *s Egerton ms* tout le corps
6 *s* ne peult
  Egerton ms le fessier

[1] Ce poème figure également dans le ms Egerton 2711 (British Museum).

XLVIII

*Au Duc d'Orleans touchant ung
Greffier qui usa de ce mot:
Argent en Pouppe*[1]

Prince, ce Griffon[2] qui me gronde
Semble à Jouan qui se mordoit,
Que voulez vous que luy responde?
C'est la plus grand pitié du monde.

COMPOSÉE avant mars 1538. PUBLIÉE pour la première fois dans *Les Œuvres de Clement Marot*, Lyon, E. Dolet, 1538 (*Bibliographie*, II, no. 70). TEXTE de J^2. VARIANTES de $a^1 w^1$.

Titre a^1 A Monsieur dorleans contre le greffier qui usa de ce mot argent en pouppe
  w^1 Replicque par Marot
1 w^1 ce greffier
2 w^1 Jehan

[1] Ce poème est la réponse de Marot à un huitain injurieux que Geoffroy Faubert, secrétaire du duc d'Orléans, avait composé contre lui:

Ung cordellier respond a Marot
Tu diz, Marot, par tes raisons,
Qui ne vallent le publier,
Que, quant allons par les maisons,
Soupons sans bourse deslier.   4
D'un cas je te veulx supplier:
Puys que tu n'as argent en pouppe,
Comme moy rendz toy Cordelier;
Tu disneras comme je souppe.   8

Faubert avait composé ce huitain en réponse à un huitain de Victor Brodeau que le public crut être de la plume de Marot:

Mes beaux peres religieux,
Vous disnez par un grammercy.
O gens heureux, o demi Dieux,
Pleust à Dieu que je feusse ainsi'   4
Comme vous vivrois sans soucy,
Car le veu qui l'argent vous oste,
Il est cler qu'il deffend aussi
Que ne payez jamais vostre hoste.   8

Marot fait allusion à cette querelle dans l'*Epttre de Frippelippes* (*Œuvres Satiriques*, VI) vv. 167-74:

Vien, Brodeau, le puisné, son filz.
Qui si tresbien le contrefis

Excuser plus tost on le doit; 5
Car quand ainsi son feu jectoit,
Et qu'il disoit: Argent en Pouppe,
Le povre homme se mescomptoit,
Et vouloit dire qu'il estoit
Tousjours yvre comme une souppe. 10

XLIX

A ung quidem[1]

Veulx tu sçavoir à quelle fin
Je t'ay mis hors des œuvres miennes?
Je l'ay faict tout expres affin
Que tu me mettes hors des tiennes. 4

COMPOSÉE en 1538. PUBLIÉE pour la première fois dans *Les Œuvres de Clement Marot*, Lyon, S. Gryphius, s.d. (*Bibliographie*, II, no. 71). TEXTE de J².

> Au huictain des freres Mineurs
> Que plus de cent beaulx devineurs
> Dirent que c'estoyt Marot mesme;
> Tesmoing le Griffon d'angoulesme,
> Qui respondit: Argent en pouppe,
> En lieu d'Yvre comme une souppe.

Cf. *Œuvres Satiriques*, p. 102, n. 7 et p. 103, n. 1.
² Cf. l'*Enfer*, (*Œuvres Satiriques*, I), vv. 454 et 481.

[1] Cette épigramme fut publiée pour la première fois dans l'édition des *Œuvres* de Marot donnée par Gryphius (notre J²), ne figurant pas dans l'édition de Dolet (notre J¹). Il faut donc conclure, puisque l'édition de Gryphius suivant de près celle de Dolet semble attester une brouille entre Marot et Dolet, que le « quidem » visé dans ce poème est Etienne Dolet. Cf. C. A. Mayer, *Le Texte de Marot*, BHR, t. XV, 1953, pp. 80-5.
Cette épigramme est imitée librement de Martial;

> Non donem tibi cur meos libellos
> ornati totiens et exigenti
> miraris, Theodore? Magna causa est:
> dones tu mihi ne tuos libellos.

(*Ed. cit.*, V, LXXIII.)

L

A Benest[1]

Benest, quand ne te congnoissoye,
Ung sage homme je te pensoye;
Mais quant j'ay veu ce qui en est,
Je trouve que tu es Benest.

COMPOSÉE avant mars 1538. PUBLIÉE pour la première fois dans *Les Œuvres de Clement Marot*, Lyon, S. Gryphius, s.d. (*Bibliographie*, II, no. 71). TEXTE de J^2 (conforme à a^1).

[1] On a toujours admis que cette épigramme, comme la précédente, et pour les mêmes raisons, vise Etienne Dolet. Cependant, puisqu'elle figure déjà dans le manuscrit de Chantilly (notre a^1) qui date du mois de mars 1538, et que la brouille entre Dolet et Marot ne peut se placer qu'après le mois de juillet de cette année, date de l'édition de Dolet, il est du moins improbable que ce poème ait été composé contre Dolet.

Cette épigramme est imitée de l'épigramme *In Priscum* de Martial:

Cum te non nossem, dominum, regemque vocabam.
Cum bene te novi, iam mihi priscus eris.

(I, 157).

LI

*Du Ris de ma Damoyselle
d'Allebret*[1]

Elle a tresbien ceste gorge d'Albastre,
Ce doulx parler, ce cler tainct, ces beaux yeux;
Mais en effect ce petit Ris follastre
C'est (à mon gré) ce qui luy sied le mieux.
Elle en pourroit les chemins & les lieux   5
Où elle passe à plaisir inciter;
Et si ennuy me venoit contrister
Tant que par mort fust ma vie abatue,
Il ne fauldroit pour me resusciter
Que ce Ris là duquel elle me tue.[2]   10

COMPOSÉE avant mars 1538. PUBLIÉE pour la première fois dans *Les Œuvres de Clement Marot*, Lyon, E. Dolet, 1538 (*Bibliographie*, II, no. 70). TEXTE de J^2. VARIANTES de a^1 w^4 x.

Titre a^1 De celle qui a bonne grace a rire
    w^4 Dizain du ris
    x *manque*
1 a^1 la gorge dallebastre
    w^4 Selle a tresbien la gorge dallebastre
2 a^1 et cler tainct ses
    w^4 Ce clair parler ce clair front
3 w^4 Mais par sus tout ce
    x Mais par sur tout elle a ce riz
4 x Quest a
5 w^4 et les yeulx
7 a^1 x venoit visiter
10 a^1 w^4 x dequoy elle

[1] Probablement Anne d'Albret, veuve depuis 1532 de Jean de Foix. Elle était la sœur d'Henri d'Albret, roi de Navarre et par conséquent belle-sœur de Marguerite de Navarre.
[2] L'inspiration pétrarquiste, avec tous les *concetti* habituels, est très évidente dans cette épigramme. Voir plus haut, pp. 24–7.

LII

Des cinq Poinctz en Amours

Fleur de quinze ans (si Dieu vous saulve & gard),
J'ay en amours trouvé cinq poinctz expres:
Premierement il y a le Regard,
Puis le Devis, & le Baiser apres.
L'Atouchement le Baiser suyt de pres,   5
Et tous ceulx là tendent au dernier poinct,
Qui est, & quoy? je ne le diray point.
Mais s'il vous plaist en ma chambre vous rendre,
Je me mettray voulentiers en pourpoint,
Voire tout nud, pour le vous faire apprendre.   10

COMPOSÉE avant mars 1538. PUBLIÉE pour la première fois dans *Les Œuvres de Clement Marot*, Lyon, E. Dolet, 1538 (*Bibliographie*, II, no. 70). TEXTE de J^2 (conforme à a^1). VARIANTES de r w^4 x.

Titre *r* Dizain sur cinq pointz d'amour
    w^4 Autre dizain
    x manque
3 w^4 Et premierement
5 w^4 Le touchement
   x le brusler suyt
6 w^4 Et tout cela tendant au
7 w^4 Qui esse et
9 w^4 Tres voulontiers me mectré en
10 w^4 faire entendre

LIII

De Anne à ce propos

Ouyr parler de madame & maistresse
M'est plus de bien que toutes aultres veoir;
Veoir son maintien, ce m'est plus de liesse
Que bon propos des aultres recevoir.
Avecques elle ung bon propos avoir 5
M'est plus grand heur que baiser une Heleine.
Et ne croy pas, si j'avois son alaine
(J'entends sa Bouche) à mon commandement
Que ceulx qui ont leur jouyssance pleine
N'eussent despit de mon contentement. 10

COMPOSÉE avant mars 1538. PUBLIÉE pour la première fois dans *Les Œuvres de Clement Marot*, Lyon, E. Dolet, 1538 (*Bibliographie*, II, no. 70). TEXTE de J^2. VARIANTES de a^1 e.

Titre a^1 A ce propos
    e Dixain faict par marot
3 e Veoir sa doulceur
10 e Neussent envie

LIV

A Selva[1] & *à Heroet*[2]

Demandez vous qui me faict glorieux?
Helene[3] a dit (& j'en ay bien memoyre)
Que de nous troys elle m'aymoit le mieulx;
Voila pourquoy j'ay tant d'aise & de gloire. 4
Vous me direz qu'il est assez notoire
Qu'elle se mocque & que je suis deceu.
Je le sçay bien, mais point ne le veulx croire;
Car je perdrois l'aise que j'ay receu. 8

COMPOSÉE avant mars 1538. PUBLIÉE pour la première fois dans *Les Œuvres de Clement Marot*, Lyon, E. Dolet, 1538 (*Bibliographie*, II, no. 70). TEXTE de J^2. VARIANTES de a^1.

Titre a^1 Pourquoy il devient glorieulx
2 a^1 Cest ce quelle a

[1] Jean de Selve ou Selua, aumônier de Marguerite d'Angoulême de 1524 en 1539 (*Comptes de Louise de Savoie et Marguerite d'Angoulême*, ouvr. cit., pp. 44, 59, 73 et 90).
[2] Antoine Héroet, seigneur de la Maisonneuve, célèbre poète de l'époque, valet de chambre et secrétaire de Marguerite de Navarre.
[3] Probablement Hélène de Tournon (cf. Epigramme LV, et p. 141, n. 1) également au service de Marguerite de Navarre.

LV

De Helene de Tournon[1]

Au moys de May que l'on saignoit la belle,
Je vins ainsi son medecin reprendre:
Luy tires tu sa chaleur naturelle?
Trop froide elle est; bien me l'a faict apprendre.
Tais toy (dist il), content je te voys rendre; 5
J'oste le sang qui la fait rigoreuse
Pour prendre humeur en amours vigoreuse
Selon ce Moys qui chasse tout esmoy.
Ce qui fut faict, & devint amoureuse;
Mais le pis est que ce n'est pas de moy. 10

Composée avant 1535. Publiée pour la première fois dans *Petit traicte contenant en soy la fleur de toutes joyeusetez en Epistres Ballades & Rondeaux*, Paris, V. Sertenas, 1535 (*Bibliographie*, II, no. 244). Texte de *J²*. Variantes de *F¹ G¹ a¹ r*.

Titre *F¹* Dixain
    G¹ Dizain
    a¹ Dune qui fut seignee
    r Dizain de la seignée du moys de May
1 *F¹* que on
4 *F¹* est et bien scay a quoy men prendre
    G¹ bien scay a quoy men prendre
    r bien scay en quoy men prendre
7 *F¹ G¹* amour
8 *r* le moys
9 *r* Ce quil
10 *F¹ G¹* est ce

---

[1] Hélène de Tournon naquit le 15 octobre 1512 au château de Tournon, quatrième enfant de Just de Tournon et de Joanne de Vissac. Son parrain fut son oncle François de Tournon, abbé d'Ebreuil, le futur cardinal. (Voir M. François, *Le cardinal de Tournon, homme d'état, diplomate, mécène et humaniste*, Boccard, Paris, 1951, p. 14.)
    Hélène de Tournon fut au service de Marguerite de Navarre de 1529 à 1539, aux gages de 100 livres (B.N. ms 3897, fo. 26, et ms 7856, fo. 881). Voir aussi *Comptes de Louise de Savoie et Marguerite d'Angoulême*, ouvr. cit., pp. 70 et 81. Le 28 juillet 1536, elle devint la troisième femme de Jean de la Baume, comte de Montrevel (M. François, *ouvr. cit.*, p. 132, n. 1). On connaît un portrait d'elle (B.N. Estampes, Na 22, fo. 12). Mellin de Saint-Gelais a écrit un huitain pour elle (*Œuvres*, Blanchemain, III, 86).

LVI

De Phebus & Diane

Le cler Phebus donne la vie & l'aise
Par son baiser tant digne & precieux,
Et mort devient ce que Diane baise.
O dur baiser, rude & mal gracieux, 4
Tu faiz venir ung desir soucieux
De mieulx avoir, dont souvent on desvie.
Mais qui pourroit parvenir à ce mieulx,
Il n'est si mort qui ne revint en vie. 8

COMPOSÉE avant mars 1538. PUBLIÉE pour la première fois dans *Les Œuvres de Clement Marot*, Lyon, E. Dolet, 1538 (*Bibliographie*, II, no. 70). TEXTE de J^2. VARIANTES de a^1 *j*.

Titre a^1 De dyane
    j manque
7 a^1 Mais quant on peult parvenir
8 a^1 qui ne retourne
  j qui nen retourne

LVII

De Dyane

Hommes expers, vous dictes par science
Que Dyane est en baisant beaucoup pire
Que n'est la Mort, mais par experience
De ce vous veulx & vous puis contredire; 4
Car quand sa bouche en la mienne souspire,
Toute vigueur dedans mon cueur s'assemble.
Vous resvez donc, ou certes il fault dire
Qu'en la baisant mourir vivre me semble. 8

COMPOSÉE avant mars 1538. PUBLIÉE pour la première fois dans *Les Œuvres de Clement Marot*, Lyon, E. Dolet, 1538 (*Bibliographie*, II, no. 70). TEXTE de J^2. VARIANTE de a^1.

2 a^1 Dame dyane en baisant estre pire

LVIII

Marot à ladicte Damoiselle

Ung lourd vestu de satin est icy
Suivant la Court (sans propos) à la trace;[1]
De bonne gresse est son satin farcy,
Et tout son corps plein de maulvaise grace.
Quant à la grace a peine qu'on l'efface, 5
Car il sent trop son escolier Latin;
Quant à la gresse, Il l'a soir & matin
(Comme je croy) en troys ans amassée.
Mais baillez luy douze aulnes de satin,
Voila sa robbe en ung jour degressée. 10

COMPOSÉE avant mars 1538. PUBLIÉE pour la première fois dans *Les Œuvres de Clement Marot*, Lyon, E. Dolet, 1538 (*Bibliographie*, II, no. 70). TEXTE de J^2. VARIANTES de a^1.

Titre a^1 Marot a ce propos
2 a^1 propos et la

[1] Il est impossible de savoir de qui il s'agit ou à qui ce poème est adressé. Dans l'édition de 1538 cette épigramme est précédée par le poème suivant:

Epigramme faict par une scavant
Damoyselle

Ung fascheux corps vestu d'ung satin gras,
Ung satin gras doublé d'un fascheux corps,
Ung lour marcher, ung branlement de bras,
Ung sot parler, avec ung museau tors, 4
Contrefaisant le gracieux, alors
Qu'il pense mieulx d'amours faire butin,
Que dessert il ? d'estre jecté dehors,
Et l'envoyer degresser son satin. 8

Notons que dans le manuscrit de Chantilly ce poème porte le titre: *Monsieur le Cardinal de Tournon*.

LIX

De blanche de Tournon[1]

Dedans le cloz d'ung Jardin florissant,
Entre aultres fleurs voy une Rose blanche
Que je seroys sur toutes choysissant
Si de choysir j'avoys liberté franche.
Dieu gard sans fin le Rozier & la branche 5
Dont est sortye une tant belle Rose!
Dieu gard la main qui pour croistre l'arrose!
Dieu gard aussi le tresexcellent Clos!
Dieu face en moy la sienne amour enclose,
A peine d'estre en son amour enclos! 10

COMPOSÉE avant juillet 1538. PUBLIÉE pour la première fois dans *Les Œuvres de Clement Marot*, Lyon, E. Dolet, 1538 (*Bibliographie*, II, no. 70). TEXTE de J^2.

LX

A Ysabeau[2]

Quand j'escriroys que je t'ay bien aymée,
Et que tu m'as sur tous aultres aymé,
Tu n'en seroys femme desestimée,
Tant peu me sens homme desestimé.
Petrarque a bien sa maistresse nommée 5
Sans amoindrir sa bonne renommée.
Donc, si je suis son Disciple estimé,
Craindre ne fault que tu en soys blasmée.
D'Anne j'escry, plus noble & mieulx famée,
Sans que son Loz en soit point deprimé. 10

COMPOSÉE avant juillet 1538. PUBLIÉE pour la première fois dans *Les Œuvres de Clement Marot*, Lyon, E. Dolet, 1538 (*Bibliographie*, II, no. 70). TEXTE de J^2.

---

[1] Blanche de Tournon, veuve du sieur de Châtillon-sur-Loing, dame d'honneur de Marguerite d'Angoulême (*Comptes de Louise de Savoie et Marguerite d'Angoulême, ouvr. cit.*, pp. 69 et 81; et *Cat. des Actes*, II, 319, 5389 et 683, 7084).

[2] Voir plus haut, pp. 20–1.

LXI

De Diane

Estre Phebus bien souvent je desire,
Non pour congnoistre herbes divinement;
Car la douleur qui mon cueur veult occire
Ne se guerist par herbe aulcunement;
Non pour avoir ma place au Firmament,   5
Car en la terre habite mon plaisir;
Non pour son arc encontre Amour saisir,
Car à mon Roy ne veulx estre rebelle;
Estre Phebus seulement j'ay desir
Pour estre aymé de Diane la belle.[1]   10

COMPOSÉE avant mars 1538. PUBLIÉE pour la première fois dans *Les Œuvres de Clement Marot*, Lyon, E. Dolet, 1538 (*Bibliographie*, II, no. 70). TEXTE de J^2 (conforme à a^1). VARIANTES de *e*.

Titre *e manque*
10 *e* amy de

[1] On connaît une adaptation anglaise de ce poème, publiée par Francis Davison dans une anthologie, *A Poetical Rhapsody*, 1602, p. 92 :

> *To Mistress Diana*
> Phoebus of all the Gods I wish to be :
> Not of the world to have the overseeing :
> For of all things in the world's circuit being,
> One only thing I always wish to see.
> Not of all herbs the hidden force to know,
> For ah! my wound by herbs cannot be cured :
> Not in the sky to have a place assured,
> For my ambition lies on earth below;
> Not to be prince of the celestial quire,
> For I one nymph prize more than all the Muses :
> Not with his bow to offer love abuses,
> But that thy light from mine might borrowed be,
> And fair Diana might shine under me.

LXII

D'ung Importun

Bren, laissez moy, ce disoit une
A ung sot qui luy desplaisoit.
Ce lourdault tousjours l'importune.
Puis j'ouy qu'elle luy disoit:
La plus grosse beste qui soit, 5
Monsieur, comme est ce qu'on l'appelle?
Ung Elephant, madamoyselle;
Me semble qu'on la nomme ainsi.
Pour Dieu, Elephant (ce dit elle)
Va t'en donc, laisse moy icy. 10

COMPOSÉE avant mars 1538. PUBLIÉE pour la première fois dans Les *Œuvres de Clement Marot*, Lyon, E. Dolet, 1538 (*Bibliographie*, II, no. 70). TEXTE de J^2 (conforme à a^1). VARIANTES de b^1 p.

Titre b^1 p manque
1 b^1 moy disoit
8 b^1 quon le
10 b^1 laisses
   p donc et me laisse icy

LXIII

De Diane

L'Enfant Amour n'a plus son Arc estrange,
Dont il blessoit d'hommes & cueurs & testes;
Avec celluy de Diane a fait change,
Dont elle alloit aux champs faire les questes. 4

COMPOSÉE avant mars 1538. PUBLIÉE pour la première fois dans Les *Œuvres de Clement Marot*, Lyon, E. Dolet, 1538 (*Bibliographie*, II, no. 70). TEXTE de J^2. VARIANTES de a^1 e.

Titre e manque

Ilz ont changé; n'en faites plus d'enquestes!
Et si on dit: A quoy le congnois tu?
Je voy qu'Amour chasse souvent aux Bestes,
Et qu'elle attainct les hommes de vertu. 8

5 *a¹* ne faictes
7 *a¹ e* quamour ne chasse plus quaux bestes

LXIV

*A Madamoyselle De
la Greliere*[1]

Mes yeux sont bons (Greliere), & ne voy rien;
Car je n'ay plus la presence de celle
Voyant laquelle au monde voy tout bien;
Et voyant tout, je ne voy rien sans elle.
A ce propos souvent (madamoyselle), 5
Quand vous voyez mes yeux de pleurs lavez
Me venez dire: Amy, qu'est ce qu'avez?
Mais le disant vous parlez mal apoinct,
Et m'est advis que plus tost vous devez
Me demander: qu'est ce que n'avez point? 10

COMPOSÉE avant juillet 1538. PUBLIÉE pour la première fois dans *Les Œuvres de Clement Marot*, Lyon, E. Dolet, 1538 (*Bibliographie*, II, no. 70). TEXTE de *J²*.

[1] Je n'ai pu identifier ce personnage.

LXV

De Madamoyselle De la Fontaine[1]

En grand travail, plein d'amour, j'ay passé
Les montz tresfroidz au partir d'Aquitaine,[2]
Mais leur froideur n'a de mon cueur chassé
La grand ardeur de mon amour certaine. 4
Quant au travail, bien je vous acertaine
Que incessamment y seray exposé
Jusques à tant qu'aupres de la Fontaine
(A mon desir) je me soys reposé. 8

COMPOSÉE avant mars 1538. PUBLIÉE pour la première fois dans *Les Œuvres de Clement Marot*, Lyon, E. Dolet, 1538 (*Bibliographie*, II, no. 70). TEXTE de *J²*. VARIANTE de *a¹*.

2 *a¹* montz beffroydz

LXVI

A Coridon[3]

La mesdisante ne fault croire,
Coridon, amy gracieux;
Je la congnois; c'est une noire,
Noire faicte en despit des cieulx. 4

COMPOSÉE avant mars 1538. PUBLIÉE pour la première fois dans *Les Œuvres de Clement Marot*, Lyon, E. Dolet, 1538 (*Bibliographie*, II, no. 70). TEXTE de *J²*. VARIANTES de *a¹*.

Titre *a¹* Dune noyre
2 *a¹* Alexis

[1] Anne de la Fontaine fut au service de la reine Eléonore en 1531 et 1532 (B.N. ms fr. 2952, fo. 43 v°, et ms fr. 7856, p. 1013). On connaît également une Loyze de la Fontaine, Fille du corps de Renée de France, aux gages de 40 livres en 1529 (B.N. ms fr. 7856 fo. 905).
[2] Cette allusion est obscure.
[3] Cf. la variante du titre. Il est impossible d'identifier ce Coridon ou Alexis. Il n'y a aucune raison pour croire, comme l'ont fait certains critiques, qu'il s'agit d'Alexis Jure à qui Marot a adressé une épître, sans toutefois le connaître. (Cf. *Epîtres*, XLVIII.)

Si elle eust (pour la paindre mieulx)
Au bec une prune saulvage,
On diroit qu'elle auroit trois yeux,
Ou bien trois prunes au visage. 8

5 *a¹* Selle avoit

LXVII

De Ouy & Nenny

Ung doulx Nenny avec ung doulx soubzrire
Est tant honneste; il le vous fault apprendre.
Quant est d'Ouy, si veniez à le dire,
D'avoir trop dit je vouldrois vous reprendre; 4
Non que je soys ennuyé d'entreprendre
D'avoir le fruict dont le desir me poingt;
Mais je vouldrois qu'en le me laissant prendre
Vous me dissiez: non, vous ne l'aurez point! 8

COMPOSÉE avant mars 1538. PUBLIÉE pour la première fois dans *Les Œuvres de Clement Marot*, Lyon, E. Dolet, 1538 (*Bibliographie*, II, no. 70). TEXTE de *J²* (conforme à *a¹*). VARIANTES de *e w⁴*.

Titre *e* Huictain par marot
    w⁴ Huictain a lamye[1]
1 *w⁴* Ung doulx ennuy, ung doulx soubz ris
3 *e* venes
  w⁴ venez
8 *w⁴* dissiez amy ne

[1] Notons que dans ce manuscrit (Soissons 203) le poème est attribué à Mellin de Saint-Gelais.

LXVIII

Des blans Manteaux[1]

Les blancs Manteaulx en leur couvent
Ont faict rampar de longues selles[2]
Pour nuyre à ceulx qui vont souvent
Faire la court aux damoiselles. 4
Quand maris gardent leurs fumelles,
Ilz ont droit; je m'en tais tout coy.
Mais ces Cagotz sont jaloux d'elles;
Je sçauroys voulentiers pourquoy.[3] 8

COMPOSÉE avant mars 1538. PUBLIÉE pour la première fois dans *Les Œuvres de Clement Marot*, Lyon, E. Dolet, 1538 (*Bibliographie*, II, no. 70). TEXTE de J^2 (conforme à a^1). VARIANTES de *i p r*.

Titre *i p r manque*
1 *i* rampars
4 *i r* faire lamour
5 *i p r* femelles
6 *i* Chest raison sil y hat de quoy
   r droit sil y a dequoy

[1] Nom donné à un ordre religieux, les Serfs de la Vierge, installé à Paris en 1258. Bien que cet ordre fût supprimé en 1274 et que leur couvent fût occupé par la suite par des moines Guillemites qui portaient une robe noire, le nom de « Blancs Manteaux » continua à désigner ce couvent. Sur la réputation de ce couvent, cf. *Œuvres satiriques*, VII, v. 62.

[2] Les « longues selles » ou bancs dans les églises empêchaient les hommes et les femmes d'y converser. Les églises étaient un lieu naturel pour des rendezvous. Cf. Rabelais, *Pantagruel*, XXI.

[3] On connaît deux réponses à cette épigramme :

Responce au dict huictain
Par René Lepelletier
Les cagotz jaloux ne sont mye;
Ains meuz de bonne affection
L'ont fait, afin qu'à son amye
L'on dye son intention. 4
Car l'amant plain d'affiction
Se pourmenoit n'osant mot dire
Or à genoulx sans fiction
Pourra myeulx compter son martyre. 8
(B.N. ms 20025, fo. 44 v⁰.)

LXIX

D'entretenir Damoyselles

   Je ne sçauroys entretien appeller
Le deviser qui aulcun fruict n'apporte.
C'est le vray Vent qui tost se pert en l'Air
Ou l'eau qui royde en aval se transporte.
L'oyseau gentil, sur le poing je le porte;   5
Apres luy crie, à luy souvent j'entends;
Car de son vol rend mes espritz contens.
O donc Amour, bel oyseau, par les esles
Apporte proye & donne passetemps;
Ou entretien (tout seul) tes Damoiselles.   10

Composée avant mars 1538. Publiée pour la première fois dans *Les Œuvres de Clement Marot*, Lyon, E. Dolet, 1538 (*Bibliographie*, ii, no. 70). Texte de J² (conforme à a¹).

          Response
Il y hat bien asses de quoy
Veu qu'elles sont gentes & belles,
Et aus moynes, comme je croy,
Non tant quome aus aultres rebelles.   4
Soub umbre d'offrir des chandeles
Le manteau de confession
Faict derouiller les alumeles
De ches gens de devotion.   8
          (B.N. ms 2335, fo. 94 v°.)

LXX

D'ung Poursuivant en amours

Je sens en moy une flamme nouvelle,
Laquelle vient d'une cause excellente
Qui tous les jours me dit & me revelle
Que demourer doy personne dolente.
O Amour plein de force violente, 5
Pourquoy as tu mon tourment entrepris?
Approchez vous, Belle qui m'avez pris!
Amour cruel vostre Amy veult occire;
Et gaignera la bataille & le pris
Si ne m'armez du bien que je desire. 10

COMPOSÉE avant mars 1538. PUBLIÉE pour la première fois dans *Les Œuvres de Clement Marot*, Lyon, E. Dolet, 1538 (*Bibliographie*, II, no. 70). TEXTE de *J²* (conforme à *a¹*).

LXXI

*A celle qui soubhaicta Marot aussi
amoureux d'elle qu'ung sien Amy*

Estre de vous (aultant que l'aultre) espris
Me seroit gloire, aymant en lieu si hault;
De l'aultre part il m'en seroit mal pris,
Quand d'y actaindre en moy gist le deffault.
J'ay dit depuis (cent foys ou peu s'en fault): 5
O cueur qui veulx mon malaise & mon bien,
Je t'ayme assez, ne soubhaicte combien;
Et si tu dis que pareil d'amitié
Ne suis à l'aultre, helas, je le sçay bien,
Car j'ayme plus, mais c'est de la moitié. 10

COMPOSÉE avant juillet 1538. PUBLIÉE pour la première fois dans *Les Œuvres de Clement Marot*, Lyon, E. Dolet, 1538 (*Bibliographie*, II, no. 70). TEXTE de *J²*.

LXXII

Du partement d'Anne[1]

Où allez vous, Anne? que je le sache,
Et m'enseignez avant que departir
Comment feray affin que mon œil cache
Le dur regret du cueur triste & martir.
Je sçay comment point ne fault m'advertir.   5
Vous le prendrez, ce cueur; je le vous livre.
L'emporterez pour le rendre delivre
Du dueil qu'auroit loing de vous en ce lieu;
Et pour autant qu'on ne peult sans cueur vivre,
Me laisserez le vostre, & puis Adieu.   10

COMPOSÉE avant juillet 1538. PUBLIÉE pour la première fois dans *Les Œuvres de Clement Marot*, Lyon, E. Dolet, 1538 (*Bibliographie*, II, no. 70). TEXTE de *J²*.

LXXIII

De madame Ysabeau de Navarre[2]

Qui cuyderoit desguiser Ysabeau
D'ung simple habit, ce seroit grand simplesse,
Car au visage a ne sçay quoy de beau
Qui faict juger tousjours qu'elle est Princesse,
Soit en habit de chambriere ou maistresse,   5
Soit en drap d'or entier ou decouppé,
Soit son gent corps de toille enveloppé,
Tousjours sera sa beaulté maintenue;
Mais il me semble (ou je suis bien trompé)
Qu'elle seroit plus belle toute nue.   10

COMPOSÉE avant juillet 1538. PUBLIÉE pour la première fois dans *Les Œuvres de Clement Marot*, Lyon, E. Dolet, 1538 (*Bibliographie*, II, no. 70). TEXTE de *J²*.

[1] Sur l'inspiration de ce poème, voir plus haut, pp. 21-3.
[2] Isabeau d'Albret, sœur de Henri d'Albret, roi de Navarre, et belle-sœur de Marguerite de Navarre. Elle épousa, le 16 août 1534, le vicomte René de Rohan, comte de Penhoet (Anselme, *Histoire généalogique*, t. IV, p. 71). Cf. *Epitres*, XXXIII et p. 186, n. 1. Cf. aussi plus bas, Epigramme CXCVIII.

LXXIV

*Pour une Dame qui donna une teste
de mort en devise*

Puis que noz cueurs ne sont qu'un Poinct lyé,
Et que d'amour naivement extreme
Je t'ay (Amy) ce present dedyé,
Je ne croy point qu'il ne soit prins de mesme.
Tu y verras une Mort triste & blesme 5
Qui ne s'entend te melencolier.
C'est que l'amour qui noz cueurs faict lier
Jusque à la mort sera continuelle;
Et si la Mort ne faict rien oublier,
De mon costé sera perpetuelle. 10

COMPOSÉE avant juillet 1538. PUBLIÉE pour la première fois dans *Les Œuvres de Clement Marot*, Lyon, E. Dolet, 1538 (*Bibliographie*, II, no. 70). TEXTE de J^2.

LXXV

A la femme de Thomas Sevin[1]

La Mignone de mon amy,
Bien fort à vous me recommande!
Vous n'estes pas femme à demy;
Hastez vous de devenir grande!
Grande par tout, car il demande 5
Entrer en la cité d'amours,
Se plaignant qu'il n'est qu'aux faulxbourgs.
Peu de marys ainsi se deulent,
Mais vont disant (tout au rebours)
Qu'ilz y entrent plus qu'ilz ne veulent. 10

COMPOSÉE avant mars 1538. PUBLIÉE pour la première fois dans *Les Œuvres de Clement Marot*, Lyon, E. Dolet, 1538 (*Bibliographie*, II, no. 70). TEXTE de J^2. VARIANTE de a^1.

Titre a^1 A la trop jeune mariée

[1] Je n'ai pu identifier ce personnage.

LXXVI

A ses Disciples

 Enfans, oyez une Leçon!
Nostre langue a ceste façon
Que le terme qui va devant
Voulentiers regist le suivant.
 Les vieulx exemples je suivray
Pour le mieulx; car, à dire vray,
La chanson fut bien ordonnée
Qui dit: M'amour vous ay donnée;[1]   8
Et du Bateau est estonné[2]
Qui dit: M'amour vous ay donné.
Voyla la force que possede
Le femenin, quand il precede.   12
 Or prouveray par bons tesmoings
Que tous pluriers n'en font pas moins.
Il fault dire en termes parfaictz:
Dieu en ce monde nous a faictz;   16
Fault dire en parolles parfaictes:
Dieu en ce monde les a faictes;
Et ne fault point dire (en effect)
Dieu en ce monde les a faict,   20
Ne: nous a faict, pareillement;
Mais: nous a faictz, tout rondement.
 L'italien (dont la faconde
Passe les vulgaires du monde)   24
Son langage a ainsi basty,
En disant: Dio noi a fatti.
 Parquoy (quand me suys advisé),
Ou mes Juges ont mal visé,   28
Ou en cela n'ont grand science,
Ou ilz ont dure conscience.

COMPOSÉE avant juillet 1538. PUBLIÉE pour la première fois dans *Les Œuvres de Clement Marot*, Lyon, E. Dolet, 1538 (*Bibliographie*, II, no. 70).
TEXTE de *J²*.

[1] Je n'ai pu retrouver cette chanson.
[2] Locution signifiant: être stupide ou faible d'esprit.

LXXVII

Du beau Tetin[1]

Tetin refect, plus blanc qu'un œuf,
Tetin de satin blanc tout neuf,
Tetin qui fais honte à la Rose,
Tetin plus beau que nulle chose, 4
Tetin dur, non pas Tetin, voyre,
Mais petite boule d'Ivoyre
Au milieu duquel est assise
Une Fraize ou une Cerise 8
Que nul ne voit ne touche aussi,
Mais je gage qu'il est ainsi;
Tetin doncq au petit bout rouge,
Tetin qui jamais ne se bouge, 12
Soit pour venir, soit pour aller,
Soit pour courir, soit pour baller;
Tetin gaulche, Tetin mignon,
Tousjours loing de son compaignon; 16

COMPOSÉE en 1535 (cf. variante du titre). PUBLIÉE pour la première fois dans *Hecatomphile*, s.l., 1536 (*Bibliographie*, II, no. 242). TEXTE de J^2.
VARIANTES de F^2 F^3 a^1 j w^3.

F^2 F^3 Blason du Tetin
Titre a^1 Le blason du beau Tetin envoye de Ferrare a la court de France
    j manque
    w^3 La devise du beau tetin desgerie
1 j w^3 plus beau
3 w^3 qui faict
5 F^2 F^3 Tetin dor
6 w^3 Mais ung petit tetin divoire
7 w^3 de qui est
9 w^3 nul ny
11 w^3 Tetin dor
14 w^3 pour danser soit
16 w^3 Tetin loing

[1] Cette épigramme que Marot a d'abord intitulée *blason*, fut composée à Ferrare (voir variante du titre) dans l'été de 1535. Elle fut connue en France très vite et eut un succès foudroyant, succès qui entraina le concours des blasons du corps féminin (voir *Epîtres*, XXXIX, et p. 217, n. 1).

EPIGRAMME LXXVII

Tetin qui portes tesmoignage
Du demourant du personnage;
Quant on te voit, il vient à mainctz
Une envie dedans les mains
De te taster, de te tenir;
Mais il se fault bien contenir
D'en approcher, bon gré, ma vie,
Car il viendroit une aultre envie.
O Tetin, ne grand, ne petit,
Tetin meur, Tetin d'appetit,
Tetin qui nuict & jour criez:
Mariez moy tost, mariez!
Tetin qui t'enfles & repoulses
Ton Gorgerin de deux bons poulses;
A bon droict heureux on dira
Celluy qui de laict t'emplira,
Faisant d'ung Tetin de pucelle
Tetin de femme entiere & belle.

17 w^3 porte
19 j on le
22 w^3 Mais veuillez vous bien retenir
23 w^3 maulgré ma
24 w^3 Car il en viendroit grant
27–30 F^2 *manquent*
29 F^3 qui tant tenfles
w^3 qui enffles
30 F^3 j w^3 Ton gorgias
j w^3 de deux gros
32 F^2 faict
w^3 qui de toy joyra
33 w^3 de tetin
34 w^3 gent et

LXXVIII

Du laid Tetin

Tetin qui n'as rien que la peau,[1]
Tetin flac, Tetin de drappeau
Grand' Tetine, longue Tetasse,
Tetin, doy je dire: bezasse ? 4
Tetin au grand vilain bout noir
Comme celuy d'ung Entonnoir,
Tetin qui brimballe à tous coups,
Sans estre esbranlé ne secoux. 8

COMPOSÉE en 1535 (cf. plus haut, p. 156, n. 1, et *Epitres*, XXXIX et p. 213, n. 2). PUBLIÉE pour la première fois dans *Les Œuvres de Clement Marot*, Lyon, E. Dolet, 1538 (*Bibliographie*, II, no. 70). TEXTE de J^2. VARIANTES de a^1 l w^3.

Titre a^1 Le blason du laid Tetin
     l Le contre tetin de marot
    w^3 Sur le tetin renverse
2 w^3 Tetin plus flasche quung drappeau
3 w^3 Grand tetin et longue
7 w^3 qui bransle a tous les coups
8 l estre branle ny escoux

[1] Dans l'épître XXXIX (*A ceulx qui apres l'Epigramme du beau Tetin en feirent d'aultres*), Marot se justifie d'avoir écrit ce poème de la façon suivante :

> Or, chers Amys, par maniere de rire
> Il m'est venu voulenté de descrire
> A contre poil ung Tetin, que j'envoye
> Vers vous, affin que suiviez ceste voye.
> Je l'eusse painct plus laid cinquante fois,
> Si j'eusse peu ; tel qu'il est toutesfois
> Protester veulx, affin d'eviter noise,
> Que ce n'est point ung Tetin de Françoyse,
> Et que voulu n'ay la bride lascher
> A mes propos, pour les Dames fascher ;
> Mais voulentiers, qui l'Esprit exercite,
> Ores le Blanc, ores le Noir recite,
> Et est le Painctre indigne de louange,
> Qui ne sçait paindre aussi bien Diable qu'Ange.
> Apres la course il fault tirer la Barre,
> Apres Bemol fault chanter en Becarre.
>   (vv. 37-52.)

Le poème eut un succès presque égal à celui du blason du beau tetin. Un grand nombre de « contreblasons » furent composés entre les années 1535 et 1545.

Bien se peult vanter qui te taste
D'avoir mis la main à la paste.
Tetin grillé, Tetin pendant,
Tetin flestry, Tetin rendant   12
Villaine bourbe en lieu de laict,
Le Diable te feit bien si laid.
Tetin pour trippe reputé,
Tetin, ce cuide je, emprunté   16
Ou desrobé en quelque sorte
De quelque vieille Chevre morte.
Tetin propre pour en Enfer
Nourrir l'enfant de Lucifer,   20
Tetin boyau long d'une Gaule,
Tetasse à jecter sur l'espaule
Pour faire (tout bien compassé)
Ung chapperon du temps passé,   24
Quand on te voit, il vient à maintz
Une envie dedans les mains
De te prendre avec des gans doubles
Pour en donner cinq ou six couples   28
De souffletz sur le nez de celle
Qui te cache soubz son esselle.
Va, grand vilain Tetin puant,
Tu fourniroys bien en suant   32
De civettes & de parfuns
Pour faire cent mille defunctz.
 Tetin de laydeur despiteuse,
Tetin dont Nature est honteuse,   36

10 *w³* les mains
16 *l* ce cuiday je
21 *w³* Tetin le boyau dune
23 *a¹ l w³* Et qui pour faire seroit bonne
24 *a¹* chapperon de la sorbonne
 l w³ chapperon a la sorbonne
25 *w³* on le
27 *l* De te tenir a beaux gans doubles
 w³ De te tenir aux grands doubles
29 *w³* soubz le
33 *l* De cyvette et
 w³ De la civette et

Tetin des villains le plus brave,
Tetin dont le bout tousjours bave,
Tetin faict de poix & de glus,
Bren, ma plume n'en parlez plus! 40
Laissez le là, ventre sainct George,
Vous me feriez rendre ma gorge.[1]

40 *l* parle
    w³ Las ma plume nen parle plus
41 *l w³* Laisse
42 *l* Tu me feras
    w³ Il me feroit rendre la gorge

[1] Le ms Soissons 202 (notre *w³*) contient à la suite de ce poème une pièce intitulée :
    Le vit renversé faict par une femme d'ame
    contre celluy qui a mal parlé du tetin.

II. LE SECOND LIVRE DES
EPIGRAMMES
DEDIÉ À ANNE

LXXIX

A Anne

Anne, ma sœur, sur ces miens Epigrammes
Jecte tes yeux, doulcement regardans,
Et en lisant si d'amour ne t'enflammes,
A tout le moins ne mesprise les flammes
Qui pour t'amour luisent icy dedans.   5

Composée avant juillet 1538. Publiée pour la première fois dans *Les Œuvres de Clement Marot*, Lyon, E. Dolet, 1538 (*Bibliographie*, II, no. 70). Texte de J^2.

LXXX

A Merlin de Sainct Gelais

Ta Lettre (Merlin) me propose[1]
Qu'un gros sot en rime compose
Des vers par lesquelz il me poingt.
Tien toy seur qu'en rime n'en prose   4
Celluy n'escrit aulcune chose
Duquel l'ouvrage on ne lit point.

Composée avant juillet 1538. Publiée pour la première fois dans *Les Œuvres de Clement Marot*, Lyon, E. Dolet, 1538 (*Bibliographie*, II, no. 70). Texte de J^2.

[1] On ne connaît pas la lettre de Mellin de Saint-Gelais. Il est donc impossible de savoir à qui parmi les ennemis de Marot il est fait allusion.
L'épigramme est imitée de Martial, III, IX, *In Cinnam*, « Versiculos in me narratur scribere Cinna ».

LXXXI

A soy mesmes

Si tu n'es pris, tu te pourroys bien prendre,
Cuidant louer ceste Laure invincible.[1]
Laisse tout là! que veulx tu entreprendre?
Veulx tu monter ung roc inaccessible?
Son noble sang & sa grace indicible,   5
Ceste doulceur qui d'aymer sçait contraindre
Et ses vertus que mort ne peult estaindre
Sont du povoir de dieu si grands tesmoings
Que tu ne peulx à sa louange attaindre,
A son amour (helas) encores moins.   10

COMPOSÉE entre début 1535 et mars 1538. PUBLIÉE pour la première fois dans *Les Œuvres de Clement Marot*, Lyon, E. Dolet, 1538 (*Bibliographie*, II, no. 70). TEXTE de J^2. VARIANTES de J^1 a^1 e.

Titre J^1 A soy mesmes de Anne
a^1 Il parle a soy mesmes
e manque
2 J^1 ceste Lance
6 a^1 e Ceste beaulte
7 a^1 e Et son sçavoir

LXXXII

De la Royne de Navarre

Entre aultres dons de graces immortelles
Madame escript si hault & doulcement
Que je m'estonne en voyant choses telles
Qu'on n'en reçoit plus d'esbahissement.   4

COMPOSÉE avant mars 1538. PUBLIÉE pour la première fois dans *Les Œuvres de Clement Marot*, Lyon, E. Dolet, 1538 (*Bibliographie*, II, no. 70). TEXTE de J^2, à l'exception d'une coquille au v. 3, où nous avons substitué la leçon de a^1 (en dehors de ce vers J^2 est conforme à a^1).

3 m'estonne a^1] m'stonne J^2

[1] Allusion claire à l'inspiratrice de Pétrarque. Marot semble prendre le nom de Laure comme nom générique de la femme belle, mais inaccessible. Sur le nom Anne dans la variante du titre, voir plus haut, pp. 21-3.

Puis quand je l'oy parler si sagement,
Et que je voy sa plume travailler,
Je tourne bride & m'esbahy comment
On est si sot de s'en esmerveiller.   8

LXXXIII

A Françoys Daulphin de France[1]

Celluy qui a ce Dixain composé,
Enfant Royal en qui vertu se imprime,
Et qui à vous presenter l'a osé,
C'est ung Clement, ung Marot, ung qui Ryme;
Voicy l'ouvrier, l'art, la forge & la lyme,   5
Si vous sentez n'en estre importuné,
Vous povez bien (Prince tresfortuné)
Vous en servir à dextre & à senestre,
Car vostre estoit avant que fussiez né.
Or devinez maintenant qu'il peult estre?   10

COMPOSÉE probablement avant octobre 1534 (voir variante du titre).
PUBLIÉE pour la première fois dans *La Suyte de Ladolescence Clementine*, s.l.
(Paris, D. Janot), 1537 (*Bibliographie*, II, no. 56). TEXTE de J² (conforme à a¹).
VARIANTES de E⁴ o.

Titre E⁴ Dizain faict a monsieur le Daulphin avant son partement de France
   o Autre dixain presenté par ledit Marot a Monseigneur le daulphin
10 E⁴ qui peult

[1] Sur le dauphin François, né en 1518, voir *Œuvres diverses*, p. 229, n. 1.

LXXXIV

Pour Madamoyselle de Talard[1]
au Roy

D'Amour entiere & tout à bonne fin,
Sire, il te plaist trois Poissons bien aymer;
Premierement: Le bien heureux Daulphin,
Et le Chabot[2] qui noue en ta grand mer;
Puis ta Grenoille. Ainsi t'a pleu nommer 5
L'humble Talart, dont envie en gasoille,
Disant que c'est ung Poisson qui l'eau soille,
Et qui chantant a la voix mal sereine.
Mais j'ayme mieulx du Roy estre Grenoille
Qu'estre (en effect) d'ung aultre la Sereine. 10

Composée avant mars 1538. Publiée pour la première fois dans *Les Œuvres de Clement Marot*, Lyon, E. Dolet, 1538 (*Bibliographie*, II, no. 70). Texte de *J*². Variante de *a*¹.

Titre *a*¹ Pour Madamoiselle de Talart

[1] Louise de Clermont-Tallart, demoiselle d'honneur de Louise de Savoie en 1531 (B.N. Clérambault, XLV, fo. 4815) et au service de Mesdames, filles de France, de 1533 en 1537 (B.N. ms fr. 3054, fo. 31 r⁰) et en 1539 et 1540 (*Cat. des Actes*, VIII, 188, 31004, et VI, 599, 22018). Pour une raison inconnue elle tomba en disgrâce, en compagnie de Mlles de Teligny et de Parthenay au printemps de l'année 1537. Le 16 mars le roi ordonna « qu'elles ayent incontinent à se retirer chez elles sans y faire aulcune faulte » (B.N. Clérambault, 336, fo. 5729). Le présent poème fut sans doute composé dans le but d'adoucir la colère du roi. Il est certain que l'éloignement de Louise de Tallart fut de courte durée puisqu'en novembre 1537 elle est mentionnée comme faisant partie de la Cour (B.N. Clérambault, 336, fo. 6245). Cf. Epigramme CCI (*Du retour de Tallart à la Court*). En mars 1539 elle épousa le sieur Du Bellay et reçut à cette occasion un don de 10,000 livres du roi (*Cat. des Actes*, VIII, 188, 31004).
[2] Sans doute l'amiral Chabot.

LXXXV

Estreines à Anne[1]

    Ce nouvel an pour Estreines vous donne
Mon cueur blessé d'une novelle playe.
Contrainct y suis; Amour ainsi l'ordonne,
En qui ung cas bien contraire j'essaye;   4
Car ce Cueur là, c'est ma richesse vraye;
Le demeurant n'est rien où je me fonde;
Et fault donner le meilleur bien que j'aye
Si j'ay vouloir d'estre riche en ce monde.   8

COMPOSÉE avant mars 1538. PUBLIÉE pour la première fois dans *Les Œuvres de Clement Marot*, Lyon, E. Dolet, 1538 (*Bibliographie*, II, no. 70). TEXTE de J^2. VARIANTES de a^1.

Titre a^1 Estrennes
1 a^1 Le jour de lan pour estrennes

LXXXVI

De l'Amour chaste

    Amoureux suis & Venus estonnée
De mon amour là où son feu deffault,
Car Madame est à l'honneur tant donnée,
Tant est bien chaste & conditionnée,

COMPOSÉE avant mars 1538. PUBLIÉE pour la première fois dans *Les Œuvres de Clement Marot*, Lyon, E. Dolet, 1538 (*Bibliographie*, II, no. 70). TEXTE de J^2. VARIANTES de $a^1 w^1$.[2]

Titre a^1 De l'amour honneste
    w^1 manque
3 w^1 Car mamye
4 w^1 Tant elle est chaste & tant elle est bien née

---

[1] Cette épigramme est peut-être inspirée par Serafino: « Donar non ti poss'io vago lavoro » (Cechini, *Serafino Aquilano*, 1935, p. 106). Elle fut sans doute imitée à son tour par Thomas Wyatt dans son poème: « To seke eche where, where man does lyve » (éd. K. Muir, p. 64, no. LXXXV).

[2] Dans ce manuscrit le poème est attribué à Claude Chappuys.

Et tant cherchant le bien qui point ne fault, 5
Que de l'aymer aultrement qu'il ne fault
Seroit ung cas par trop dur & amer.
Elle est (pourtant) bien belle, & si le vault;
Mais quand je sens son cueur si chaste & hault,
Je l'ayme tant que je ne l'ose aymer. 10

8 w^I Elle est bien belle, honneste &

LXXXVII

*Epigramme qu'il perdit contre
Helene de Tournon*[1]

Pour ung Dixain que gaignastes mardy,
Cela n'est rien, je ne m'en fais que rire,
Et fus tresaise alors que le perdy;
Car aussi bien je vouloys vous escrire,
Et ne sçavoys bonnement que vous dire, 5
Qui est assez pour se taire tout coy.
Or vous payez; je vous baille dequoy
D'aussi bon cueur que si je le donnoye.
Que pleust à Dieu que ceulx à qui je doy
Fussent contans de semblable monnoye.[2] 10

Composée avant mars 1538. Publiée pour la première fois dans *Les Œuvres de Clement Marot*, Lyon, E. Dolet, 1538 (*Bibliographie*, II, no. 70). Texte de J^2. Variantes de a^I o.

Titre a^I Disain perdu contre tournon laisnee
    o Dixain a la Royne de Navarre par Marot
4 a^I je vous vouloys escripre
   o ce vous voullois escripre
8 o que si le vous donnoye

[1] Voir plus haut, no. LV.
[2] Ce poème est suivi, dans toutes les éditions et les manuscrits, d'un dixain de Marguerite de Navarre :

*La Royne de Navarre respond
a Marot, pour Tournon*
Si ceulx, a qui devez, comme vous dictes,
Vous congnoissoient, comme je vous congnois,
Quitte seriez des debtes, que vous fistes
Le temps passe, tant grandes que petites.

LXXXVIII

*Replicque de Marot à la
Royne de Navarre*[1]

 Mes creanciers, qui de Dixains n'ont cure,
Ont leu le vostre, & sur ce leur ay dit:
Sire Michel, sire Bonaventure,
La sœur du Roy a pour moy faict ce dict.
Lors eulx, cuydans que fusse en grand credit,   5
M'ont appellé monsieur à cry & cor,
Et m'a valu vostre escript aultant qu'or;
Car promis ont, non seulement d'attendre,
Mais d'en prester (foy de marchant) encor;
Et j'ay promis (foy de Clement) d'en prendre.   10

COMPOSÉE avant mars 1538. PUBLIÉE pour la première fois dans *Les Œuvres de Clement Marot*, Lyon, E. Dolet, 1538 (*Bibliographie*, II, no. 70). TEXTE de J^2. VARIANTES de a^1 *o*.

Titre *o* Responce par ledict Marot
1 *o* de rythme
2 *o* Ont veu
4 a^1 Une princesse a
 o Une princesse a faict pour moy ce dict
5 *o* eulx pensans
7 a^1 *o* vostre ryme
8 *o* promis mont

  En leur paiant ung Dixain toutesfois   5
  Tel, que le vostre, qui vault mieulx mille fois,
  Que l'argent deu par vous en conscience,
  Car estimer on peult l'argent au poix,
  Mais on ne peult (& j'en donne ma voix)
  Assez priser vostre belle science.   10

[1] Voir plus haut, p. 168, n. 2.

LXXXIX

Du Roy & de Laure[1]

O Laure, Laure, il t'a esté besoing
D'aymer l'honneur & d'estre vertueuse,
Car Françoys, roy, (sans cela) n'eust prins soing
De t'honnorer de tumbe sumptueuse,[2]   4
Ne d'employer sa dextre valureuse
A par escript ta louange coucher.[3]
Mais il l'a faict pour autant qu'amoureuse
Tu as esté de ce qu'il tient plus cher.   8

COMPOSÉE probablement en 1537. PUBLIÉE pour la première fois dans *Les Œuvres de Clement Marot*, Lyon, E. Dolet, 1538 (*Bibliographie*, II, no. 70). TEXTE de J^2. VARIANTE de a^1.

Titre a^1 Du Roy qui fit l'epitaphe de Laure

[1] Lors de son séjour à Marseille dans l'été de 1533, François Ier était allé à Avignon pour rendre hommage au tombeau de la maîtresse de Pétrarque, Laure des Noves, que venait de découvrir Maurice Scève. En fait, on sait aujourd'hui qu'il s'agit d'une supercherie. Toujours est-il que Maurice Scève devint célèbre pour cette découverte.

Beaucoup de biographes, sur la foi de cette épigramme, ont cru que Marot était dans l'entourage du roi à cette occasion, mais aucun document ne confirme la présence du poète dans le midi en 1533. On peut ajouter qu'en 1535, c'est-à-dire deux ans après cet événement, Marot, dans l'épître *A ceulx qui apres l'Epigramme du beau Tetin en feirent d'aultres* (XXIX) dit qu'il ne sait rien de Maurice Scève, qui venait de gagner le concours des blasons avec son blason du sourcil :

> Mais du Sourcil la beaulté bien chantée
> A tellement nostre Court contentée,
> Qu'à son Auteur nostre Princesse donne,
> Pour ceste fois, de Laurier la Couronne;
> Et m'y consens, qui point ne le congnois,
> Fors qu'on m'a dit que c'est ung Lyonnois.
>   (vv. 21-26.)

(Sur le concours des blasons, voir *Epîtres*, p. 215, n. 1, et p. 217, n. 1). Si Marot avait visité le tombeau de Laure en 1533, il n'aurait pu écrire ces vers. Cette épigramme fut donc composée après le retour d'exil du poète.

[2] Après sa visite, François Ier fit effectivement construire un tombeau magnifique à l'emplacement de la tombe originale « découverte » par Maurice Scève. C'est une preuve de plus que cette épigramme fut composée bien après 1533.

[3] Allusion à l'*Epitaphe de Madame Laure* composée par François Ier :
« En petit lieu compris vous pouvez veoir ».

XC

Contre les Jaloux

De ceulx qui tant de mon bien se tourmentent
J'ay d'une part grande compassion,
Puis me font rire en voiant qu'ilz augmentent
Dedans m'amye ung feu d'affection,[1]   4
Ung feu lequel par leur invention
Cuident estaindre. O la povre cautelle!
Ilz sont plus loing de leur intention
Qu'ilz ne vouldroient que je fusse loing d'elle.   8

COMPOSÉE entre printemps 1535 et juin 1536. PUBLIÉE pour la première fois dans *La Suyte de Ladolescence Clementine*, s.l. (Paris, D. Janot) (*Bibliographie*, II, no. 56). TEXTE de J^2 (conforme à a^1). VARIANTES de E^4.

Titre E^4 Huictain faict a Ferrare
3 E^4 Puis je men ris
5 E^4 Lequel par
6 E^4 estrindre
8 E^4 Quil

XCI

*A une Dame touchant ung
faulx Rapporteur*

Qui peche plus, luy qui est esventeur
Que j'ay de toy le bien tant soubhaitable,
Ou toy qui faiz qu'il est tousjours menteur,
Et si le peulx faire homme veritable;   4
Voire qui peulx d'une œuvre charitable
En guerir troys y mettant ton estude;
Luy de mensonge inique & detestable,
Moy de langueur, & toy d'ingratitude.   8

COMPOSÉE avant juillet 1538. PUBLIÉE pour la première fois dans *Les Œuvres de Clement Marot*, Lyon, E. Dolet, 1538 (*Bibliographie*, II, no. 70). TEXTE de J^2.

[1] Cette épigramme fut composée à Ferrare (voir variante du titre). Il est impossible d'établir l'identité de l'amie du poète.

XCII

*Au nom d'une Dame qui
donna la Devise d'ung
Nœud à ung Gentilhomme*[1]

Le Nœud jadis tant fort à desnouer
Fut en ung coup d'Alexandre tranché;
Et celluy Nœud que t'ay voulu vouer,
Peu à peu l'as à moytié destaché;
Mais tu n'as sceu (& n'en sois point fasché) 5
L'autre moytié desnouer, ne parfaire
Ton œuvre empris; là ne sçauroient rien faire
Doitz, tant soient fortz, ne glaive plein d'esclandre;
O gentil Nœud, pour te rompre & deffaire,
La seule mort sera ton Alexandre. 10

COMPOSÉE avant juillet 1538. PUBLIÉE pour la première fois dans *Les Œuvres de Clement Marot*, Lyon, E. Dolet, 1538 (*Bibliographie*, II, no. 70). TEXTE de *J*².

[1] On ignore l'identité de cette dame.

XCIII

A Deux Sœurs Lyonnoyses[1]

    Puis que vers les sœurs damoyselles
Il ne m'est possible d'aller,
Sus, dizain, courez devers elles;
Au lieu de moy vous fault parler.
Dictes leur que me mettre à l'air   5
Je n'ose, dont me poise fort,
Et que pour faire mon effort
D'aller visiter leurs personnes,
Je me souhaitte estre aussi fort
Comme elles sont belles & bonnes.   10

COMPOSÉE entre décembre 1536 et mars 1538. PUBLIÉE pour la première fois dans *Les Œuvres de Clement Marot*, Lyon, E. Dolet, 1538 (*Bibliographie*, II, no. 70). TEXTE de *J²*. VARIANTE de *a¹*.

Titre *a¹* Ung malade a deux damoiselles

[1] On a toujours cru que c'est pendant son séjour à Lyon en décembre 1536 que Marot eût composé cette épigramme. Cependant la variante du titre nous fait douter de cette hypothèse, puisqu'à notre connaissance le poète n'était pas malade à cette époque. Il se peut qu'il ait tenu la plume pour un autre. Dans ces conditions il est impossible d'identifier les deux demoiselles. Selon une tradition assez mal établie il s'agirait des sœurs ou cousines de Maurice Scève, Claudine et Jane Scève (cf. plus bas, XCVI) nommées par Jean de Billon dans *Le fort inexpugnable de l'honneur feminin*, Paris, Jean d'Albier, 1555, fo. 35.

XCIV

A une Amye[1]

Si le loysir tu as avec l'envie
De me reveoir, o ma joye esperée,
Je te rendray bon compte de ma vie
Depuis qu'à toy parlay l'autre serée.　　　　4
Ce soir fut court, mais c'est chose asseurée
Que tu m'en peulx donner ung par pitié,
Lequel seroit de plus longue durée
Et sembleroit plus court de la moytié.　　　　8

Composée avant mars 1538. Publiée pour la première fois dans *Les Œuvres de Clement Marot*, Lyon, E. Dolet, 1538 (*Bibliographie*, II, no. 70). Texte de J². Variantes de a¹.

Titre a¹ A samye
1 a¹ Si le desir

[1] On ignore l'identité de cette amie. Ajoutons que dans l'édition posthume des *Œuvres* de Marot (Lyon, Constantin, 1544, *Bibliographie*, II, no. 129) ce poème porte le titre *A une dame de Lyon* et est précédé de la suscription :

> Sus lettre faictes la petite
> A la brunette Marguerite.

Dans la même édition posthume cette épigramme est suivie d'une

> *Responce par ladicte dame*
> Lettre saluez humblement,
> De Maro le seul filz Clement.

> Quant tu vouldras, le loysir & l'envie
> Dont me requiers sera bien tost venue,
> Et de plaisir seray toute ravie
> Lors me voyant de toy entretenue,　　　　4
> Le souvenir de ta grace congnue
> Du soir auquel j'euz à toy parlement
> Souvent me faict par amour continue
> Avoir desir de recommencement.　　　　8

XCV

A Renée[1]

Amour vous a (des le jour que fus né)
De mon service ordinaire estrenée,
Et si ne fuz de vous oncq estrené
Que de rigueur soubz parolle obstinée; 4
Si vous supply, noble Nymphe Renée,
Ce nouvel an parler nouveau langage,
Et tout ainsi qu'on voit changer d'année,
Vouloir changer envers moy de courage. 8

COMPOSÉE avant mars 1538. PUBLIÉE pour la première fois dans *Les Œuvres de Clement Marot*, Lyon, E. Dolet, 1538 (*Bibliographie*, II, no. 70). TEXTE de J^2. VARIANTES de a^1.

Titre a^1 Estrenes
5 a^1 supply beaulte de grace ornee

XCVI

Estreines[2]

Je ne sçay pas quelles Estreines
Plus excellentes vous vouldriez
Que les graces tant souveraines
Des dons à vous appropriez. 4
Mais je sçay que quand vous auriez
Cela que sent vostre presence,
Sans point de faulte vous seriez
Quelque Princesse d'excellence. 8

COMPOSÉE avant mars 1538. PUBLIÉE pour la première fois dans *Les Œuvres de Clement Marot*, Lyon, E. Dolet, 1538 (*Bibliographie*, II, no. 70). TEXTE de J^2 (conforme à a^1).

[1] On a suggéré qu'il s'agirait de Renée de Parthenay, fille de Mme de Soubise, la dame d'honneur de Renée de France. Dans ce cas, la pièce daterait de janvier 1536 quand Marot se trouvait à la cour de Ferrare en compagnie de Renée de Parthenay. Cette dernière quitta Ferrare avec sa mère au mois de mars 1536. (Cf. *Epîtres*, XLI). Notons cependant que dans la version du ms de Chantilly, il n'est pas question de « Renée » dans ce poème.
[2] Dans l'édition des *Œuvres* de 1544 le titre de cette épigramme est : *A Jane Seve, Lyonnaise*. Il s'agit sans doute de la sœur du poète Maurice Scève.

XCVII

Estreines à Jane Faye[1]

Pour estreines je vous enhorte
Fuyr d'Amour la cruaulté;
Mais si vous n'estiez la plus forte,
Je vous estreine en privaulté   4
D'ung amy plein de loyaulté,
Loyaulté ronde & mesurée
Au compas de vostre beaulté,
Mais qui soit de plus grand durée.   8

COMPOSÉE avant mars 1538. PUBLIÉE pour la première fois dans *Les Œuvres de Clement Marot*, Lyon, E. Dolet, 1538 (*Bibliographie*, II, no. 70). TEXTE de J^2. VARIANTE de a^1.

Titre a^1 Estreines

XCVIII

Estreines à Germain Colin[2]

Apres avoir estrené Damoyselles,
Amy Germain, je te veulx estrener.
Present te faiz de la plus fine d'elles,
Qui sache bien à son gré te mener,   4

COMPOSÉE avant juillet 1538. PUBLIÉE pour la première fois dans *Les Œuvres de Clement Marot*, Lyon, E. Dolet, 1538 (*Bibliographie*, II, no. 70). TEXTE de J^2. VARIANTES de J^1.

Titre J^1 Estreines a Dolet
2 J^1 Amy Dolet

[1] Je n'ai pu identifier ce personnage.
[2] Germain Colin Bucher nous est mal connu. Plusieurs poèmes de lui figurent dans des manuscrits de l'époque. On sait que, bien qu'il fût condamné pour hérésie, Sagon l'appela son ami. (Voir *La Religion de Marot*, ouvr. cit., p. 66, n. 107). Il peut donc sembler étrange que Marot lui adresse cette épigramme. Comme le montrent les variantes du titre et du vers 2, ce poème avait été composé pour Etienne Dolet. Au moment de la brouille entre ce dernier et Marot (voir plus haut, p. 135, n. 1), le poète changea le nom du destinataire. Sur Germain Colin Bucher, voir J. Denais, *Un émule de Clément Marot: Germain Colin Bucher*, Paris, 1890.

Affin d'ouyr ta Muse resonner
Les passions qu'Amour aux siens ordonne.
Ce doulx tourment je t'ay voulu donner,
Affin qu'à tous ung grand plaisir je donne. 8

XCIX

De Madamoyselle de la Roue[1]

Painctres expers, vostre façon commune
Changer vous fault plus tost huy que demain;
Ne paignez plus une Roue à Fortune;
Elle a d'Amour pris le dard inhumain; 4
Amour aussi a pris la Roue en main,
Et des mortelz par ce moien se joue.
O l'homme heureux qui de l'enfant humain
Sera poulsé au dessus de la Roue. 8

COMPOSÉE avant juillet 1538. PUBLIÉE pour la première fois dans *Les Œuvres de Clement Marot*, Lyon, E. Dolet, 1538 (*Bibliographie*, II, no. 70). TEXTE de J^2. VARIANTES de *e*.

Titre *e* Marot
5 *e* Amour a pris

[1] Une demoiselle de la Roue fut fille d'honneur de Marguerite de Navarre entre 1540 et 1549. Voir Laferrière-Percy, *Marguerite d'Angoulême, son livre de dépenses*, Paris, 1862, p. 169.
Cf. plus bas, Epigramme CIII.

Pour une mommerie[1] *de
deux hermites*[2]

C

Le premier hermite

 Savez vous la raison pourquoy
Hors du monde je me retire
En ung hermitage à recoy?
Sans faulte je vous le veulx dire.   4
Celle que tant j'ayme & desire,
En lieu de me reconforter,
Tousjours le cul arriere tire.
Le Diable la puisse emporter!   8

Composée avant juillet 1538. Publiée pour la première fois dans *Les Œuvres de Clement Marot*, Lyon, E. Dolet, 1538 (*Bibliographie*, II, no. 70). Texte de *J*².

CI

L'aultre hermite

 Je m'en vois tout vestu de gris
En ung boys; là je me confine
Au monde; aussi bien j'amegris;
M'amye est trop dure ou trop fine!   4
Là vivray d'eau & de racine;
Mais, par mon ame, il ne m'en chault;
Cela me sera medecine
Contre mon mal qui est trop chault.   8

[1] Cf. plus bas, p. 257.
[2] Parmi les danses de l'époque, on connaît un « branle des hermites » mentionné dans l'*Orchésographie* de Thoinot Arbeau, Langres, J. des Preyz, 1588, fo. 85r⁰–86r⁰.

CII

A la bouche de Dyane[1]

Bouche de coral precieux,
Qui à baiser semblez semondre;
Bouche qui d'ung cueur gracieux
Savez tant bien dire & respondre;
Respondez moy: doibt mon cueur fondre 5
Devant vous comme au feu la cire?
Voulez vous bien celluy occire
Qui craint vous estre deplaisant?
Ha, bouche que tant je desire,
Dictes nenny en me baisant. 10

COMPOSÉE avant mars 1538. PUBLIÉE pour la première fois dans *Les Œuvres de Clement Marot*, Lyon, E. Dolet, 1538 (*Bibliographie*, II, no. 70). TEXTE de J^2. VARIANTE de a^1.

Titre a^1 A la bouche de sa dame

CIII

De Madamoyselle de la Roue[2]

L'aultre jour aux champs, tout fasché,
Vy ung Volleur se lamentant,
Dessus une Roue attaché.[3]
Si luy ay dit en m'arrestant: 4
Ton mal (povre homme) est bien distant
Du tourment qui mon cueur empestre;
Car tu meurs sus la Roue estant,
Et je meurs que je n'y puis estre. 8

COMPOSÉE entre fin 1536 et mars 1538. PUBLIÉE pour la première fois dans *Les Œuvres de Clement Marot*, Lyon, E. Dolet, 1538 (*Bibliographie*, II, no. 70). TEXTE de J^2 (conforme à a^1).

[1] Sur l'inspiration de ce poème, voir plus haut, pp. 24-7.
[2] Sur Mademoiselle de la Roue, voir plus haut, p. 177, n. 1.
[3] Le supplice de la roue fut institué par un édit de François Ier, enregistré par le Parlement de Paris le 11 janvier 1535. Voir Isambert, *Recueil de lois françaises*, t. XII, p. 400.

CIV

A une qui faisoit la longue[1]

    Quant je vous ayme ardantement,
Vostre beaulté toute aultre efface;
Quand je vous ayme froidement
Vostre beaulté fond comme glace;   4
Hastez vous de me faire grace
Sans trop user de cruaulté;
Car si mon amytié se passe,
A Dieu command vostre beaulté.   8

COMPOSÉE avant mars 1538. PUBLIÉE pour la première fois dans *Les Œuvres de Clement Marot*, Lyon, E. Dolet, 1538 (*Bibliographie*, II, no. 70). TEXTE de J^2. VARIANTE de a^1.

Titre a^1 Comment samye est belle ou layde

CV

*A une qui luy fit
chere par maniere d'acquict*

    Ne vous forcez de me cherer;
Chere ne quiert point violence.
Mes vers vous veulent reverer,
Non obliger vostre excellence.   4
Si mon amour & ma science
En vostre endroict n'ont sceu valoir,
C'est à moy d'avoir patience,
Et à vous de ne vous chaloir.   8

COMPOSÉE avant juillet 1538. PUBLIÉE pour la première fois dans *Les Œuvres de Clement Marot*, Lyon, E. Dolet, 1538 (*Bibliographie*, II, no. 70). TEXTE de J^2.

[1] Le sens de cette expression est sans doute: faire la difficile; se faire prier.

CVI

De Cupido & de sa dame[1]

Amour trouva celle qui m'est amere,
Et je y estois; j'en sçay bien mieulx le compte.
Bon jour (dit il) bon jour, Venus, ma mere.
Puis, tout acoup, il voit qu'il se mescompte, 4
Dont la couleur au Visage luy monte
D'avoir failly, honteux, Dieu sçait combien.
Non, non, Amour (ce dis je) n'ayez honte,
Plus cler voyans que vous s'y trompent bien. 8

COMPOSÉE avant mars 1538. PUBLIÉE pour la première fois dans *Les Œuvres de Clement Marot*, E. Dolet, 1538 (*Bibliographie*, II, no. 70). TEXTE de J². VARIANTES de J¹ a¹.

Titre J¹ De Cupido & de Anne
  a¹ Damour et de sa dame

CVII

De sa Mere par Alliance[2]

Si mon poil noir en blanc se tainct,
Comment seroit ce de vieillesse?
Ma mere est en fleur de jeunesse,
Et n'est au monde ung si beau tainct,

COMPOSÉE avant mars 1538. PUBLIÉE pour la première fois dans *Les Œuvres de Clement Marot*, Lyon, E. Dolet, 1538 (*Bibliographie*, II, no. 70). TEXTE de J². VARIANTE de a¹.

2 a¹ Comme

---

[1] Imitée peut-être d'Angeriano (*ouvr. cit.*):
  De Caelia, et Cupidine
  Flebat amor, matremque suam quaerebat, at ipsa
  Ut visa est vultu Caelia pulchra suo.
  Ipsam appellat amor matrem, sed Caelia torvo
  Lumine ait, non sum mater, amor rubuit.

[2] On a suggéré que cette « mère par alliance » était Marguerite de Navarre. Rien ne le prouve. Au contraire on note que le poète loue cette dame de sa beauté physique exclusivement, ce qu'aucun contemporain n'a jamais fait en parlant de Marguerite.

Car le sien tous aultres estainct.
De la veoir faictes moy la grace;
Mais ne contemplez trop sa Face,
Que d'aymer n'entriez en esmoy,
Et que sa rigueur ne vous face
Vieillir de langueur, comme moy.

CVIII

De la Duché d'Estempes[1]

Ce plaisant Val que l'on nommoit Tempé,[2]
Dont maincte hystoire est encor embellye,
Arrousé d'eaux, si doulx, si attrempé,
Sachez que plus il n'est en Thessalye.
Juppiter Roy, qui les cueurs gaigne & lye,
L'a de Thessalle en France remué,
Et quelque peu son nom propre mué,
Car pour Tempé veult qu'Estempes s'appelle;
Ainsi luy plaist, ainsi l'a situé
Pour y loger de France la plus belle.

Composée entre fin 1536 et mars 1538. Publiée pour la première fois dans *Les Œuvres de Clement Marot*, Lyon, E. Dolet, 1538 (*Bibliographie*, II, no. 70). Texte de J[2]. Variante de a[1].

Titre a[1] De Madame destempes

[1] Anne de Pisseleu, épouse de Jean de Brosse, comte de Penthièvre, était la maîtresse de François Ier depuis 1526. Comme marque de la faveur royale, Jean de Brosse reçut, en 1534, le comté d'Estampes. Au mois de janvier 1536 le comté fut érigé en duché.
[2] Cf. Virgile.

CIX

Du Passereau de Maupas[1]

Las, il est mort (pleurez le, Damoyselles)[2]
Le passereau de la jeune Maupas;
Ung aultre oyseau qui n'a plumes qu'aux esles
L'a devoré; le congnoissez vous pas?
C'est ce fascheux Amour qui, sans compas,   5
Avecques luy se jectoit au giron
De la Pucelle & voloyt environ
Pour l'enflamber & tenir en destresse.
Mais par despit tua le Passeron
Quand il ne sceut rien faire à la maistresse.[3]   10

COMPOSÉE avant mars 1538. PUBLIÉE pour la première fois dans *Les Œuvres de Clement Marot*, Lyon, E. Dolet, 1538 (*Bibliographie*, II, no. 70). TEXTE de J^2. VARIANTES de a^1.

Titre a^1 Du passereau de Maupas la jeune
2 a^1 passeron
7 a^1 De la tres belle
8 a^1 Pour la brusler

[1] Cette épigramme évoque un scandale dont une des filles d'honneur de la duchesse d'Orléans et de Mesdames Madeleine et Marguerite de France, Barbe Cauchon de Maupas, fut le sujet. (Voir *Œuvres diverses*, p. 249, n. 1). On connaît un poème latin de Jean Visagier, *De Palmassia flente* (*Jo. Vulteii Hendecasyllaborum Libri IV*, Paris, 1538, fo. 15) sur le même sujet.
[2] Le début du poème est imité de Catulle :
> Lugete o Veneres Cupidinesque
> Passer mortuus est meae puellae.
[3] Barbe de Maupas épousera, en 1539, Symphorien de Durfort-Daras (voir *Œuvres diverses*, p. 249, nn. 1 et 2).

CX

*Pour monsieur de la Rochepot[1] qui
gagea contre la Royne que le Roy
coucheroit avecques elle[2]*

Or ça, vous avez veu le Roy;
Ay je gaigné, dictes, Madame?
Toute seule je vous en croy,
Sans le rapport de luy ne d'ame.
Vray est qu'au propos que j'entame   5
Le Roy serviroit bien d'ung tiers;
Vous estes deux tesmoingz entiers;
Car l'une est Dame & l'autre Maistre;
Mais j'en croyroys plus voulentiers
Ung Enfant qui viendroit de naistre.   10

COMPOSÉE entre mars 1537 et mars 1538 (voir n. 2). PUBLIÉE pour la première fois dans *Les Œuvres de Clement Marot*, Lyon, E. Dolet, 1538 (*Bibliographie*, II, no. 70). TEXTE de J². VARIANTES de a^1 p.

Titre a^1 La Rochepot ayant fait une gageure a la Royne luy escrit
    p qui avoit gage
8 a^1 l'un
  p et l'autre est maistre

[1] François de Montmorency, seigneur de la Rochepot, frère du connétable Anne de Montmorency.

[2] François Ier ayant eu six enfants de sa première femme, Claude de France, n'en eut pas un seul d'Eléonore d'Autriche, qu'il épousa en 1530. On a souvent daté ce poème de 1531; mais en dehors de toute autre considération, on doit noter que cette épigramme, publiée pour la première fois en juillet 1538, figure dans le manuscrit de Chantilly, offert au connétable de Montmorency en mars 1538; ce manuscrit ne contient, à quelques exceptions près, que des pièces jusque là inédites, composées soit pendant l'exil du poète, soit depuis son retour. L'épigramme fut donc probablement composée entre le mois de mars 1537, date de la rentrée de Marot à la cour, et mars 1538, date du manuscrit de Chantilly.

CXI

*Response de Marot
pour le Gentilhomme*[1]

Ce seroit trop que la Belle esmouvoir;
Le povre Amant n'y a pensé ne pense;
Parler à elle & la servir & veoir
Luy sont assez d'heureuse recompense.
En confessant (noble fleur d'excellence)   5
Qu'elle l'a bien mis à mort voirement;
Mais son Amour & son Feu vehement,
Chasteté d'œil ne les pourroit estaindre,
Car tant plus vit la dame chastement,
De tant plus croist le desir d'y attaindre.   10

COMPOSÉE avant juillet 1538. PUBLIÉE pour la première fois dans *Les Œuvres de Clement Marot*, Lyon, E. Dolet, 1538 (*Bibliographie*, II, no. 70). TEXTE de J^2.

[1] Ce poème est la réponse au dizain suivant composé par Marguerite de Navarre:

*La Royne de Navarre en faveur d'une
Damoyselle*
Il pensoit bien brusler son chaste cueur
Par doulx regardz, par souspirs tresardens,
Par ung parler qui faict Amour vainqueur,
Par long servir, par signes evidens
Mais il trouva une froideur dedans   5
Qui tous ses traictz convertissoit en glace;
Et qui pis est, par une doulce audace,
L'oeil chaste d'elle le regarda si fort
Que sa froideur à travers son cueur passe,
Et mist son Feu, Amour & Luy à mort.   10

On ignore l'identité de la dame et du gentilhomme pour lesquels la reine et le poète tiennent la plume.

CXII

A une Dame pour l'aller veoir

    Endormez bien Argus qui a tant d'yeulx,
Et faictes tant que Danger se retire;
Duisans ne sont (mais par trop ennuieux)
A qui aller vers sa Dame desire.
Là vous pourray de bouche à loysir dire   5
Ce dont l'escript ung mot n'ose parler.
Qu'en dictes vous, madame, y dois je aller?
Non, je y courray, mes emprises sont telles.
Comment, courir? Je y pourray bien voller;
Car j'ay d'Amour avecques moy les esles.   10

COMPOSÉE avant mars 1538. PUBLIÉE pour la première fois dans *Les Œuvres de Clement Marot*, Lyon, E. Dolet, 1538 (*Bibliographie*, II, no. 70). TEXTE de J^2. VARIANTE de a^1.

Titre a^1 Dun qui veult aller veoir sa dame

CXIII

De Charles Duc d'Orleans[1]

    Nature estant en esmoy de forger
Ou Fille ou Filz, conceut finablement
Charles si beau, si beau pour abreger
Qu'estre faict Fille il cuida proprement;   4
Mais s'il avoit à son commandement
Quelque Fillette aultant comme luy belle,
Il y auroit à craindre grandement
Que trouvé fust plus Masle que Femelle.   8

COMPOSÉE entre fin 1536 et mars 1538. PUBLIÉE pour la première fois dans *Les Œuvres de Clement Marot*, Lyon, E. Dolet, 1538 (*Bibliographie*, II, no. 70). TEXTE de J^2. VARIANTE de a^1.

Titre a^1 A Charles duc dorleans

[1] Charles, né le 22 janvier 1522, était le troisième fils de François Ier. A la mort du dauphin François, le 10 août 1536, il prit le titre de duc d'Orléans.

CXIV

*A une Dame aagée
et prudente*

Ne pensez point que ne soyez aymable;
Vostre eage est tant de graces guerdonné
Qu'à tous les coups ung Printemps estimable
Pour vostre Yver seroit abandonné. 4
Je ne suis point Paris, Juge estonné,
Qui faveur feit à beaulté qui s'efface;
Par moy le pris à Pallas est donné,
De qui on voit l'ymage en vostre face. 8

Composée avant mars 1538. Publiée pour la première fois dans *Les Œuvres de Clement Marot*, Lyon, E. Dolet, 1538 (*Bibliographie*, II, no. 70). Texte de *J²*. Variante de *a¹*.

Titre *a¹* A une dame dage

CXV

A Anne[1]

Anne, ma Sœur, d'où me vient le songer
Qui toute nuict par devers vous me maine?
Quel nouvel Hoste est venu se loger
Dedans mon cueur, & tousjours s'y pourmayne?
Certes, je croy (& ma foy n'est point vaine) 5
Que c'est ung Dieu; me vient il consoller?
Ha, c'est Amour! je le sens bien voller.
Anne, ma sœur, vous l'avez faict mon Hoste,
Et le sera (me deust il affoller)
Si celle là qui l'y mist ne l'en oste. 10

Composée avant mars 1538. Publiée pour la première fois dans *Les Œuvres de Clement Marot*, Lyon, E. Dolet, 1538 (*Bibliographie*, II, no. 70). Texte de *J²*. Variantes de *a¹*.

Titre *a¹* Sur Anna Soror et cetera
1 *a¹* dont

[1] Selon la variante du titre ce poème serait la traduction d'une pièce latine. Je n'ai pu la retrouver.

CXVI

*De Marguerite d'Alençon,
sa Sœur d'Alliance*[1]

Ung chascun qui me faict requeste
D'avoir Œuvres de ma façon
Voyse tout chercher en la Teste
De Marguerite d'Alençon.
Je ne fais Dixain ne Chanson 5
Chant Royal, Ballade, n'Epistre
Qu'en sa Teste elle n'enregistre
Fidellement, correct & seur;
Ce sera mon petit Registre;
Elle n'aura plus nom ma Sœur. 10

Composée avant mars 1538. Publiée pour la première fois dans *Les Œuvres de Clement Marot*, Lyon, E. Dolet, 1538 (*Bibliographie*, II, no. 70). Texte de J^2 (conforme à a^1).

CXVII

De sa Dame & de Soymesme

Des que m'Amye est ung jour sans me veoir
Elle me dit que j'en ay tardé quatre;
Tardant deux jours elle dit ne m'avoir
Veu de quatorze, et n'en veult rien rabatre;
Mais pour l'ardeur de mon amour abatre, 5
De ne la veoir j'ay raison apparente;
Voyez, Amans, nostre amour differente;
Languir la faiz quand suis loing de ses Yeux,
Mourir me faict quand je la voy presente;
Jugez lequel vous semble aymer le mieulx. 10

Composée avant mars 1538. Publiée pour la première fois dans *Les Œuvres de Clement Marot*, Lyon, E. Dolet, 1538 (*Bibliographie*, II, no. 70). Texte de J^2 (conforme à a^1).

[1] Marguerite, fille du bâtard d'Alençon, et sœur d'Anne d'Alençon (voir plus haut, p. 21).

CXVIII

De Jane Princesse de Navarre[1]

Bien soit venue au pres de Pere et Mere,[2]
Leur Fille unique & le Chef d'œuvre d'eulx;
Elle nous trouve en douleur trop amere,
Voyans ung Roy mal sain (las), voire deux.[3]
Elle nous trouve ung Œil qui est piteux,   5
L'autre qui rit à sa noble venue;
Et, comme on voit souvent l'obscure Nue
Clere à moytié par celestes Rayons,
Ainsi nous est demy joye advenue;
Dieu doint qu'en brief entiere nous l'ayons.   10

COMPOSÉE en juillet 1537. PUBLIÉE pour la première fois dans *Les Œuvres de Clement Marot*, Lyon, E. Dolet, 1538 (*Bibliographie*, II, no. 70). TEXTE de J^2. VARIANTE de a^1.

Titre a^1 De Madame la princesse de Navarre arrivant estans le Roy et le Roy de Navarre malades

[1] Jeanne d'Albret, fille unique d'Henri d'Albret, roi de Navarre et de Marguerite d'Angoulême.

[2] Le roi et la reine de Navarre, avec Marot dans leur entourage, avaient parcouru le sud-ouest de la France en mai et juin 1537. De retour à Paris au mois de juillet, ils firent venir de Tours leur fille Jeanne.

[3] De retour à Paris, Henri d'Albret était tombé malade. Marguerite le fit transporter dans une propriété prêtée par l'évêque de Paris, au pont de St. Cloud. Son état s'étant amélioré, Marguerite et lui passèrent à Vanves le 26 juillet où leur fille les rejoignit (Jourda, *ouvr. cit.*, t. I, p. 219). François Ier d'autre part était tombé grièvement malade vers le milieu du mois de juin, et ne se remit qu'au mois de juillet (voir *Œuvres lyriques*, p. 288, n. 1), pour retomber malade presque immédiatement (voir Epigramme CLXXIX).

CXIX

De Madamoyselle du Brueil[1]

Jeune Beaulté, bon Esprit, bonne Grace,
Cent foys le jour, je m'esbahy comment
Tous troys avez en ung Corps trouvé place
Si à propos et si parfaictement. 4
Celle à qui Dieu faict ce bon traictement
Doibt bien aymer le Jour de sa naissance;
Et moy le Soir qui fut commencement
De prendre à elle honneste congnoissance. 8

COMPOSÉE entre début 1537 et mars 1538. PUBLIÉE pour la première fois dans *Les Œuvres de Clement Marot*, Lyon, E. Dolet, 1538 (*Bibliographie*, II, no. 70). TEXTE de J^2. VARIANTE de a^1.

Titre a^1 Davoir pris congnoissance a madamoiselle du brueil

[1] Marguerite du Breuil figure parmi les « Filles françoises à XL livres de gages » de la reine Eléonore pour l'année 1537 (B.N. ms n.a.f. 9175, fo. 373 v⁰). Notons qu'une Mademoiselle du Breuil est nommée parmi les « Filles Damoiselles » au service de Marguerite de Navarre pour l'année 1539 (*ibid.*, fo. 707 v⁰).

CXX

Du Conte de Lanyvolare[1]

Le vertueux Conte Lanyvolare,
Italien, droit à l'Assault alla.
Troys foys navré, son bon sens ne s'esgare;
Troys foys remonte, et troys foys devala;
Mais sa Fortune en fin l'arresta là.   5
O Gentil Cueur (quand bien je te contemple),
Digne de Mars estre eslevé au Temple,
Tu as vivant servi France aux dangiers,
Et apres mort sers encores d'exemple
De loyaulté aux Souldars estrangiers.   10

COMPOSÉE entre fin août 1537 et mars 1538. PUBLIÉE pour la première fois dans *Les Œuvres de Clement Marot*, Lyon, E. Dolet, 1538 (*Bibliographie*, II, no. 70). TEXTE de J^2 (conforme à a^1).

[1] Lanyvolare était le nom donné à la Cour de France à Anniba Gonzague de Novellara (voir Litta, *Famiglie celebri italiane*). C'est en 1528 qu'il prit du service pour la France après des négociations avec Montmorency (B.N., ms Clérambault 328, fo. 1357). Le 21 août 1537 il tomba au siège de Busca. Du Bellay relate l'événement : « Humières sur son chemin se retirant dans le marquisat de Saluces pour y attendre les ordres du roi, arriva devant une petite ville nommée Busque, laquelle ayant faict refus d'obéir, commanda faire marcher l'artillerie dont il estoit mal équippé, pour en avoir laissé la pluspart dedans les places qu'il avoit pourveues : mais après avoir faict tirer quelques coups de canon, le comte Hanibal de Lanyvolare, ne voulant attendre que la breche fust raisonnable avecques quelcque nombre d'Italiens qui estoient soubs sa charge donna un assault duquel ils furent repoussez, & fut ledict comte frappé d'une arquebusade dont il mourut & fut son corps porté à Pignerol. »

CXXI

*D'Albert, Joueur de
Luc du Roy*[1]

Quand Orpheus reviendroit d'Elisée,
Du Ciel Phebus plus qu'Orpheus expert,
Jà ne seroit leur Musicque prisée
Pour le Jour d'huy tant que celle d'Albert.
L'honneur d'aisnesse est à eulx comme appert, 5
Mais de l'honneur de bien plaire à l'ouyr
Je dy qu'Albert par droit en doibt jouir,
Et qu'un Ouvrier plus exquis n'eust sceu naistre
Pour ung tel Roy que Françoys resjouir,
Ne pour l'Ouvrier ung plus excellent Maistre. 10

COMPOSÉE avant mars 1538. PUBLIÉE pour la première fois dans *Les Œuvres de Clement Marot*, Lyon, E. Dolet, 1538 (*Bibliographie*, II, no. 70). TEXTE de J^2 (conforme à a^1).

[1] Alberto da Ripa, dit Albert de Rippe, né à Mantoue vers 1480, semble être entré au service de François Ier comme joueur de luth en 1529. A la date du 15 octobre 1529 on trouve un « Albert de Ribe » inscrit à l'état du roi aux gages de « 250 livres tournois de demye année » (Arch. Nat. KK. 100, fo. 111). Le 30 mars 1532 François Ier fait un don de 400 livres tournois à Albert Rippe de Mantoue, joueur de luth du roi (*Cat. des Actes*, II, 368, 5611). En 1533 il est valet de chambre du roi (B.N. ms fr. 7856, p. 939) et devient capitaine de Montil-sous-Bois près de Blois, et seigneur de Carrois-en-Brie. Il était l'époux de Lucrezia Rodolfi, appelée Lucresse de Rodolfe, une des dames d'honneur de la reine Eléonore (voir *Œuvres diverses*, p. 257, n. 2). Après la mort de François Ier il servit Henri II, jusqu'à sa mort en 1553. En dehors de Marot, Bonaventure des Périers lui consacra un poème (*Recueil des Œuvres*, 1544, p. 68) et Mellin de Saint-Gelais et Ronsard écrivirent des épitaphes à l'occasion de sa mort. Pontus de Tyard, Baif et Dorat le mentionnèrent également. Sur sa musique, voir K. W. Buggort, *Alberto da Ripa, Lutenist and Composer*, Phil. Diss., Michigan, 1956.

CXXII

D'Anne[1]

Lors que je voy en ordre la Brunette
Jeune, en bon point, de la Ligne des Dieux,
Et que sa Voix, ses Doigtz et l'Espinette
Meinent ung bruit doulx & melodieux,   4
J'ay du plaisir & d'Oreilles & d'Yeux
Plus que les Sainctz en leur gloire immortelle,
Et aultant qu'eulx je deviens Glorieux
Des que je pense estre ung peu aymé d'elle.   8

COMPOSÉE avant juillet 1538. PUBLIÉE pour la première fois dans *Les Œuvres de Clement Marot*, Lyon, E. Dolet, 1538 (*Bibliographie*, II, no. 70). TEXTE de *J*².

CXXIII

Pour Madame d'Orsonvilliers[2]
au Roy de Navarre

J'ay joué rondement,
Sire, ne vous desplaise.
Vous m'avez finement
Couppé la queue[3] & raise;   4

COMPOSÉE entre début 1537 et mars 1538. PUBLIÉE pour la première fois dans *Les Œuvres de Clement Marot*, Lyon, E. Dolet, 1538 (*Bibliographie*, II, no. 70). TEXTE de *J*². VARIANTES de *a*¹.

Titre *a*¹ Une dame au Roy de Navarre

[1] Anne d'Alençon. Cf. plus haut, pp. 21-3.
[2] Marie de la Trémoille, dite de l'Hébergement, épousa Jean Herbert, dit d'Orsonvilliers, baron de Courcy (*Cat. des Actes*, v, 207, 15735). Elle figure à l'état de la maison de Marguerite de Navarre pour l'année 1539 parmi les « Dames et Damoiselles » (B.N. ms n.a.f. 9175, fo. 707 v⁰). Marot écrira pour elle une Etrenne (*Œuvres diverses*, CLXXIII, Etrenne XL).
[3] « Coupper la queue » signifiait abandonner. Cf. : « Il voulut entrer en Berri pour prendre le chemin de la Charité ; mais la pluspart de sa suyte lui coupa la queue » (Agrippa d'Aubigné, *Histoire universelle*, éd. Lalanne, t. III, p. 59).

Et puis que je m'en taise,
Jamais ne se feroit.
Mais seriez vous bien aise
Qui la vous coupperoit? 8

5 *a¹* Et puis je men

CXXIV

A sa Commere

Pardonnez moy, ma Commere, m'Amye,
Si devers vous bien tost ne puis aller;
Au bon vouloir, certes, il ne tient mye,
Car pour souvent avecques vous parler,
De Paradis je vouldrois devaller. 5
Que voulez vous? la Fortune à present
Ne me permet de Service estre exempt;
Mais maulgré elle en brief temps qui trop dure
Vous revoirray, & si m'aurez present
Ce temps pendant de cueur & d'escripture. 10

COMPOSÉE avant juillet 1538. PUBLIÉE pour la première fois dans *Les Œuvres de Clement Marot*, Lyon, E. Dolet, 1538 (*Bibliographie*, II, no. 70). TEXTE de *J²*.

CXXV

A Monsieur de Juilly[1]

L'argent par termes recueilly
Peu de proffit souvent amaine;
Parquoy, Monseigneur de Juilly,
Qui sçavez le Vent qui me maine,   4
Plaise vous ne prendre la peine
De diviser si peu de bien;
Car ma Boete n'est pas si pleine
Que cinq cens frans n'y entrent bien.   8

COMPOSÉE probablement entre janvier et mars 1537. PUBLIÉE pour la première fois dans *Les Œuvres de Clement Marot*, Lyon, E. Dolet, 1538 (*Bibliographie*, II, no. 70). TEXTE de J². VARIANTE de J¹.

7 J¹ Bouche

[1] Guillaume Lateranne, abbé de Bon-Repos, protonotaire apostolique, conseiller et aumônier du roi, prieur de Jully-les-Nonnains (aujourd'hui Jully-sur-Sarce) depuis 1531. Il n'avait cependant pas pu entrer en possession de ce prieuré et habitait Paris. Le 27 juillet 1539, François Ier le nomma formellement au prieuré de Jully-les-Nonnains (*Cat. des Actes*, IV, 27, 11127). Il est probable que Marot, passant plusieurs semaines à Paris après son retour d'exil et avant de rejoindre la Cour, c'est-à-dire entre la fin janvier et le début mars 1537, demanda un prêt à Guillaume Lateranne.

CXXVI

*Il convie troys Poetes
à disner*[1]

Demain que Sol veult le jour dominer,
Vien, Boyssonné[2] Villas[3] & la Perriere,[4]
Je vous convye avec moy à disner;
Ne rejectez ma semonce en arriere.

Composée probablement en janvier 1538 (voir n. 1). Publiée pour la première fois dans *Les Œuvres de Clement Marot*, Lyon, E. Dolet, 1538 (*Bibliographie*, II, no. 70). Texte de J². Variante de a¹.

2 a¹ Villars

[1] Marot accompagna Marguerite de Navarre pendant le voyage de la reine dans le midi de la France dans l'hiver 1537-8. Le 19 décembre 1537, elle se trouva à Limoges; de là elle alla à Cahors (voir Epigramme CXLIV) pour arriver à une date incertaine, mais qui doit se placer au début du mois de janvier 1538, à Toulouse. (Voir P. Jourda, *ouvr. cit.*, I, p. 227). Les trois poètes qu'invite Marot à dîner dans cette épigramme étant toulousains, il est évident que c'est au mois de janvier 1538 que le poème fut composé, et non en 1533 comme on l'a cru jusqu'ici (cf. plus haut, Epigramme LXXXIX).

[2] Jean de Boyssonné, le principal humaniste toulousain. Pendant son séjour à Toulouse, Marguerite visita avec lui l'hôtel de Bernuys, visite au cours de laquelle Boyssoné fit à la reine une conférence sur l'architecture (Jourda, *ouvr. cit.*, p. 227, et n. 139). Sur Boyssoné, voir F. Mugnier, *La vie et les poésies de Jehan de Boyssoné*, Mémoires et documents de la Société Savoisienne d'histoire et d'archéologie, 1897; De Buysson, *Un humaniste toulousain: Jehan de Boysson, 1505-1559*, Paris, 1913; H. Jacoubet, *Les Trois centuries de Maistre Jehan de Boyssoné*, éd. critique, Bibliothèque Méridionale, 2ᵉ série, tome XX, 1923, et H. Jacoubet, *Les Poésies latines de Jehan de Boyssoné*, Toulouse, 1931.

[3] Sur Villas, ou plutôt Villars (cf. variante) on ne possède pas de renseignements en dehors d'un poème de Jean de Boyssoné:

A Villars de la Venue de Marot
Puisque Marot, comme l'on dict, arrive
Il nous fault mettre en la main nostre plume,
Et que chescung de son quartier escrive
Forgeant ouvrage affiné sur l'enclume
De purité. Sus, Villars, qu'on allume
Tous les fourneaulx de Rhetorique fine,
Et ces metaulx, sortans de rude myne,
Que l'on les purge avant que presenter
Au grand forgeur Marot; qu'on les affine
Si nous voulons tel ouvrier contenter.

(*Les Trois centuries de Maistre Jehan de Boyssoné*, *ouvr. cit.*, p. 102, I, XVI.)

[4] Guillaume de La Perrière, poète et polygraphe toulousain. Voir G. R. Dexter, *La Perrière and his poetic works*, thèse de M.A., Londres, 1952.

Car en disnant Phebus par la Verriere 5
(Sans la briser) viendra veoir ses Suppostz
Et donnera faveur à noz propos
En les faisant dedans noz Bouches naistre.
Fy du repas qui en paix & repos
Ne sçait l'Esprit (avec le Corps) repaistre. 10

CXXVII

*Du Sire de Montmorency,
Connestable de France*[1]

Meur en Conseil, en Armes redoubtable,
Montmorency, à toute Vertu né,
En verité tu es faict Connestable
Et par merite & par Ciel fortuné.
Dieu doint qu'en brief du Glaive à toy donné 5
Tu fasses tant par prouesse & bon heur
Que cestuy là qui en fut le Donneur
Par ton service ait aultant de puissance
Sur tout le Monde (en Triumphe & honneur)
Comme il t'en a donné dessus la France. 10

COMPOSÉE entre le 10 février et début mars 1538. PUBLIÉE pour la première fois dans *Les Œuvres de Clement Marot*, Lyon, E. Dolet, 1538 (*Bibliographie*, II, no. 70). TEXTE de J^2 (conforme à a^1). VARIANTE de *e*.

Titre *e* Aultre dixain sur ledit sieur

[1] Anne de Montmorency, Grand-Maître de France, fut nommé Connétable de France le 10 février 1538.

CXXVIII

Du Baiser

Ce franc Baiser, ce Baiser amyable,
Tant bien donné, tant bien receu aussi
Qu'il estoit doulx. O beaulté admirable,
Baisez moy donc cent fois le jour ainsy, 4
Me recevant dessoubz vostre mercy
Pour tout jamais, ou vous pourrez bien dire
Qu'en me donnant ung Baiser adoulcy,
M'aurez donné perpetuel martyre. 8

COMPOSÉE avant mars 1538. PUBLIÉE pour la première fois dans *Les Œuvres de Clement Marot*, Lyon, E. Dolet, 1538 (*Bibliographie*, II, no. 70).
TEXTE de J^2 (conforme à a^1).

CXXIX

A Anne[1]

Puis qu'il vous plaist entendre ma pensée,
Vous la sçaurez, gentil Cueur gracieux,
Mais je vous pry, ne soiez offensée
Si en pensant suis trop audacieux.
Je pense en vous & au fallacieux 5
Enfant Amour qui par trop sottement
A fait mon Cueur aymer si haultement;
Si haultement (helas) que de ma peine
N'ose esperer ung brin d'allegement,
Quelcque doulceur de quoy vous soyez pleine. 10

COMPOSÉE avant juillet 1538. PUBLIÉE pour la première fois dans *Les Œuvres de Clement Marot*, Lyon, E. Dolet, 1538 (*Bibliographie*, II, no. 70).
TEXTE de J^2.

[1] Voir plus haut, pp. 21-3.

CXXX

A Jane[1]

Vostre Bouche petite et belle
Et de gracieux entretien
Puis ung peu son Maistre m'appelle,
Et l'Alliance je retien;   4
Car ce m'est honneur & grand bien;
Mais quand vous me prinstes pour Maistre,
Que ne disiez vous aussi bien:
Vostre Maistresse je veulx estre?   8

COMPOSÉE avant mars 1538. PUBLIÉE pour la première fois dans *Les Œuvres de Clement Marot*, Lyon, E. Dolet, 1538 (*Bibliographie*, II, no. 70). TEXTE de J^2. VARIANTE de a^1.

Titre a^1 A celle qui l'appelloit son maistre

CXXXI

A la Royne de Navarre

Nous fusmes, sommes & serons
Mort & Malice & Innocence;
Le pas de Mort nous passerons;
Malice est tousjours en presence;   4
Dieu en nostre premiere essence
Nous voulut d'Innocence orner.
O la Mort pleine d'excellence
Qui nous y faira retourner.   8

COMPOSÉE avant juillet 1538. PUBLIÉE pour la première fois dans *Les Œuvres de Clement Marot*, Lyon, E. Dolet, 1538 (*Bibliographie*, II, no. 70). TEXTE de J^2.

[1] Voir plus haut, Epigramme XCVI.

CXXXII

*A Anne du jour de Saincte
Anne*[1]

Puis que vous portez le nom d'Anne,
Il ne fault point faire la beste.
Des aujourdhuy je vous condamne
A solenniser vostre Feste,   4
Ou aultrement tenez vous preste
De veoir vostre nom à neant.
Aussi pour vous trop doulx il sonne;
Veu la rigueur de la personne,   8
Ung dur nom vous est mieulx seant.

COMPOSÉE avant juillet 1538. PUBLIÉE pour la première fois dans *Les Œuvres de Clement Marot*, Lyon, E. Dolet, 1538 (*Bibliographie*, II, no. 70). TEXTE de J^2.

CXXXIII

*Des Cerfz en Rut & des
Amoureux*

Les Cerfz en Rut pour les Bisches se battent,
Les Amoureux pour les Dames combattent.
Ung mesme effect engendre leurs discordz;
Les Cerfz en Rut d'amour brament & crient,
Les Amoureux gemissent, pleurent, prient.   5

COMPOSÉE avant juillet 1538. PUBLIÉE pour la première fois dans *Les Œuvres de Clement Marot*, Lyon, E. Dolet, 1538 (*Bibliographie*, II, no. 70). TEXTE de J^2. VARIANTES de $m\ w^2$.

Titre *m* manque
    w^2 Aultre dizain
1 *m* au rut pour les biches s'esbattent
3 w^2 mesme faict
4 *m* Les cerfz en rut apres biches mugissent
    w^2 Les cerfz en rut pour les biches mugissent
5 *m* Les amoureux apres dames gemissent
    w^2 Les amoureux pour les dames gemissent

[1] Voir plus haut, pp. 21-3.

Eulx & les Cerfz feroient de beaulx accordz;
Amans sont Cerfz à deux piedz soubz ung corps;
Ceulx cy à quatre, &, pour venir aux Testes,
Il ne s'en fault que Ramures & Cors
Que vous Amans ne soyez aussi Bestes. 10

7 w^2 sur ung

CXXXIV

A Maurice Seve, Lyonnoys[1]

En m'oyant chanter quelcque foys
Tu te plainds qu'estre je ne daigne
Musicien, et que ma voix
Merite bien que l'on m'enseigne, 4
Voyre que la peine je preigne
D'apprendre ut, re, my, fa, sol, la.
Que Diable veulx tu que j'appreigne?
Je ne boy que trop sans cela.[2] 8

COMPOSÉE entre décembre 1536 et mars 1538. PUBLIÉE pour la première fois dans Les Œuvres de Clement Marot, Lyon, E. Dolet, 1538 (*Bibliographie*, II, no. 70). TEXTE de J^2. VARIANTE de a^1.

Titre a^1 A celluy qui l'importunoit daprendre la musique

[1] Maurice Scève. Marot le rencontra pour la première fois lors de son séjour à Lyon en décembre 1536.
[2] Cf. *Œuvres lyriques*, p. 16, n. 1.

CXXXV

Au Poete Borbonius[1]

L'Enfant Amour n'est pas si petit Dieu
Qu'un Paradis il n'ayt soubz sa puissance,
Ung Purgatoire aussi pour son milieu,
Et ung Enfer plein d'horrible nuisance.
Son Paradis, c'est quand la jouyssance 5
Aux Poursuyvans par grace il abandonne.
Son Purgatoire est alors qu'il ordonne
Paistre noz Cueurs d'ung espoir incertain;
Et son Enfer, c'est à l'heure qu'il donne
Le voller bas et le vouloir haultain. 10

COMPOSÉE avant juillet 1538. PUBLIÉE pour la première fois dans *Les Œuvres de Clement Marot*, Lyon, E. Dolet, 1538 (*Bibliographie*, II, no. 70). TEXTE de *J²*.

CXXXVI

Il salue Anne[1]

Dieu te gard, doulce, amyable Calandre
Dont le Chant faict joyeux les ennuyez.
Ton dur Depart me feit Larmes espandre;
Ton doulx Reveoir m'a les yeux essuyez. 4
Dieu gard le Cueur sus qui sont appuyez
Tous mes desirs. Dieu gard l'Œil tant adextre
Là où Amour a ses Traictz estuyez;
Dieu gard sans qui gardé je ne puis estre! 8

COMPOSÉE avant juillet 1538. PUBLIÉE pour la première fois dans *Les Œuvres de Clement Marot*, Lyon, E. Dolet, 1538 (*Bibliographie*, II, no. 70). TEXTE de *J²*.

[1] Le poète néo-latin Nicolas Bourbon, dont l'ouvrage principal, les *Nugae*, fut publié en 1533 (Paris, Vascosan). [2] Voir plus haut, pp. 21-3.

CXXXVII

*Dialogue de luy et
de sa Muse*

Marot. Muse, dy moy: pourquoy à ma Maistresse
Tu n'as sceu dire Adieu à son depart?
Sa muse. Pource que lors je mouruz de destresse,
Et que d'ung Mort ung mot jamais ne part. 4
Marot. Muse, dy moy: comment doncques Dieugard
Tu luy peulx dire ainsi par Mort ravie.
Sa muse. Va, pauvre Sot; son Celeste regard
(La revoyant) m'a redonné la vie. 8

COMPOSÉE avant juillet 1538. PUBLIÉE pour la première fois dans *Les Œuvres de Clement Marot*, Lyon, E. Dolet, 1538 (*Bibliographie*, II, no. 70). TEXTE de J^2.

CXXXVIII

D'une Dame de Normandie[1]

Ung jour, la Dame en qui si fort je pense
Me dit ung mot de moy tant estimé
Que je ne puis en faire recompense,
Fors de l'avoir en mon cueur imprimé.

COMPOSÉE avant mars 1538. PUBLIÉE pour la première fois dans *Les Œuvres de Clement Marot*, Lyon, E. Dolet, 1538 (*Bibliographie*, II, no. 70). TEXTE de J^2. VARIANTE de a^1.

Titre a^1 A une qui disoit le vouloir aymer

[1] On connaît une *Response faicte par ladicte Dame*:

> Le peu d'amour qui donne lieu à Craincte
> Perdre vous faict le tant desiré bien;
> Car par cela (Amy) je suis contraincte
> De revocquer le premier propos mien.
> Ne vous plaignez donq se vous n'avez rien, 5
> Ou si pour bien mal on vous faict avoir;
> Car qui pour bien pense mal recepvoir,
> Indigne il est d'avoir ung seul bon tour,
> Voire de plus sa Maistresse ne veoir,
> Puis que la Peur triumphe de l'Amour. 10

Ce poème se trouve dans les *Œuvres* de 1538 (notre J^2).

Me dit avec ung ris accoustumé :
Je croy qu'il fault qu'à t'aymer je parvienne.
Je luy respondz : garde n'ay qu'il me advienne
Ung si grand bien, et si ose affermer
Que je devroys craindre que cela vienne,
Car j'ayme trop quand on me veult aymer.

CXXXIX

Replique de Marot à ladicte Dame[1]

Je n'ay pas dit que je crains d'estre aymé ;
J'ay dit, sans plus, que je debvrois le craindre,
De peur d'entrer en feu trop alumé ;
Mais mon desir ce devoir vient estaindre,
Car je vouldrois à ton Amour attaindre,
Et tant t'aymer que j'en fusse en tourment.
Qui ne sçait donc Amour bendé bien paindre,
Me vienne veoir, il apprendra comment.

COMPOSÉE avant juillet 1538. PUBLIÉE pour la première fois dans *Les Œuvres de Clement Marot*, Lyon, E. Dolet, 1538 (*Bibliographie*, II, no. 70). TEXTE de J^2.

CXL

De Anne[2]

Jamais je ne confesserois
Qu'amour d'Anne ne m'a sceu poindre.
Je l'ayme ; mais trop l'aymerois
Quand son Cueur au mien vouldroit joindre.

COMPOSÉE avant juillet 1538. PUBLIÉE pour la première fois dans *Les Œuvres de Clement Marot*, Lyon, E. Dolet, 1538 (*Bibliographie*, II, no. 70). TEXTE de J^2.

[1] Il s'agit de toute évidence d'un second poème adressé à la « Dame de Normandie ». Toute l'affaire est obscure.   [2] Voir plus haut, pp. 21-3.

Si mon mal quiers, m'amour n'est moindre, 5
Ne moins prisé le Dieu qui volle.
Si je suis fol, Amour m'affolle,
Et vouldrois, tant j'ay d'amytié,
Qu'aultant que moy elle fust folle
Pour estre plus fol la moytié. 10

CXLI

Au Roy de Navarre[1]

Mon second Roy,[2] j'ay une Haquenée
D'assez bon poil, mais vieille comme moy;
A tout le moins long temps a qu'elle est née;
Dont elle est foible, et son Maistre en esmoy.
La pauvre Beste (aux signes que je voy) 5
Dit qu'à grand peine ira jusque à Narbonne.
Si vous voulez en donner une bonne,
Sçavez comment Marot l'acceptera?
D'aussi bon cueur comme la sienne il donne
Au fin premier qui la demandera. 10

COMPOSÉE probablement en janvier 1538. PUBLIÉE pour la première fois dans *Les Œuvres de Clement Marot*, Lyon, E. Dolet, 1538 (*Bibliographie*, II, no. 70). TEXTE de J^2 (conforme à a^1 et p).

[1] Ce poème date du voyage dans le midi de la France que Marot fit dans l'entourage du roi et de la reine de Navarre en janvier 1538. Voir plus haut, p. 196, n. 1.

[2] Marot, se considérant au service du roi et de la reine de Navarre (cf. *Epîtres*, p. 7 et XLVI), tout en étant valet de chambre de François Ier, appelle le roi de Navarre son « second roi ».

CXLII

*Du retour du Roy
de Navarre*[1]

Laissons ennuy, Maison de Marguerite!
Nostre Roy s'est devers nous transporté;
Quand il s'en va, son aller nous despite;
Quand il revient, chascun est conforté.
Or vueille Dieu, s'il a rien apporté   5
Pour l'An nouveau à nostre Souveraine,
Que soit ung Filz, duquel soit si tost pleine
Qu'au mesmes An pour nous puisse estre né,[2]
A celle fin que d'une seulle Estreine
On puisse veoir tout ung Peuple estreiné.   10

COMPOSÉE probablement en décembre 1537. PUBLIÉE pour la première fois dans *Les Œuvres de Clement Marot*, Lyon, E. Dolet, 1538 (*Bibliographie*, II, no. 70). TEXTE de J². VARIANTE de a¹.

7 a¹ duquel si tost soit plaine

[1] Henri d'Albret, roi de Navarre, rejoignit sa femme d'un voyage en Béarn où il était allé à la fin de l'année 1537, vers le 22 décembre, entre Limoges et Toulouse.
[2] Marguerite de Navarre n'eut qu'un enfant, Jeanne d'Albret, née le 7 janvier 1528.

CXLIII

*De Madame de Laval
en Daulphiné*[1]

A l'approcher de la nouvelle année
Nouvelle ardeur de composer m'a pris,
Non de la Paix ne de Trefve donnée,
Mais de Laval, noble Dame de pris.
Sur ceste ardeur craincte d'estre repris 5
M'a dit: Marot, taiz toy pour ton devoir;
Car, pour ce faire, il te fauldroit avoir
Aultant de Mains, aultant d'Espritz, & d'Ames
Qu'il est de gens d'estime & de sçavoir,
Tous estimans Laval entre les Dames. 10

COMPOSÉE probablement vers la fin de 1537. PUBLIÉE pour la première fois dans Les Œuvres de Clement Marot, Lyon, E. Dolet, 1538 (*Bibliographie*, II, no. 70). TEXTE de J^2 (conforme à a^1).

CXLIV

*De l'Entrée des Roy &
Royne de Navarre à Cahors*[2]

Prenons le cas, Cahors, que tu me doibves
Aultant que doibt à son Maro[3] Mantue;
De toy ne veulx, sinon que tu reçoyves
Mon second Roy[4] d'ung cueur qui s'esvertue

COMPOSÉE probablement en janvier 1538. PUBLIÉE pour la première fois dans Les Œuvres de Clement Marot, Lyon, E. Dolet, 1538 (*Bibliographie*, II, no. 70). TEXTE de J^2 (conforme à a^1).

[1] Probablement Anne de Laval, dame d'honneur de la reine Eléonore de 1533 jusqu'en 1543 (B.N. n.a.f. ms 9175, fo. 371 r⁰–377 v⁰). Charles de Sainte-Marthe adressa un poème à Madame Anne d'Arbigny, dame de Laval en Dauphiné (*Poésie françoise*, Lyon, Le Prince, 1540, p. 28) qui est sans doute identique à la dame chantée ici par Marot.

[2] Cette visite à Cahors eut lieu au cours du voyage dans le midi, dans l'hiver de 1537-1538, du roi et de la reine de Navarre, dans l'entourage desquels se trouvait Marot.   [3] Virgile.   [4] Le roi de Navarre. Cf. plus haut, p. 205.

Et que tu soys plus gaye & mieulx vestue 5
Qu'aux aultres jours, car son Espouse humaine[1]
I vient aussi, qui ton Marot t'amaine;
Lequel tu as filé, fait, & tyssu.
Ces deux trop plus d'honneur te feront pleine
D'entrer en toy, que moy d'en estre issu. 10

CXLV

A Madame de Pons[2]

Vous avez droit de dire sur mon ame
Que le Bosquet[3] ne vous pleut onc si fort,
Car des qu'il a senty venir sa Dame
Pour prendre en luy sejour & reconfort,
D'estre agreable a mis tout son effort, 5
Et a vestu sa verte Robe neufve.
De ce sejour le Pau tout fier se treuve,
Les Rossignolz s'en tiennent angeliques;
Et trouverez (pour en faire la preuve)
Qu'au departir seront melencoliques. 10

COMPOSÉE entre avril 1535 et mars 1536. PUBLIÉE pour la première fois dans *Les Œuvres de Clement Marot*, Lyon, E. Dolet, 1538 (*Bibliographie*, II, no. 70). TEXTE de *J*². VARIANTE de *a*¹.

Titre *a*¹ Dizain A Madame de pontz fait au Bosquet de Ferrare

[1] Marguerite.
[2] Anne de Parthenay, fille aînée de Mme de Soubise (voir *Epîtres*, XL), épouse d'Antoine de Pons, conte de Marennes. M. et Mme de Pons se trouvaient à Ferrare dans l'entourage de Renée de France. Voir *Epîtres*, XXXVIII.
[3] Voir plus bas, Epigramme CXLVIII.

CXLVI

A Renée de Partenay[1]

Quand vous oyez que ma Muse resonne
En ce Bosquet[2] qu'Oyseaux font resonner,
Vous vous plaignez que riens je ne vous donne,
Et je me plaindz que je n'ay que donner,
Sinon ung cueur tout prest à s'adonner   5
A voz plaisirs. Je vous en faiz donc offre;
C'est le tresor le meilleur de mon Coffre.
Servez vous en, si desir en avez!
Mais quel besoing est il que je vous offre
Ce que gaigner d'un chascun vous sçavez?   10

COMPOSÉE entre avril 1535 et mars 1536. PUBLIÉE pour la première fois dans *Les Œuvres de Clement Marot*, Lyon, E. Dolet, 1538 (*Bibliographie*, II, no. 70). TEXTE de J^2. VARIANTES de a^1 e.

Titre a^1 A Madamoiselle Renee de partenay
    e *manque*
2 a^1 e En ce beau lieu
5 e Si non le cueur que veulx abbandonner

CXLVII

Du Moys de May & de Anne

Moys amoureux, Moys vestu de verdure
Moys qui tant bien les cueurs fais esjouir,
Comment pourras (veu l'ennuy que j'endure)
Faire le mien de liesse jouyr?   4

COMPOSÉE avant mars 1538. PUBLIÉE pour la première fois dans *Les Œuvres de Clement Marot*, Lyon, E. Dolet, 1538 (*Bibliographie*, II, no. 70). TEXTE de J^2. VARIANTES de a^1.

Titre a^1 Du moys de may

---

[1] Renée de Parthenay, la plus jeune des trois filles de la dame d'honneur de Renée de France, Michelle de Saubonne, baronne de Soubise. Voir *Epîtres*, XL et XLI.
[2] Sur le bosquet de Ferrare, voir plus bas, Epigramme CXLVIII.

Ne Prez, ne Champs, ne Rossignolz ouir
N'y ont pouvoir; quoy donc? je te diray
Tant seulement faiz Anne resjouyr;
Incontinent je me resjouiray. 8

7 *a¹* Fais seulement madame resjouyr

CXLVIII

*De son Feu et de celluy qui se
print au Bosquet de Ferrare*[1]

Puis qu'au millieu de l'Eau d'un puissant fleuve
Le vert Bosquet[2] par Feu est consumé,
Pourquoy mon Cueur en Cendre ne se treuve
Au Feu sans eau que tu m'as alumé? 4
Le Cueur est sec, le Feu bien enflammé;
Mais la rigueur (Anne) dont tu es pleine
Le veoir souffrir a tousjours mieulx aymé
Que par la Mort mettre fin à sa peine.[3] 8

COMPOSÉE entre avril 1535 et juin 1536. PUBLIÉE pour la première fois dans *Les Œuvres de Clement Marot*, Lyon, E. Dolet, 1538 (*Bibliographie*, II, no. 70). TEXTE de *J²*. VARIANTES de *a¹ b¹ e w² w⁴*.

Titre *a¹* Du bosquet ou le feu se print et de son cueur
    b¹ Huitain du bousquet de ferrare
    e manque
    w⁴ Huictain
2 *w⁴* boucquet
4 *b¹* que luy as
5 *b¹* enflambé
6 *a¹ b¹* rigueur helas dont
    w² w⁴ Dont la rigueur helas dont

[1] Cf. *Œuvres diverses*, v.
[2] Ce « bosquet » était de toute évidence sur une île au milieu du Pô.
[3] Le titre de ce poème montre qu'il fut composé à Ferrare tout comme les épigrammes CXLV et CXLVI. Dans ces conditions il n'est pas sûr qui est la dame à qui le poète s'adresse. Anne d'Alençon n'était pas à Ferrare. D'autre part, il n'est guère probable que Marot eût parlé dans ces termes à Anne de Parthenay (cf. CXLV).

CXLIX

Au Roy

Tandis que j'estoys par chemin,[1]
L'Estat[2] sans moy print sa closture.[3]
Mais (Sire) ung peu de Parchemin
M'en pourra faire l'ouverture.
Puis le Tresorier[4] dit et jure,   5
Si du Parchemin puis avoir,
Qu'il m'en faira par son sçavoir
De l'Or; c'est une grand Praticque,
Et ne l'ay encores sceu veoir
Dans les Fourneaux du Magnificque.[5]   10

Composée probablement en mars 1537. Publiée pour la première fois dans *Les Œuvres de Clement Marot*, Lyon, E. Dolet, 1538 (*Bibliographie*, II, no. 70). Texte de J^2. Variante de a^1.

5 a^1 Puis Jehan carre me dit

[1] Allusion à son exil.
[2] C'est-à-dire l'état de la maison du roi. Cf. *Epîtres*, XIII, XIV et XV.
[3] Le nom de Marot avait effectivement été rayé de l'état de la maison du roi en 1535.
[4] Jean Carré (cf. variante), commis au payement des officiers domestiques du roi (*Cat. des Actes*, III, 231, 8582).
[5] Probablement Laurent Meigret, dit le magnifique, valet de chambre de François Ier et financier célèbre. Remarquons cependant que Meigret, accusé d'avoir mangé de la viande en carême, fut arrêté en 1531, et, après trois ans de prison, fut condamné au bannissement. Voir *Le Religion de Marot*, pp. 52–3.

Il n'est pas nécessaire de croire, comme on l'a fait, que ce vers indique clairement que Meigret était connu comme alchimiste. Il s'agit probablement d'une pure plaisanterie. Dire d'un financier célèbre qu'il sait fabriquer de l'or, c'est presque proverbial.

CL

*A M. Guillaume Preudhomme,
Tresorier de l'Espergne*[1]

   Va tost, Dixain, solliciter la Somme![2]
J'en ay besoin; pourquoy crains & t'amuses?
Tu as affaire à ung deux foys Preudhomme,
Grand amateur d'Apollo et des Muses.
Affin (pourtant) que de s'amour n'abuses,   5
Parle humblement que mon zelle apperçoyve,
Et qu'en lisant quelcque plaisir conçoyve.
Mais dequoy sert tant d'admonnestement?
Fais seulement que si bien te reçoive
Que recevoir je puisse promptement.   10

COMPOSÉE en 1537. PUBLIÉE pour la première fois dans *Les Œuvres de Clement Marot*, Lyon, E. Dolet, 1538 (*Bibliographie*, II, no. 70). TEXTE de J^2.
VARIANTE de a^1.

Titre a^1 A Monsieur le General preudhomme

[1] Guillaume Preudhomme, sieur de Fontenay-Trésigny et de Panfons. Voir *Epitres*, XIV, et p. 143, n. 2 et n. 3, *Œuvres lyriques*, IX, et *Œuvres diverses*, CXXXIII.

[2] Marot, à son retour d'exil, semble avoir reçu du roi un acquit-au-comptant pour ses gages de l'année courante. Cet acquit devait être scellé par le Trésorier de l'Epargne, avant de pouvoir être changé en espèces.

CLI

A Anne[1]

Puis que les Vers que pour toy je compose
T'ont fait tancer, Anne, ma Sœur,[2] m'Amye,
C'est bien raison que ma Main se repose.
Ce que je fais; ma Plume est endormie; 4
Ancre, Papier, la Main pasle et blesmye
Reposent tous par ton commandement;
Mais mon Esprit reposer ne peult mye,
Tant tu me l'as travaillé grandement. 8
Pardonne doncq à mes Vers le tourment
Qu'ilz t'ont donné, et (ainsi que je pense)
Ilz te feront vivre eternellement;
Demandes tu plus belle recompense? 12

Composée avant juillet 1538. Publiée pour la première fois dans *Les Œuvres de Clement Marot*, Lyon, E. Dolet, 1538 (*Bibliographie*, II, no. 70). Texte de *J²*.

[1] Voir plus haut, pp. 21-3.   [2] Allusion aux Epigrammes LXXIX et CXV.

III. EPIGRAMMES DE CLEMENT MAROT FAICTZ À L'IMITATION DE MARTIAL

CLII

Au Roy[1]

    Quoy que souvent tu faces d'un franc cueur
Dons bien sentans ta royaulté supresme,
D'en faire encor bien t'actens, o vainqueur
Des cueurs de tous et vainqueur de toy mesme.   4
Chacun, pour vray, te porte amour extresme,
Non pour tes dons advenir ou presens,
Mais au rebours, roy, l'honneur d'Angoulesme,
Pour ton amour on ayme tes presens.   8

COMPOSÉE avant mars 1538. PUBLIÉE pour la première fois dans *Epigrammes de Clement Marot faictz à l'imitation de Martial*, Poitiers, J. et E. de Marnef, 1547 (*Bibliographie*, II, no. 154). TEXTE de a^1 (conforme à S).

[1] Cette épigramme est imitée de Martial, *Epigrammes*, éd. H. J. Izaac, Paris, Les Belles Lettres, Collection des Universités de France, 1930, VIII, LVI :

    Magna licet totiens tribuas, maiora daturus
        dona, ducum uictor, uictor et ipse tui,
    diligeris populo non propter praemia, Caesar,
        te propter populus praemia, Caesar, amat.

CLIII

A Monsieur Castellanus
Evesque de Tulles[1]

Tu dis, Prelat, Marot est paresseux;
De luy ne puis quelque grand œuvre veoir.
Fay tant qu'il ayt biens semblables à ceulx
Que Mecenas à Maro feit avoir!
Ou moins encor; lors fera son devoir 5
D'escripre vers en grant nombre & hault style.
Le laboureur sur la terre infertile
Ne picque bœuf, ne charrue ne meine.
Bien est il vray que champ gras & utile
Donne travail, mais plaisante est la peine. 10

COMPOSÉE entre 1539 et 1541. PUBLIÉE pour la première fois dans *Les Cantiques de la paix par Clement Marot*, Paris, A. Berthelin, s.d. (1541) (*Bibliographie*, II, no. 90). TEXTE de *S*. VARIANTES de *M*.

Titre *M* Au seigneur Castellanus evesque de Tules. Cle. M.
4 *M* Marot

[1] Pierre Du Châtel, dit Castellanus, valet de chambre du roi depuis 1537 (*Cat. des Actes*, III, 375, 9239), et lecteur ordinaire du roi (*ibid.*, III, 435, 9516). Il fut nommé évêque de Tulle vers 1539 (*ibid.*, VII, 591, 27332). Il fut célèbre pour son érudition et semble avoir exercé un véritable mécénat. Cf. Brantôme: « Sur tous, il avoit M. Castellanus, très docte personnage sur qui le roy se rapportoit par dessus tous les autres, quand il y avoit quelque point difficile » (*Œuvres*, éd. Lalanne, III, p. 93).
Cette épigramme est imitée de Martial, *Epigrammes, éd. cit.*, I, CVII:

    Saepe mihi dicis, Luci carissime Iuli,
    « Scribe aliquid magnum: desidiosus homo es ».
    Otia da nobis, sed qualia fecerat olim
      Maecenas Flacco Vergilioque suo:
    condere uicturas temptem per saecula curas
      et nomen flammis eripuisse meum.
    In steriles nolunt campos iuga ferre iuuenci:
      pingue solum lassat, sed iuuat ipse labor.

CLIV

*De la Chienne de la
Royne Elienor*[1]

Mignonne est trop plus affectée,
Plus fretillant, moins arrestée
Que le passeron de Maupas,[2]
Cinquante pucelles n'ont pas   4
La mignardie si friande.

COMPOSÉE avant septembre 1544. PUBLIÉE pour la première fois dans *Epigrammes de Clement Marot faictz à l'imitation de Martial*, Poitiers, J. et E. de Marnef, 1547 (*Bibliographie*, II, no. 154).[3] TEXTE de S.

[1] Eléonore d'Autriche, deuxième femme de François Ier. Voir *Epîtres*, XXI.
Cette épigramme est imitée de Martial, *Epigrammes, éd. cit.*, I, CIX:

> Issa est passere nequior Catulli,
> Issa est purior osculo columbae,
> Issa est blandior omnibus puellis,
> Issa est carior Indicis lapillis,
> Issa est deliciae catella Publi.
> Hanc tu, si queritur, loqui putabis;
> sentit tristitiamque gaudiumque.
> Collo nixa cubat capitque somnos,
> ut suspira nulla sentiantur;
> et desiderio coacta uentris
> gutta pallia non fefellit ulla,
> sed blando pede suscitat toroque
> deponi monet et rogat leuari.
> Castae tantus inest pudor catellae,
> ignorat Venerem; nec inuenimus
> dignum tam tenera uirum puella.
> Hanc ne lux rapiat suprema totam,
> picta Publius exprimit tabella,
> in qua tam similem uidebis Issam,
> ut sit tam similis sibi nec ipsa.
> Issam denique pone cum tabella:
> aut utramque putabis esse ueram,
> aut utramque putabis esse pictam.

[2] Voir plus haut, no. CIX.
[3] Selon l'édition Guiffrey (IV, p. 179) cette épigramme aurait été publiée. dans l'édition des *Œuvres*, Lyon, E. Dolet, 1538 (*Bibliographie*, II, no. 70). En fait elle n'y figure pas, non plus du reste que dans une édition avant celle de 1547.

Mignonne nasquit aussi grande
Quasi comme vous la voyez;
Mignonne vault (& m'en croyez) 8
Ung petit tresor; aussi est ce
Le passetemps & la lyesse
De la Royne, à qui si fort plaist
Que de sa belle main la paist. 12
Mignonne est sa petite chienne,
Et la Royne est la dame sienne.
Qui l'orroit plaindre aucunesfois,
On gaigeroit que c'est la voix 16
De quelque dolente personne;
Et a bien cest esprit Mignonne
De sentir plaisir & esmoy
Aussi bien comme vous & moy. 20
La Royne en sa couche parée
Luy a sa place preparée;
Et dort la petite follastre
Dessus la gorge d'alebastre 24
De sa dame si doucement
Qu'on ne l'oyt souffler nullement.
Et si pisser veult d'aventure,
Ne gaste draps ny couverture, 28
Mais sa maistresse gratte, gratte,
Avecques sa flateuse patte,
L'advertissant qu'on la descende,
Qu'on l'essuye, & puys qu'on la rende 32
En sa place, tant est honneste
Et nette la petite beste.
Le jeu d'Amours n'a esprouvé;
Car encores n'avons trouvé 36
Ung mary digne de se prendre
A une pucelle si tendre.
Or afin que du tout ne meure,
Quand de mourir viendra son heure, 40
Sa maistresse, en ung beau tableau,
L'a faict paindre à Fontaynebleau,
Plus semblable à elle ce semble
Qu'elle mesme ne se resemble; 44

Et qui Mignonne approchera
De sa painture, il pensera
Que toutes deux vivent sans faincte,
Ou bien que l'une & l'autre est paincte. 48

CLV

De soy mesmes[1]

Marot, voicy, si tu le veulx sçavoir,
Qui fait à l'homme heureuse vye avoir:
Successions, non biens acquis à peine,
Feu en tout temps, maison plaisante et saine, 4
Jamais proces, les membres bien dispostz,
Et au dedans ung esprit à repos,
Saige simplesse, amys à soy pareilz,
Table ordinaire et sans grans appareilz, 8

COMPOSÉE avant mars 1538. PUBLIÉE pour la première fois dans *Recueil de vraye Poesie Françoyse*, Paris, D. Janot, 1544 (*Bibliographie*, II, no. 264).
TEXTE de a^1. VARIANTES de $P S o w^2 w^4$.

Titre *P*   Traduction d'un epigramme de Martial commençant: Vitam qui faciunt beatricem. Par Clement Marot.
    o   La vie heureuse de ce monde
    $w^2 w^4$ ajoute La vie heureuse
1 $P o w^2 w^4$ Voicy amy si
après v. 6 *S ajoute* 2 vers:
    Contraire a nul, n'avoir aucuns contraires
    Peu se mesler des publiques affaires
6 w^4 en repos
8 $P o w^2 w^4$ Table sans art &

[1] Cette épigramme est imitée de Martial, *Epigrammes, éd. cit.*, X, XLVII:
    Vitam quae faciant beatiorem,
    iucundissime Martialis, haec sunt:
    res non parta labore sed relicta;
    non ingratus ager, focus perennis;
    lis numquam, toga rara, mens quieta;
    uires ingenuae, salubre corpus;
    prudens simplicitas, pares amici;
    conuictus facilis, sine arte mensa;
    nox non ebria, sed soluta curis;
    non tristis torus, et tamen pudicus;
    somnus qui faciat breues tenebras:
    quod sis esse uelis nihilque malis;
    summum nec metuas diem nec optes.

Facillement avec toutes gens vivre,
Nuict sans nul soing, n'estre pas pourtant yvre,
Femme joyeuse et chaste neantmoins,
Dormir qui faict que la nuict dure moins,   12
Plus hault qu'on n'est ne vouloir poinct actaindre,
Ne desirer la mort, ny ne la craindre;
Marot, voyla, si tu le veulx sçavoir,
Qui faict à l'homme heureuse vye avoir.   16

10 *o w²* nestre point
   w⁴ manque
12 *P* Dormir faisant que
   o Dedans son lict six heures pour le moins
   w⁴ manque
13 *w⁴* Plus quon est hault ne
14 *w⁴* mort et ne
15 *S* Voyla MAROT
   P o w² w⁴ Voyla amy si
16 *w⁴* Qui faict lhomme

CLVI

De la tristesse de s'amye[1]

C'est grant pitié de m'amye qui a
Perdu ses jeux, son passetemps, sa feste,
Non ung moyneau ainsy que Lesbia
N'ung petit chien, bellette ou autre beste.

COMPOSÉE avant mars 1538. PUBLIÉE pour la première fois dans *Epigrammes de Clement Marot faictz à l'imitation de Martial*, Poitiers, J. et E. de Marnef, 1547 (*Bibliographie*, II, no. 154). TEXTE de *a¹*. VARIANTES de *S v*.

4 *S* Ne ung

[1] Cette épigramme est imitée de Martial, *Epigrammes, éd. cit.*, VII, XIV :

> Accidit infandum nostrae scelus, Aule, puellae:
>   amisit lusus deliciasque suas:
> non quales teneri plotaui amica Catulli
>   Lesbia, nequitiis passeris orba sui,
> uel Stellae cantata meo quas fleuit Ianthis,
>   cuius in Elysio nigra columba uolat:
> lux mea non capitur nugis neque moribus istis
>   nec dominae pectus talia damna mouent:
> bis denos puerum numerantem perdidit annos,
>   mentula cui nondum sesquipedalis erat.

A jeux si sotz mon tendron ne s'arreste. 5
Ces pertes là ne luy sont malfaisans.
Vrays amoureux, soyez en desplaisans!
Elle a perdu, helas, depuis septembre,
Ung jeune amy beau de vingt et deux ans
N'ayant encor q'ung povre pied de membre. 10

7 v Tous ses amys
9 S de vingt-deux
  v Un compaignon
10 S encor' pied & demy de

CLVII

D'une qui se vante[1]

Vous estes belle, en bonne foy.
Ceulx qui disent que non sont bestes,
Vous estes riche, je le voy.
Qu'est il besoing d'en faire enquestes? 4
Vous estes bien des plus honnestes,
Et qui le nye est bien rebelle;
Mais quant vous vous louez, vous n'estes
Honneste, ne riche, ne belle. 8

COMPOSÉE avant mars 1538. PUBLIÉE pour la première fois dans *Epigrammes de Clement Marot faictz à l'imitation de Martial*, Poitiers, J. et E. de Marnef, 1547 (*Bibliographie*, II, no. 154). TEXTE de a^I, à l'exception d'une faute au v. 2 où nous avons substitué la leçon de S.

2 que non S] de non a^I

[1] Cette épigramme est imitée de Martial, *Epigrammes*, éd. cit., I, LXIV:

>Bella es, nouimus, et puella, uerum est,
>et diues, quis enim potest negare?
>Sed cum te nimium, Fabulla, laudas,
>nec diues neque bella nec puella es.

CLVIII

A Anthoine[1]

Si tu es paouvre, Anthoine, tu es bien
En grant dangier d'estre paovre sans cesse;
Car aujourd'huy on ne donne plus rien,
Sinon à ceulx qui ont force richesse. 4

COMPOSÉE avant septembre 1544. PUBLIÉE pour la première fois dans *Epigrammes de Clement Marot faictz à l'imitation de Martial*, Poitiers, J. et E. de Marnef, 1547 (*Bibliographie*, II, no. 154). TEXTE de S.

CLIX

De Jehan Jehan[2]

Tu as tout seul, Jehan Jehan, vignes & prez;
Tu as tout seul ton cœur & ta pecune;
Tu as tout seul deux logis dyaprez,
Là où vivant ne pretend chose aucune; 4

COMPOSÉE avant septembre 1544. PUBLIÉE pour la première fois dans *Epigrammes de Clement Marot faictz à l'imitation de Martial*, Poitiers, J. et E. de Marnef, 1547 (*Bibliographie*, II, no. 154). TEXTE de S. VARIANTES de w[1].

Titre w[1] manque
2 w[1] ton or
3 w[1] beaulx logis

[1] Cette épigramme est imitée de Martial, *Epigrammes, éd. cit.*, V, LXXXI:

> Semper pauper eris, si pauper es, Aemiliane :
> dantur opes nullis nunc nisi diuitibus.

[2] Jehan étant le nom générique du cocu, Marot le redouble ici pour en accuser le sens.
Cette épigramme est imitée de Martial, *Epigrammes, éd. cit.*, III, XXVI:

> Praedia solus habes et solus, Candide, nummos,
>   aurea solus habes, murrina solus habes,
> Massica solus habes et Opimi Caecuba solus,
>   et cor solus habes, solus et ingenium.
> Omnia solus habes—nec me puta uelle negare—
>   uxorem sed habes, Candide, cum populo.

Tu as tout seul le fruict de ta fortune;
Tu as tout seul ton boire & ton repas;
Tu as tout seul toutes choses fors une:
C'est que tout seul ta femme tu n'as pas. 8

CLX

A Hilaire[1]

Des que tu viens là où je suis
(Hilaire) c'est ta façon folle
De me dire tousjours: « Et puis
Que fais tu? » voyla tout ton roolle.
Cent fois le jour, ceste parolle 5
Tu me ditz; j'en suis tout batu.
Quand tout sera bien debatu,
Je cuyde, par mon ame, Hilaire,
Qu'avecque ton beau: « Que fais tu? »
Tu n'as rien toy-mesme que faire. 10

COMPOSÉE avant septembre 1544. PUBLIÉE pour la première fois dans *Epigrammes de Clement Marot faictz à l'imitation de Martial*, Poitiers, J. et E. de Marnef, 1547 (*Bibliographie*, II, no. 154). TEXTE de S, à l'exception d'une coquille au v. 7 que nous avons corrigée.

7 Quand] Qu'en S

[1] Cette épigramme est imitée de Martial, *Epigrammes, éd. cit.*, II, LXVII:

> Occurris quocumque loco mihi, Postume, clamas
>   protinus et prima est haec tua uox « Quid agis? »
> Hoc, si me decies una conueneris hora,
>   dicis: habes puto tu, Postume, nil quod agas.

CLXI

Dizain[1]

Riche ne suis, certes, je le confesse!
Bien né pourtant, & nourry noblement;
Mais je suis leu du peuple & gentillesse
Par tout le monde. Et, dit on: c'est Clement!
Maintz vivront peu, moy eternellement.   5
Et toy, tu as prez, fontaines & puyz,
Boys, champs, chasteaux, rentes & gros appuyz.
C'est de nous deux la difference & l'estre;
Mais tu ne peux estre ce que je suis;
Ce que tu es, ung chascun le peut estre.   10

Composée avant septembre 1544. Publiée pour la première fois dans *Epigrammes de Clement Marot faictz à l'imitation de Martial*, Poitiers, J. et E. de Marnef, 1547 (*Bibliographie*, II, no. 154). Texte de S.

[1] Cette épigramme est imitée de Martial, *Epigrammes, éd. cit.*, v, xiii:

> Sum, fateor, semperque fui, Callistrate, pauper,
>   sed non obscurus nec male notus eques,
> sed toto legor orbe frequens et dicitur « Hic est »;
>   quodque cinis paucis, hoc mihi uita dedit.
> At tua centenis incumbunt tecta columnis
>   et libertinas arca flagellat opes,
> magnaque Niliacae seruit tibi gleba Syenes,
>   tondet et innumeros Gallica Parma greges.
> Hoc ego tuque sumus: sed quod sum non potes esse;
>   tu quod es, e populo quilibet esse potest.

CLXII

A une Layde[1]

Tousjours vouldriez que je l'eusse tout droit,
Ma layderon, & vous semble, je gage,
Que j'en puis faire ainsi comme du doigt.
Vous avez beau le flatter de langage, 4
Voyre des mains; ce diable de visage
Desgouste tout, & à vous mesme nuyt.
Parquoy devriez (si vous estiez bien sage)
Ne me cercher seulement que de nuyt. 8

COMPOSÉE avant septembre 1544. PUBLIÉE pour la première fois dans *Epigrammes de Clement Marot faictz à l'imitation de Martial*, Poitiers, J. et E. de Marnef, 1547 (*Bibliographie*, II, no. 154). TEXTE de S.

CLXIII

[A Jehan][2]

Jehan, je ne t'ayme point, beau syre,
Et ne sçay quel' mousche me poinct,
Ne pourquoy c'est, je ne puys dire,
Sinon que je ne t'ayme point. 4

COMPOSÉE avant septembre 1544. PUBLIÉE pour la première fois dans *Epigrammes de Clement Marot faictz à l'imitation de Martial*, Poitiers, J. et E. de Marnef, 1547 (*Bibliographie*, II, no. 154). TEXTE de S.

[1] Cette épigramme est imitée de Martial, *Epigrammes, éd. cit.*, VI, XXIII:

> Stare iubes semper nostrum tibi, Lesbia, penem:
>   crede mihi, non est mentula quod digitus.
> Tu licet et manibus blandis et uocibus instes,
>   te contra facies imperiosa tua est.

[2] Cette épigramme est imitée de Martial, *Epigrammes, éd. cit.*, I, XXXII:

> Non amo te, Sabidi, nec possum dicere quare:
>   hoc tantum possum dicere, non amo te.

CLXIV

D'ung Abbé[1]

L'abbé a ung proces à Romme,
Et la goutte aux piedz, le pauvre homme.
Mais l'Advocat s'est plaint à maints
Que rien au poing il ne luy boute.   4
Cela n'est pas aux piedz la goutte;
C'est bien plus tost la goutte aux mains.

COMPOSÉE avant septembre 1544. PUBLIÉE pour la première fois dans *Epigrammes de Clement Marot faictz à l'imitation de Martial*, Poitiers, J. et E. de Marnef, 1547 (*Bibliographie*, II, no. 154). TEXTE de *S*.

CLXV

D'ung Advocat ignorant[2]

Tu veulx que bruyt d'Advocat on te donne
Et de savant; mais jamais au Parquet
Tu ne diz mot sinon quand le caquet
Des grans criars les escoutans estonne.   4
A faire ainsi, je ne sache personne
Qui ne puisse estre homme docte à le veoir.
Or, maintenant qu'un seul mot on ne sonne;
Dy quelque chose, oyons ce beau savoir!   8

COMPOSÉE avant septembre 1544. PUBLIÉE pour la première fois dans *Epigrammes de Clement Marot faictz à l'imitation de Martial*, Poitiers, J. et E. de Marnef, 1547 (*Bibliographie*, II, no. 154). TEXTE de *S*.

[1] Cette épigramme est imitée de Martial, *Epigrammes, éd. cit.*, I, XCVIII :

> Litigat et podagra Diodorus, Flacce, laborat.
> Sed nil patrono porrigit: haec cheragra est.

[2] Cette épigramme est imitée de Martial, *Epigrammes, éd. cit.*, I, XCVII :

> Cum clamant omnes, loqueris tunc, Naeuole, tantum,
> et te patronum causidicumque putas.
> Hac ratione potest nemo non esse disertus.
> Ecce, tacent omnes: Naeuole, dic aliquid.

CLXVI

Aultrement[1]

Quand d'ung chascun la voix bruyt & resonne
En plein parquet, onc homme ne parla
Plus tost que toy, & si semble par là
Que le renom d'Advocat on te donne.   4
A faire ainsi &c.

COMPOSÉE avant septembre 1544. PUBLIÉE pour la première fois dans *Epigrammes de Clement Marot faictz à l'imitation de Martial*, Poitiers, E. et A. de Marnef, 1547 (*Bibliographie*, II, no. 154). TEXTE de *S*.[2]

CLXVII

[D'Alix][3]

Jamais Alix son feu mary ne pleure
Tout à par soy, tant est de bonne sorte;
Et devant gens, il semble que sur l'heure
De ses deux yeulx une fontaine sorte.   4
De faire ainsi (Alix) si te deporte,
Ce n'est point dueil quand louenge on en veult.
Mais le vray dueil, sçayz tu bien qui le porte?
C'est cestuy là qui sans tesmoings se deult.   8

COMPOSÉE avant septembre 1544. PUBLIÉE pour la première fois dans *Epigrammes de Clement Marot faictz à l'imitation de Martial*, Poitiers, J. et E. de Marnef, 1547 (*Bibliographie*, II, no. 154). TEXTE de *S*.

[1] Il s'agit d'une imitation différente de la même épigramme de Martial qui avait inspiré la pièce précédente (no. CLXV).

[2] L'édition Guiffrey publie ce poème comme variante de l'épigramme CLXV d'après une édition non spécifiée qui aurait été publiée en 1544 par Robert et J. du Gort. Le seul recueil contenant des pièces de Marot, publié cette année-là par ces éditeurs rouennais, est *Le Jardin d'Honneur. Contenant en soy plusieurs Apologies et Dictz moraulx; avec les hystoires et figures* (*Bibliographie*, II, no. 267). Le présent poème n'y figure pas.

[3] Cette épigramme est imitée de Martial, *Epigrammes*, éd. cit., I, XXXIII:

    Amissum non flet cum sola est Gellia patrem,
      si quis adest iussae prosiliunt lacrimae.
    Non luget quisquis laudari, Gellia, quaerit,
      ille dolet uere qui sine teste dolet.

CLXVIII

[*A Roullet*][1]

Quand Monsieur je te dy, Roullet,
Le te dy je, paouvre follet,
Pour te plaire, ou pour ta value?
Je t'advise que mon valet
Bien souvent ainsi je salue.   5

COMPOSÉE avant septembre 1544. PUBLIÉE pour la première fois dans *Epigrammes de Clement Marot faictz à l'imitation de Martial*, Poitiers, J. et E. de Marnef, 1547 (*Bibliographie*, II, no. 154). TEXTE de *S*.

CLXIX

Dudict Marot à Monsieur Roullet[2]
Huictain[3]

Roullet, quand Monsieur je te nomme,
Tu deviens fier, cela est laid.
Le faiz je pour plaire à tel homme?
Si tu le crois, tu es aussi foullet.   4
Monsieur, je ne te dy, Roullet,
Pour cela, ne pour ta vallue;
J'en dy autant à mon varlet,
Bien souvent que je le salue.   8

COMPOSÉE avant septembre 1544. INÉDITE au XVIe siècle. TEXTE de *d*.

[1] Peut-être Charles Roullet, orfèvre, dont le nom figure sur l'état de la maison du roi pour une fourniture de bijoux dans l'année 1549-50 (B.N. ms fr. 10394).
Cette épigramme est imitée de Martial, *Epigrammes, éd. cit.*, V, LVII:

Cum uoco te dominum, noli tibi, Cinna, placere:
saepe etiam seruum sic resaluto tuum.

[2] Voir plus haut, n. 1.
[3] Cette épigramme est imitée de la même épigramme de Martial que la pièce précédente (CLXVIII).

CLXX

A Ysabeau[1]

 Ysabeau, lundy m'envoyastes
Ung lievre et ung propos nouveau;
Car d'en manger vous me priastes,
En me voulant mettre au cerveau   4
Que par sept jours je seroys beau.[2]
Resvez vous? avez vous la fievre?
Si cela est vray, Ysabeau,
Vous ne mengeastes jamais lievre.   8

Composée avant mars 1538. Publiée pour la première fois dans *Recueil de vraye Poesie Françoyse*, Paris, D. Janot pour J. Longis et V. Sertenas, 1544 (*Bibliographie*, II, no. 264). Texte de a^I (conforme à *P S*). Variantes de *v*.

5 *v* Que dans
7 *v* Sil est ainsi dame ysabeau
8 *v* oncques

[1] Cette épigramme est imitée de Martial, *Epigrammes*, éd. cit., V, XXIX :
  Si quando leporem mittis mihi, Gellia, dicis :
  « Formonsus septem, Marce, diebus eris. »
  Si non derides, si uerum, lux mea, narras,
   edisti numquam, Gellia, tu leporem.
[2] Allusion à une croyance populaire de l'antiquité rapportée par Pline, *Histoire Naturelle*, XXVIII, 19.

CLXXI

De Cathin et Jane[1]

Jadis, Cathin, tu estoys l'oultrepasse;
Jane à present toutes les autres passe;
Et pour donner l'arrest d'entre vous deux,
Elle sera ce de quoy tu te deulz;   4
Tu ne seras jamais de sa value.
Que faict le temps? Il fait que je la veulx,
Et que je t'ay autresfoys bien voulue.

COMPOSÉE avant mars 1538. PUBLIÉE pour la première fois dans *Epigrammes de Clement Marot faictz à l'imitation de Martial*, Poitiers, J. et E. de Marnef, 1547 (*Bibliographie*, II, no. 154). TEXTE de *a¹*. VARIANTE de *S*.

Titre *S manque*

CLXXII

D'une vieille[2]

S'il m'en souvient, vieille au regard hideux,
De quattre dentz je vous ay veu mascher;
Mais une toux dehors vous en mist deux;
Une autre toux deux vous en feit cracher.   4

COMPOSÉE avant mars 1538. PUBLIÉE pour la première fois dans *Epigrammes de Clement Marot faictz à l'imitation de Martial*, Poitiers, J. et E. de Marnef, 1547 (*Bibliographie*, II, no. 154). TEXTE de *a¹* (conforme à *S*). VARIANTE de *v*.

4 *v* Une autre apres

[1] Cette épigramme est imitée de Martial, *Epigrammes, éd. cit.*, VI, XL:

> Femina praeferri potuit tibi nulla, Lycori:
>   praeferri Glycerae femina nulla potest.
> Haec erit hoc quod tu: tu non potes esse quod haec est.
>   Tempora quid faciunt! hanc uolo, te uolui.

[2] Cette épigramme est imitée de Martial, *Epigrammes, éd. cit.*, I, XIX:

> Si memini, fuerant tibi quattuor, Aelia, dentes:
>   expulit una duos tussis et una duos.
> Iam secura potes totis tussire diebus:
>   nil istic quod agat tertia tussis habet

Or povez bien toussir sans vous fascher;
Car ces deux toux y ont mis si bon ordre
Que si la tierce y veult rien arracher,
Non plus que vous n'y trouvera que mordre. 8

CLXXIII

De Macé Longis[1]

Ce prodigue Macé Longis
Faict grant serment qu'en son logis
Il ne souppa jour de sa vie;
Si vous n'entendez bien ce poinct, 4
C'est à dire: il ne souppe point,
Si quelque aultre ne le convie.
    Autrement[2]
C'est à dire, sans me coupper,
Qu'il se va coucher sans soupper,
Quand personne ne le convie.

COMPOSÉE avant septembre 1544. PUBLIÉE pour la première fois dans *Epigrammes de Clement Marot faictz à l'imitation de Martial*, Poitiers, J. et E. de Marnef, 1547 (*Bibliographie*, II, no. 154). TEXTE de *S*.

[1] Si un personnage de ce nom a existé, je n'ai pu l'identifier.
Cette épigramme est imitée de Martial, *Epigrammes*, éd. cit., V, XLVII:

> Numquam se cenasse domi Philo iurat, et hoc est:
> non cenat, quotiens nemo uocauit eum.

[2] Cette fin différente, qu'on pourrait considérer comme des variantes des vers 4, 5 et 6, figure dans l'édition de Poitiers (notre texte) à la fin du poème.

CLXXIV

De Macée[1]

    Macée me veult faire acroyre
Que requise est de mainte gent.
Tant plus vieillist, plus a de gloire,
Et jure comme ung vieulx sergent   4
Qu'on n'embrasse point son corps gent
Pour neant; et dit vray Macée;
Car tousjours elle baille argent,
Quant elle veult estre embrassée.   8

COMPOSÉE avant mars 1538. PUBLIÉE pour la première fois dans *Recueil de vraye Poesie Françoyse, prinse de plusieurs Poetes les plus excellentz de ce regne*, Paris, D. Janot pour J. Longis et V. Sertenas, 1544 (*Bibliographie*, II, no. 264). TEXTE de *a¹*. VARIANTES de *S*.

Titre *S manque*
3 *S* Plus enuieillist, plus
4 *S* ung vieil sergent

CLXXV

De Pauline[2]

    Pauline est riche, et me veult bien
Pour mary. Je n'en feray rien;
Car tant vieille est que j'en ay honte.
S'elle estoit plus vieille du tiers,   4
Je la prendrois plus voulentiers;
Car la depesche en seroit prompte.

COMPOSÉE avant mars 1538. PUBLIÉE pour la première fois dans *Recueil de vraye Poesie Françoyse, prinse de plusieurs Poetes les plus excellentz de ce regne*, Paris, D. Janot pour J. Longis et V. Sertenas, 1544 (*Bibliographie*, II, no. 264). TEXTE de *a¹* (conforme à *v w⁴*). VARIANTES de *S*.

4 *S* vieille d'ung tiers   6 *S* seroit plus prompte

[1] Cette épigramme est imitée de Martial, *Epigrammes, éd. cit.*, XI, LXII :
    Lesbia se iurat gratis numquam esse fututam.
    Verum est. Cum futui uult, numerare solet.
[2] Cette épigramme est imitée de Martial, *Epigrammes, éd. cit.*, X, VIII :
    Nubere Paula cupit nobis, ego ducere Paulam
    nolo : anus est. Vellem, si magis esset anus.

CLXXVI

D'ung mauvais rendeur[1]

Cil qui mieux ayme par pitié
Te faire don de la moictié
Que prester le tout rondement,
Il n'est point trop mal gracieux; 4
Mais c'est signe qu'il ayme mieux
Perdre la moictié seulement.

COMPOSÉE avant septembre 1544. PUBLIÉE pour la première fois dans *Epigrammes de Clement Marot faictz à l'imitation de Martial*, Poitiers, J. et E. de Marnef, 1547 (*Bibliographie*, II, no. 154). TEXTE de S.

CLXXVII

[*De la Formis enclose en de l'Ambre*][2]

Dessoubz l'Arbre où l'Ambre degoute
La petite Formis alla;
Sur elle en tumba une goutte
Qui tout à coup se congela,
Dont la Formis demoura là, 5
Au milieu de l'Ambre enfermée.
Ainsi la beste deprisée
Et peu prisée quand vivoit,
Est à sa mort fort estimée,
Quand si beau sepulchre on luy voit. 10

COMPOSÉE avant septembre 1544. PUBLIÉE pour la première fois dans *Epigrammes de Clement Marot faictz à l'imitation de Martial*, Poitiers, J. et E. de Marnef, 1547 (*Bibliographie*, II, no. 154). TEXTE de S.

[1] Cette épigramme est imitée de Martial, *Epigrammes, éd. cit.*, I, LXXV:

> Dimidium donare Lino quam credere totum
> qui mauolt, mauolt perdere dimidium.

[2] Cette épigramme est imitée de Martial, *Epigrammes, éd. cit.*, VI, XV:

> Dum Phaethontea formica uagatur in umbra,
> implicuit tenuem sucina gutta feram.
> Sic modo quae fuerat uita contempta manente,
> funeribus facta est nunc pretiosa suis.

CLXXVIII

Du Savetier[1]

Toy qui tirois aux dentz vieilles savattes,
De ton feu maistre or possedes & tiens
Rentes, maisons & meubles jusqu'aux nattes;
A son trespas il les ordonna tiens.
Avec sa fille en repoz t'entretiens.   5
Et mes parents, pour me faire Escolier,
M'ont faict tirer bien vingt ans au collier.
Qu'en ay-je mieulx? Romps la plume & le livre,
Calliope, puis que le vieux soullier
Donne si bien au Savetier à vivre.   10

COMPOSÉE avant septembre 1544. PUBLIÉE pour la première fois dans *Epigrammes de Clement Marot faictz à l'imitation de Martial*, Poitiers, J. et E. de Marnef, 1547 (*Bibliographie*, II, no. 154). TEXTE de *S*, à l'exception d'une faute au v. 3 que nous avons corrigée.

3 jusqu'aux] jusques aux *S*

[1] Cette épigramme est imitée de Martial, *Epigrammes*, éd. cit., IX, LXXIII:

> Dentibus antiquas solitus producere pelles
>   et mordere luto putre uetusque solum,
> Praenestina tenes decepti regna patroni,
>   in quibus indignor si tibi cella fuit;
> rumpis et ardenti madidus crystalla Falerno
>   et pruris domini cum Ganymede tui.
> At me litterulas stulti docuere parentes:
>   quid cum grammaticis rhetoribusque mihi?
> Frange leues calamos et scinde, Thalia, libellos,
>   si dare sutori calceus ista potest.

CLXXIX

De la convalescence du roy[1]

Roy des Françoys, Françoys premier du nom,
Dont les vertuz passent le grant renom,
Et qui en France en leur entier ramaines
Tous les beaulx artz et sciences rommaines,   4
O de quel grant benefice estendu
De dieu sur nous à nous il t'a rendu,
Qui par accez de fievre longue et grosse
Avoys desja le pied dedans la fosse.[2]   8

COMPOSÉE en août 1537 (voir n. 2). PUBLIÉE pour la première fois dans *Epigrammes de Clement Marot faictz à l'imitation de Martial*, Poitiers, J. et E. de Marnef, 1547 (*Bibliographie*, II, no. 154). TEXTE de *a¹*. VARIANTES de *S w⁴*.

Titre *S ajoute* 1537
1 *w⁴* Roy des francoys premier
7 *S* Qui pour acces

[1] Dans le manuscrit de Chantilly (notre *a¹*), comme dans le manuscrit no. 203 de Soissons (notre *w⁴*), cette épigramme figure à la tête des épigrammes imitées de Martial. Cependant dans l'édition de 1547 des *Epigrammes de Clement Marot faictz à l'imitation de Martial* (notre *S*), elle est remplacée par l'épigramme CLXIII (*Au roy*) pour être réléguée à la fin du recueil.
Cette épigramme est imitée de Martial, *Epigrammes, éd. cit.*, VII, XLVII:

> Doctorum Licini celeberrime Sura uirorum,
>   cuius prisca grauis lingua reduxit auos,
> redderis—heu, quanto fatorum munere!—nobis
>   gustata Lethes paene remissus aqua.
> Perdiderant iam uota metum securaque flebat
>   tristities lacrimis iamque peractus eras:
> non tulit inuidiam taciti regnator Auerni
>   et ruptas Fatis reddidit ipse colus.
> Scis igitur quantas hominum mors falsa querelas
>   mouerit et frueris posteritate tua.
> Viue uelut rapto fugitiuaque gaudia carpe:
>   perdiderit nullum uita reuersa diem.

[2] François Ier tomba malade vers le début du mois de juillet 1537 et ne se remit que vers le milieu du mois d'août. Cf. Du Bellay, *Mémoires, ouvr. cit.*, t. III, p. 417:
« Le Roy, après que le seigneur de Langey luy eut faict le rapport qu'avez ouy, l'ayant trouvé à la Contey, le renvoya en Piemont pour plusieurs occasions, lequel, à son retour, le vint trouver à Melun malade d'une fievre, le XXV

EPIGRAMME CLXXIX

Ja te ploroit France de cueur et d'œil,
Ja pour certain elle portoit le dueil,
Mais mort qui feit de toy si grans approches
Jamais ne sceut endurer noz reproches, 12
Et t'a rendu par grant despit à nous,
Dont devant dieu nous ployons les genoulz.
Ainsy tu sçais combien par faulx alarmes
La mort a fait pour toy jecter des larmes, 16
Et si te peulx vanter en verité
De succedder à ta posterité,
Et d'estre roy apres ton successeur;[1]
Car ja pour roy le tenions pour tout seur. 20
Vy doncq, Françoys, ainsy que d'une vye
D'entre les mains des troys Parques ravye!
Prens les plaisirs et biens qui s'envoloient,
Et qui de toy desrober se vouloient! 24
Que Dieu te doint venir tout bellement
Au dernier poinct naturel, tellement
Que de la vye en ce poinct retournée
Ne puisses perdre une seulle journée. 28

18 *w⁴* a la
20 S *w⁴* tenons
28 S *w⁴* puisse

---

d'aoust, et luy feit entendre bien au long comme s'estoient portez ses affaires depuis l'arrivée du seigneur de Humieres en Piemont. . . . »
et une lettre du maréchal de Saint-André au comte d'Humières datée du 21 août 1537 :
« Monsieur, le commancement de ma lettre sera de vous advertir de la bonne santé du Roy, vous asseurant qu'il a eu une tres grande maladye & longue, & ne luy est demeurée que la feblesse, mais Dieu mercy il a comancé fort a ranfforcer & fait son compte de s'en aller bientost à Moulins. » (B.N. ms fr., Coll. Clér., 336, fo. 6067.)
[1] Le dauphin Henri.

CLXX

De Martin, & de Catin[1]

Catin veult espouser Martin,
C'est faict en tres fine femelle;
Martin ne veult point de Catin;
Je le trouve aussi fin comme elle. 4

COMPOSÉE avant septembre 1544. PUBLIÉE pour la première fois dans *Les Œuvres de Clement Marot*, Lyon, à l'enseigne du Rocher (Constantin), 1544 (*Bibliographie*, II, no. 129). TEXTE de *S* conforme à *J⁴* et *p*, à l'exception du titre que nous avons pris de *J⁴*.

CLXXXI

A Estienne Dolet[2]

Tant que voudras, jette feu & fumée!
Mesdy de moy à tort & à travers!
Si n'auras-tu jamais la renommée
Que de long temps tu cherches par mes vers. 4

COMPOSÉE avant septembre 1544. PUBLIÉE pour la première fois dans *Traductions de Latin en Françoys, Imitations et Inventions nouvelles, tant de Clement Marot que d'autres des plus excellens Poetes de ce temps*, Paris, E. Groulleau, 1550 (*Bibliographie*, II, no. 273). TEXTE de *U¹*.

[1] Cette épigramme est imitée de Martial, *Epigrammes, éd. cit.*, IX, X (V):

    Nubere uis Prisco: non miror, Paula; sapisti.
    Ducere te non uult Priscus: et ille sapit.

[2] Sur la brouille entre Marot et Dolet, voir plus haut, p. 135, n. 1.
Cette épigramme est imitée de Martial, *Epigrammes, éd. cit.*, V, LX:

    Adlatres licet usque nos et usque
    et gannitibus inprobis lacessas,
    certum est hanc tibi pernegare famam,
    olim quam petis, in meis libellis
    qualiscumque legaris ut per orbem.
    Nam te cur aliquis sciat fuisse?
    ignotus pereas, miser, necesse est.
    Non derunt tamen hac in urbe forsan
    unus uel duo tresue quattuorue,
    pellem rodere qui uelint caninam:
    nos hac a scabie tenemus ungues.

Et nonobstant tes gros tomes divers,
Sans bruit morras; cela est arresté;
Car quel besoing est il, homme pervers
Que l'on te sçache avoir jamais esté? 8

CLXXXII

D'un Lymosin[1]

C'est grand cas que nostre voysin
Tousjours quelque besongne entame,
Dont ne peult, ce gros lymosin,
Sortir qu'à sa honte & diffame. 4
Au reste, je croy sur mon ame,
Tant il est lourd & endormy,
Que quand il besongne sa femme
Il ne luy fait rien qu'à demy. 8

Composée avant septembre 1544. Publiée pour la première fois dans *Traductions de Latin en Françoys, Imitations et Inventions nouvelles, tant de Clement Marot que d'autres des plus excellens Poetes de ce temps*, Paris, E. Groulleau, 1550 (*Bibliographie*, II, no. 273). Texte de *U[1]*.

[1] Cette épigramme est imitée de Martial, *Epigrammes*, éd. cit., III, LXXIX:

Rem peragit nullam Sertorius, inchoat omnes:
hunc ego, cum futuit, non puto perficere.

CLXXXIII

A F. Rabelais[1]

S'on nous laissoit noz jours en paix user,
Du temps present à plaisir disposer,
Et librement vivre comme il faut vivre,
Palays & Cours ne nous faudroit plus suyvre,   4
Plaids ne proces, ne les riches maisons
Avec leur gloire & enfumez blasons;
Mais sous belle ombre, en chambre & galeries,
Nous promenans, livres & railleries,   8
Dames & bains seroient les passetemps,
Lieux & labeurs de noz espritz contens.
Las, maintenant à nous point ne vivons,
Et le bon temps perir pour nous sçavons,   12
Et s'en voller, sans remedes quelconques;
Puys qu'on le sçait, que ne vit on bien donques?

COMPOSÉE avant septembre 1544. PUBLIÉE pour la première fois dans *Traductions de Latin en Françoys, Imitations et Inventions nouvelles, tant de Clement Marot que d'autres des plus excellens Poetes de ce temps*, Paris, E. Groulleau, 1550 (*Bibliographie*, II, no. 273). TEXTE de U^I, à l'exception d'une leçon peu satisfaisante où nous avons substitué la leçon de J^7.

14 vit on J^7] vid l'on U^I

[1] Cette épigramme est imitée de Martial, *Epigrammes, éd. cit.*, V, XX:

> Si tecum mihi, care Martialis,
> securis liceat frui diebus,
> si disponere tempus otiosum
> et uerae pariter uacare uitae:
> nec nos atria nec domos potentum
> nec litis tetricas forumque triste
> nossemus nec imagines superbas;
> sed gestatio, fabulae, libelli,
> campus, porticus, umbra, Virgo, thermae,
> haec essent loca semper, hi labores.
> Nunc uiuit necuter sibi, bonosque
> soles effugere atque abire sentit,
> qui nobis pereunt et inputantur.
> Quisquam uiuere cum sciat, moratur?

CLXXXIV

Du Curé. Imitation[1]

Au curé, ainsi comme il dit,
Plaisent toutes belles femelles,
Et ont envers luy grand credit
Tant Bourgeoyses, que Damoyselles. 4
Si luy plaisent les femmes belles
Autant qu'il dit, je n'en sçay rien;
Mais une chose sçay-je bien:
Qu'il ne plaist à pas une d'elles. 8

COMPOSÉE avant septembre 1544. PUBLIÉE pour la première fois dans *Traductions de Latin en Françoys, Imitations et Inventions nouvelles, tant de Clement Marot que d'autres des plus excellens Poetes de ce temps*, Paris, E. Groulleau, 1550 (*Bibliographie*, II, no. 273). TEXTE de U^1. VARIANTE de *s*.

Titre *s* Du Curé de St. Eustache

[1] Cette épigramme est imitée de Martial, *Epigrammes, éd. cit.*, XI, LXIV:

Nescio tam multis quid scribas, Fauste, puellis:
hoc scio, quod scribit nulla puella tibi.

*CLXXXV

A Geoffroy Bruslard[1]

Tu painctz ta barbe, amy Bruslard, c'est signe
Que tu vouldrois pour jeune estre tenu;
Mais on t'a veu n'agueres estre un Cigne,
Puis tout à coup un Corbeau devenu; 4
Encor le pis qui te soit advenu
C'est que la Mort, plus que toy fine & sage,
Congnoit assez que tu es tout chenu
Et t'ostera ce masque du visage. 8

COMPOSÉE avant septembre 1544. PUBLIÉE pour la première fois dans *Les Œuvres de Clement Marot*, Lyon, à l'enseigne du Rocher (Constantin), 1544 (*Bibliographie*, II, no. 129). TEXTE de J⁴.

[1] Geoffroy Brulard était intendant de justice en Champagne (B.N. Série généalogique, P.O. 537, fo. 709). Un rondeau adressé à ce personnage, et dans lequel l'auteur le consulte sur une colique, fut attribué à Marot à tort dans une édition de l'*Adolescence Clementine* de 1533 (voir *Œuvres diverses*, pp. 39–40).
Sur l'authenticité de ce poème, voir plus haut, p. 69.
Cette épigramme est imitée de Martial, *Epigrammes*, éd. cit., III, XLIII:

Mentiris iuuenem tinctis, Laetine, capillis,
  tam subito coruus, qui modo cycnus eras.
Non omnes fallis; scit te Proserpina canum:
  personam capiti detrahet illa tuo.

IV. EPIGRAMMES DIVERSES

*CLXXXVI

*Dicton dudit Marot en
ryme croisée*[1] fo 193 r°

Sus, quatre vers, partez en haste
De par Marot dire à levrault,
Sy la mort ne l'a mys en paste,
Qu'i[l] le veult veoir, car il le vault. 4

COMPOSÉE peut-être en 1527 (cf. n. 1). INÉDITE au XVIe siècle. TEXTE de *h*.

*CLXXXVII

Marot à Robinet[2] fo 105 v^c

Tu es logé au cabinet
De mon cueur, amy Robinet;

COMPOSÉE probablement avant 1531. INÉDITE au XVIe siècle. TEXTE de *o*.

[1] Si le « levrault » nommé au v. 2 de ce poème est un personnage, je n'ai pu l'identifier. Notons que le poème suit dans le ms fr. 2206 de la Bibliothèque Nationale (notre *h*), qui est sa seule source, l'épître *Au roy pour le deslivrer de prison* (*Epîtres*, XI) dans laquelle Marot dit qu'il a envoyé à son procureur une bécasse et un levraut. Il est donc possible que le présent poème est une plaisanterie se rapportant à cet incident.

[2] Cette épigramme est présentée dans le ms fr. no. 12795 de la Bibliothèque Nationale (notre *o*) comme réponse au poème suivant:

Robinet à Marot
Pres de ton cueur plus dur que dyamant
Je suis loge trescher amy Clement
Comme si j'eusse la haulte mer passée
Suys eslongne de ta bonne pensée
Veu que tu es mon voysin de si pres
Je m'esbahys si ne fays tes apprestz
Pour de promesse te venir acquicter
Si quicté m'as me convient te quicter.

T'advisant que point ne te quicte;
Mais puis qu'il fault que je m'acquicte, 4
A ce soir me trouveras prest.
Ce pendant faiz doncques apprest
De vin sur la langue trotant,
Et de soif pour boire d'autant. 8

CLXXXVIII

*Sur la devise de Jan Le Maire
de Belges, laquelle est:
De peu assez*

De peu Assez ha cil qui se contente;
De prou n'a riens celluy qui n'est content.
Estre content de peu est une rente
Qui vault autant qu'or ny argent contant. 4

Ce n'est pas tout s'esjouir en comptant
Force ducatz si le desir ne cesse.
Qui en desir temperé est constant
Il peult dire qu'il a vraye richesse. 8
Contentement passe richesse.

Composée avant 1533. Publiée pour la première fois dans *Le Miroir de tres chrestienne princesse Marguerite de France, Royne de Navarre, Duchesse d'Alençon et de Berry, auquel elle voit & son neant & son tout*, Paris, Augereau, 1533 (*Bibliographie*, II, no. 240). Texte de C.

Robinet était sans doute un panetier à la cour (cf. vv. 6–8). L'état des « Gentilzhommes, dames, damoiselles, et autres officiers de la maison de feue madame mere du Roy (Louise de Savoie, morte en 1531) que ledict seigneur veult et entend pourvoir . . . » (B.N. ms fr. 3054, fo. 27 r⁰) mentionne « Le vieil Robinet panetier » (*ibid.*, fo. 28 v⁰).

CLXXXIX

*De Marot sorty du service de la
Royne de Navarre et entré en celluy
de Madame de Ferrare*[1]   p. 26

Mes amys, j'ay changé ma dame;
Une autre a dessus moy puissance,
Née deux foys[2] de nom et d'ame,[3]
Enfant de roy par sa naissance,[4]
Enfant du ciel par congnoissance   5
De celluy qui la saulvera;
De sorte quant l'autre saura
Comment je l'ay telle choisye,
Je suis tout seur qu'elle en aura
Plus d'aise que de jalousie.   10

COMPOSÉE au printemps de 1535. PUBLIÉE pour la première fois dans *La Suyte de Ladolescence Clementine*, s.l. (Paris, D. Janot), 1537 (*Bibliographie*, II, no. 56). TEXTE de *a¹*. VARIANTES de *E⁴*.

Titre *E⁴* Dizain à ses amys quant en laissant la Royne de Navarre fust receu en la maison & estat de ma dame Renee, Duchesse de Ferrare.
3 *E⁴* non & Dame   9 *E⁴* bien seur

[1] Ayant pris la fuite après l'affaire des Placards, Marot avait passé l'hiver 1534-5 dans le Béarn auprès de Marguerite de Navarre, puis, au printemps de 1535, était passé en Italie où il demanda une place à Renée de France, duchesse de Ferrare. (Cf. *Epîtres*, XXXIV et XXXVI). Renée le prit à son service comme secrétaire à partir du 1er avril 1535 (voir *Epîtres*, p. 15, n. 1).
[2] Jeu de mots sur le nom de Renée.
[3] Allusion au protestantisme de Renée.   [4] Renée était la fille de Louis XII.

CXC

A Madame de Ferrare[1]   p. 25

Quant la vertu congnut que la fortune
Me conseilloit d'abandonner la France,
Elle me dit: cherche terre opportune
Pour mon recueil et pour ton asseurance.
Incontinant, dame, j'euz esperance   5
Qu'il feroit bon devers toy se retraire,
Qui tous enfans de vertu veulx attraire   p. 26
Pour decorer ta maison sumptueuse,
Et qui plaisir ne prendrois à ce faire,
Si tu n'estoys toy mesmes vertueuse.   10

COMPOSÉE au mois d'avril 1535 (voir n. 1). PUBLIÉE pour la première fois dans *La Suyte de Ladolescence Clementine*, s.l. (Paris, D. Janot), 1537 (*Bibliographie*, II, no. 56). TEXTE de *a¹*. VARIANTES de *E⁴*.

Titre *E⁴* Dizain au Duc de Ferrare par Clement marot a son arrivee 1535
1 *E⁴* congneust
2 *E⁴* conseilloit abandonner
5 *E⁴* Incontinent (prince)
8 *E⁴* ton palays sumptueux
9 *E⁴* Et que
10 *E⁴* vertueux

[1] La variante du titre montre que Marot adressa cette épigramme à Hercule d'Este, duc de Ferrare, lors de son arrivée dans cette ville, au mois d'avril 1535 (voir *Le départ de Marot de Ferrare*, BHR, t. XVIII, 1956, pp. 197–221). Au moment de la rédaction du manuscrit de Chantilly, au début de l'année 1538, le poète, ayant eu maille à partir avec le duc de Ferrare, changea le titre du poème, pour l'adresser à celle qui avait été sa protectrice, Renée de France, duchesse de Ferrare.

*CXCI

De la Ville de Lyon[1]

On dira ce que l'on vouldra
Du Lyon & sa cruaulté;
Tousjours, ou le sens me fauldra,
J'estimeray sa privaulté. 4
J'ay trouvé plus d'honnesteté
Et de noblesse en ce Lyon
Que n'ay pour avoir frequenté
D'autres bestes un million. 8

COMPOSÉE probablement en décembre 1536. PUBLIÉE pour la première fois dans *Les Œuvres de Clement Marot*, Lyon, à l'enseigne du Rocher (Constantin), 1544 (*Bibliographie*, II, no. 129). TEXTE de J^4.

*CXCII

Aultre dizain de Clement Marot[2]   fo 48 v°

Veu que suys né en povreté amere
Moult haultement apparenté me voy;
Car une Royne[3] excellente est ma mere;
Loué soit dieu duquel vient cest envoy!
D'un mesme pain vivons en bonne foy, 5
Voyre, et combien que je luy obtempere,
Son frere suys du costé du grand pere.
Que dictes vous, dois je vivre en esmoy?
Allez, caphars de rage et de vipere,
Elle n'est pas votre seur comme à moy! 10

COMPOSÉE entre 1527 et septembre 1544. INÉDITE au XVIᵉ siècle. TEXTE de *r* (c'est par erreur que l'édition Guiffrey présente cette épigramme comme provenant du ms 1988 du fonds français de la Bibliothèque Nationale).

[1] C'est probablement pendant son séjour à Lyon, après son retour d'exil, au mois de décembre 1536, que Marot composa cette épigramme.
[2] Sur l'authenticité de cette épigramme, voir plus haut, p. 72.
[3] Marguerite d'Angoulême, reine de Navarre depuis 1527, l'année de son mariage à Henri d'Albret.

CXCIII

Au roy[1]   p. 73

Plaise au roy me faire payer
Deux ans d'absence de mes gaiges,
Tant seullement pour essayer,
Apres que l'on s'est veu rayer,
Combien sont doulx les arreraiges.   5
J'en chasseray tous les oraiges
Qui loing de vous m'ont fait nager,
Et sauray gré à mes contraires,
Qui cuydans troubler mes affaires,
M'auront fait si bon mesnager.   10

COMPOSÉE probablement au mois de mars 1537. INÉDITE au XVIe siècle.
TEXTE de a^1. VARIANTES de j w^3.

Titre *j*   manque
      w^3 Placet au roy presenté par ledit marot a son retour
4 *j* w^3 *manque*
6 *j* w^3 Lors je ne craindray les orages

[1] Après son retour à la Cour, le 8 mars 1537 probablement (voir *Œuvres lyriques*, p. 284, n. 2), Marot, ayant été rayé de la liste des valets de chambre du roi, demande de réintégrer sa place. Cf. plus haut, Epigramme CXLIX.

CXCIV

A la ville de Paris[1]   p. 75

Paris, tu m'as fait mainctz alarmes,
Jusque à me poursuyvre à la mort;[2]
Je n'ay que blasonné tes armes;[3]
Ung ver, quant on le presse, il mord.   4
Encor la coulpe m'en remord.
Ne sçay de toy qu'il en sera;
Mais de nous deux le dyable emport
Celluy qui recommencera.[4]   8

COMPOSÉE avant mars 1538. PUBLIÉE pour la première fois dans *Les Œuvres de Clement Marot*, Lyon, Constantin, 1544 (*Bibliographie*, II, no. 124). TEXTE de a^I. VARIANTES de $j\,w^I$.

Titre *j* Huictain
    w^I Marot
4 *j* le picque
5 *j* En ce nature me remort
6 *j* De toy ne sçay qu'il
8 w^I toy comment sera
  j w^I Qui premier recommencera

[1] On ignore toutes les circonstances de cette querelle entre Marot et la ville de Paris.

[2] Est-ce une allusion au fait que la liste des condamnés à mort par contumace, après l'affaire des Placards, liste sur laquelle figure le nom de Marot (voir *La Religion de Marot*, ouvr. cit., p. 26) fut criée dans les carrefours de Paris?

[3] On ne connaît pas de poème de Marot se moquant des armes de la ville de Paris.

[4] Dans le ms Soissons 200 (notre w^I) le poème est suivi par le huitain suivant:

> *Responce que fait Paris*
> Marot tu diz tant de follies
> Que je ne sçay comme on les souffre,
> Car tes faitz et tes omelyes
> Ne sentent que le feu et souffre;
> De le monstrer à tous je m'offre;
> Et veux dire en quoy tu te deulz,
> Et qu'il soit jecté dans un gouffre
> Qui aura le tort de nous deux.

En marge de ce poème se trouve le nom Faubert. Sur ce personnage, ennemi de Marot, voir *Œuvres satiriques*, p. 103, n. 1; cf. aussi plus haut, p. 134, n. 1.

CXCV

Contre Sagon[1]   p. 138

   Si je fais parler ung vallet,
Sagon fera parler ung page;[2]
Si je pains le premier fueillet,
Sagon painct la premiere page;
Si je postille mon ouvraige,   5
Sagon tout ainsy vouldra faire;
Quant tout est dit, veu son affaire,
Je trouve que le babouyn[3]
Ne fait rien synon contrefaire,
Comme vray singe ou sagouyn.   10

COMPOSÉE vers la fin de 1537. INÉDITE au XVIe siècle. TEXTE de a^1.

[1] Sur la querelle entre Marot et Sagon, voir *La Religion de Marot*, ouvr. cit., pp. 71–77.

[2] En réponse à l'*Epttre de Frippelippes* (*Œuvres satiriques*, VI) dans laquelle Marot avait feint que son valet—imaginaire—du nom de Frippelippes tient la plume, Sagon avait imité Marot de façon servile dans son *Rabais du caquet de Frippelippes & de Marot dict rat pelé par Matthieu de Boutigny, page de Monsieur de Sagon* (s.l.n.d.).

[3] Dans l'*Epttre de Frippelippes* Marot avait traité Sagon de babouin et de sagouin.

CXCVI

*De la prise du Chasteau
de Hedin*[1]   p. 99

C'est à Françoys en armes tressavant
De faire prendre aux ennemys carriere,
C'est à Françoys de marcher plus avant,
C'est à Cesar[2] de retourner arriere;   p. 100
Car mieulx que luy Françoys rompt la barriere   5
Laquelle nuyst à plus oultre entreprendre
Va donq Cesar, va patience prendre;
Prendre ne peulx aussy bien ung fort lieu.
Tu rends Hedin, nous ne voulons entendre
A rendre rien synon graces à dieu.   10

COMPOSÉE en avril 1537 (voir variante du titre). INÉDITE au XVIe siècle.
TEXTE de a^I. VARIANTES de o w^I w^3.

Titre *o*　Dixain de la prinse dhedin le XIIIe avril XVXXXVII apres pasques
　　w^I　Feu de joye de ladite prise[3]
2 *o* A fere
　w^I A faire
3 *o* a marcher

---

[1] Le 13 avril 1537, lors de la campagne de Flandres, François Ier s'empara de la ville de Hesdin (Pas-de-Calais). Marot célèbre ce succès dans cette épigramme dont il envoya une copie à deux dames, Madame de Bazauges et Hélène de Haston, dite Trezay (voir *Epîtres*, XLIX).
[2] L'empereur Charles-Quint.
[3] Dans le ms cette épigramme est précédée de deux pièces par B. de la Borderie relatives à cet événement.

CXCVII

Sur la devise de l'empereur:
Plus oultre[1]   p. 120

    La devise de l'empereur
D'ambition le fait noter
Et si est foible conquereur
Pour ceulx à qui se veult froter,   4
Son « plus oultre » luy fault oster,
Si autrement ne s'en acoustre;
Car qui reculle doit porter:
« Plus arriere », non pas « plus oultre ».   8

COMPOSÉE entre été 1536 et mars 1538. INÉDITE au XVIe siècle. TEXTE de a^1. VARIANTES de w^1 w^3.

3 w^1 Car il est paouvre conquereur
  w^3 Sil est pauvre
4 w^1 se vient
  w^3 Veu ceulx
5 w^1 Sa devise luy
  w^3 La devise luy
6 w^1 w^3 Puisqu'aultrement ne

[1] Cette épigramme fait allusion à l'échec de l'invasion de la Provence par Charles-Quint dans l'été de 1536.

CXCVIII

*Mommerie de quatre jeunes Damoyselles,
faicte de madame de Rohan
à Alençon*[1]

La premiere portant des esles

Prenez en gré, Princesse, les bons zelles
De l'entreprinse aux quatre damoyselles,
Dont je me tien des plus petites l'une;
Mais toutesfoys entendez par ces esles 4
Qu'à ung besoing pour vous avecques elles
J'entreprendroys voller jusque à la Lune.

COMPOSÉE probablement vers la fin de 1537. (Voir n. 1). PUBLIÉE pour la première fois dans *Epigrammes de Clement Marot faictz à l'imitation de Martial*, Poitiers, J. et E. de Marnef, 1547 (*Bibliographie*, II, no. 154). TEXTE de *S*, à l'exception de quatre fautes (vv. 1, 2, 3 et 40) que nous avons corrigées.

1 bons] bon *S*
2 aux] au *S*
3 petites] petite *S*

[1] Isabeau d'Albret, sœur de Henri d'Albret, roi de Navarre, avait épousé, en 1534, René de Rohan. Pour cette occasion Marot avait composé une épître que devait réciter Isabeau au cours d'une « mommerie » qui fit partie des fêtes du mariage célébré au château d'Alençon (*Epîtres*, XXXIII). Le présent poème semble donc être une espèce de reflet de la « mommerie » originale. Les vers 9–14 font allusion à la grossesse d'Isabeau. Or nous savons qu'elle était enceinte dans l'automne et l'hiver de 1537. Marot se trouvait alors dans l'entourage de Marguerite de Navarre, belle-soeur d'Isabeau. La reine, ayant passé l'été à Saint-Cloud, à Vanves et à Fontainebleau pour soigner d'abord son mari malade et puis la reine Eléonore, passa au mois d'octobre à Blois où se trouvait sa fille Jeanne, également malade. Au mois de novembre elle la mena à Tours accompagnée de Marot (voir *Epîtres*, LI). De là, elle partit pour la Bretagne, ayant eu de mauvaises nouvelles de sa belle-soeur. Elle trouva Isabeau et son mari dans la plus grande misère. Comme Isabeau était enceinte, la reine la ramena à Tours auprès de sa fille. De là, toujours accompagnée de Marot, elle partit pour Limoges et le midi au mois de décembre. (Voir Jourda, *ouvr. cit.*, t. I, pp. 225 suiv.). On ne sait rien sur un séjour de sa part à Alençon. Peut-être y envoya-t-elle Isabeau, et demanda-t-elle à Marot de rimer ce poème. De toute manière il semble impossible de placer la composition de cette épigramme à une date differente.

La premiere vestue de blanc

Pour resjouyr vostre innocent,[1]
Avons prins habit d'innocence.
Vous pourriez dire qu'il ne sent
Rien encor de resjouyssance;
Mais (Madame) s'il a puissance
De sentir mal quand mal avez
Pourquoy n'aura il jouyssance
Des plaisirs que vous recevez?

La seconde portant des esles

Madame, ses esles icy
Ne monstrent faulte de soucy,
Ne trop de jeunesse frivolle.
Elles vous declarent pour moy
Que, quand vous estes hors d'esmoy,
Je voys, je vien, mon cœur s'envolle.

La seconde vestue de blanc

L'habit est blanc, le cœur noir ne fut oncques;
Prenez en bien (noble Princesse) doncques
Ce passetemps de nostre invention;
Car, n'en deplaise à la melancholie,
Soy resjouyr n'est peché ny follye
Sinon à gent de malle intention.

Pour la jeune

Recevez en gré la boursette[2]
Ouvrée de mainte couleur!
Voluntiers en don de fillette
On ne regarde en la valeur.
J'auray grand plaisir, avecq'heur,
S'il est prins de volunté bonne,
Car je le donne de bon cœur,
Et le cœur mesme je vous donne.

---

[1] Allusion à l'enfant que portait Isabeau de Rohan.
[2] Le don de la « boursette » s'explique par la pénurie dans laquelle se trouvait alors Isabeau.

Pour l'aisnée

C'est ung don faict d'un cœur pour vous tout né,
C'est de la main à vous toute adonnée; 36
Brief, c'est ung don lequel vous est donné
De celle là que l'on vous a donnée;
Voyre donné d'Amour bien ordonnée;
Parquoy mieux prins sera comme je pense. 40
Si le don plaist, me voyla guerdonnée,
Amour ne veult meilleure recompense.

40 je] in S

*CXCIX

Epigramme par maniere de dialogue
Pour madamoiselle d'Huban[1]   fo 108 r°

Qu'esse qu'Huban? c'est beaulté naturelle
Et grand vertu en forme corporelle.
Qu'esse qu'Huban? du seigneur un chef d'œuvre
Mys icy bas, lequel il nous descœuvre. 4
Qu'esse qu'Huban? c'est un jardin et clost
Où tout sçavoir veritable est enclost.
Qu'esse qu'Huban? affin que le vous dye
Tout en un mot c'est la cyclopedie 8
Et de tous artz liberaulx le registre
Que le seigneur a voulu faire et tistre
Pour nous monstrer sa vertu planctureuse.
Voila que c'est qu'Huban, la bien heureuse, 12
Heureuse dy, quar il n'est femme au monde
En qui vertu plus qu'en icelle habonde.

Composée probablement en 1537.   Inédite au XVIe siècle.   Texte de *d*, à l'exception d'une faute au v. 8 que nous avons corrigée.

8 en un mot] en mot *d*

[1] Gilberte de Rabutin, fille de Blaise de Rabutin, seigneur de Huban, dame d'honneur des princesses royales (B.N. ms 7856, fos. 920 et 1086, et *Cat. des Actes*, VII, 717, 28585). Dans une *Généalogie de la Famille Rabutin* restée manuscrite (Arsenal, ms 4159), Bussy-Rabutin dit que Gilberte fut appelée à la cour « la belle Huban ». Cf. *Œuvres lyriques*, LXXIII (Elégie XXII). Elle épousa, en 1537, Philibert Aulezy, seigneur d'Espeuilles.
Sur l'authenticité de cette épigramme, voir plus haut, p. 65.

CC

Au Roy, pour estrenes p. 75

Ce nouvel an,[1] Françoys, où grace abonde,
M'a fait present de plaine liberté;
Il m'a ouvert pour estrenes le monde
Dont l'occident cloz deux ans m'a esté;[2]
Et pourtant j'ay d'estrener protesté　　　　　　5
Le monde ouvert et mon roy valureux.
Je donne au roy ce monde plantureux;
Je donne au monde ung tel prince d'eslite,
Affin que l'un vive en paix bien heureux,
Et que l'autre ayt l'estrene qu'il merite.　　　　10

COMPOSÉE probablement vers Pâques 1537. PUBLIÉE pour la première fois dans *Traductions de Latin en Françoys, Imitations et Inventions nouvelles, tant de Clement Marot que d'autres des plus excellens Poetes de ce temps*, Paris, E. Groulleau, 1550 (*Bibliographie*, II, no. 273). TEXTE de a^1. VARIANTES de U^1 j.

Titre j Dixain
3 U^1 estrene
　j ma donne
4 U^1 l'Occident deux ans clos m'a
5 j Et partant

[1] Vu la coutume encore assez répandue à l'époque de commencer l'année non pas le premier janvier, mais à Pâques, il est probable que Marot écrit vers Pâques 1537, plutôt que le 1er janvier 1538, quand son retour d'exil est du passé.

[2] Par *occident* Marot désigne probablement la France. Ayant été exilé à Ferrare et à Venise, il considéra sans doute la France comme l'ouest de l'Europe.

CCI

Du retour de Tallart à la Court[1]

Puis que voyons à la Court revenue
Tallard, la fille à nulle autre seconde,
Confesser fault, par sa seule venue,
Qui les Espritz reviennent en ce monde.
Car rien qu'Esprit n'est la petite blonde,   5
Esprit qui point aux autres ne ressemble,
Veu que de peur, s'ilz reviennent, on tremble;
Mais cestuy cy n'espovente ne nuyt.
O esprit donc, bon feroit, ce me semble,
Avecques toy rabaster toute nuict!   10

COMPOSÉE vers novembre-décembre 1537. PUBLIÉE pour la première fois dans *Epigrammes de Clément Marot faictz à l'imitation de Martial*, Poitiers, J. et E. de Marnef, 1547 (*Bibliographie*, II, no. 154). TEXTE de *S*. VARIANTES de *s*.

1 *s* Puis qu'à la Cours nous voyons revenue
6 *s* Dont point Esprit qui aux autres
7 *s* Car de frayeur s'ilz reviennent on tremble
9 *s* feroit comme semble

[1] Sur Louise de Clermont-Tallart et sa disgrâce, voir Epigramme LXXXIV. Etant forcée par l'ordre du roi de se retirer de la Cour au printemps 1537, elle y retrouva sa place dès le mois de novembre de la même année (voir plus haut, p. 166, n. 1).

CCII

*Au Roy, encores pour estre
remis en son estat*[1]

Si le Roy seul, sans aucun y commettre,
Met tout l'estat de sa maison à poinct
Le cueur me dit que luy, qui m'y fit mettre,
M'y remettra & ne m'ostera point. 4
Crainte d'obli pourtant au cueur me poingt,
Combien qu'il ayt la memoyre excellente.
Et n'ay pas tort; car si je perds ce poinct,
A dieu command le plus beau de ma rente. 8
Or doncques soit sa majesté contente
De m'y laisser en mon premier arroy,[2]
Soit de sa chambre ou sa loge ou sa tente,
Ce m'est tout un, mais que je sois au Roy. 12

COMPOSÉE probablement vers la fin de l'année 1537 ou la fin de l'année 1538. PUBLIÉE pour la première fois dans *Traductions de Latin en Françoys, Imitations et Inventions nouvelles, tant de Clement Marot que d'autres des plus excellens Poetes de ce temps*, Paris, E. Groulleau, 1550 (*Bibliographie*, II, no. 273). TEXTE de U[1]. VARIANTE de o.

Titre *o* Marot

[1] Il est probable que c'est vers la fin de l'année 1537 ou la fin de l'année 1538 que Marot, ayant repris sa place de valet de chambre à la cour au mois de mars 1537, rima cette épigramme pour demander d'être remis à l'état de la maison du roi afin de pouvoir toucher ses gages. On connaît un acte de François Ier, daté du 2 janvier 1539, ordonnant le payement à Marot de ses gages pour les deux années passées : « A Paris, le deuxieme jour de janvier l'an mil V[e]XXXVIII (n.s. 1539), à Me Jehan Carré pour paier les gaiges de Jehannet Bouchefort, chantre & valet de chambre du roy des deux années dernières, ceulx de Clement Marot, aultre vallet de chambre, & de Anthoine Poinsson, joueur de cornetz de ladite année dernière ... IXc LX liv. » (L. de Laborde, *Les comptes des Bâtiments du roi*, t. II, p. 241.)

[2] C'est à dire la place de valet de chambre que le poète occupait avant son exil.

CCIII

[*Janeton*] p. 147

Janeton
A du teton,
Et Cathin
A du tetin,
Martine 5
De la tetine,
Et Oudette
De la tette,
Thomasse
De la tetasse.[1] 10

COMPOSÉE avant mars 1538. INÉDITE au XVIe siècle, cette épigramme fut publiée pour la première fois par G. Mâcon dans le *Bulletin du Bibliophile*, 1898. TEXTE de a^1.

[1] Imprimant ce poème pour la première fois G. Mâcon l'a traité de « pauvreté ». Il ne semble pas qu'il y ait à revenir sur ce jugement. Dans le manuscrit de Chantilly (notre a^1) ce poème est arrangé en cinq vers sans rimes.

CCIV

*De Dolet, sur ses Commentaires
de la Langue Latine*[1]

Le noble Esprit de Cicero Rommain,
Voyant çà bas maint Cerveau foible & tendre
Trop maigrement plume avoir mis en Main,
Pour de ses dictz la force faire entendre, 4
Laissa les Cieulx; en Terre se vint rendre;
Au Corps entra de Dolet tellement
Que luy sans aultre à nous se faict comprendre
Et n'a changé que de nom seullement.[2] 8

COMPOSÉE entre février 1537 et mars 1538. PUBLIÉE pour la première fois dans *Les Œuvres de Clement Marot*, Lyon, E. Dolet, 1538 (*Bibliographie*, II, no. 70). TEXTE de J^1. VARIANTE de a^1.

5 a^1 Laissa le ciel

[1] Marot semble avoir rencontré Etienne Dolet pour la première fois au mois de février 1538, lorsque le poète, après son retour d'exil, arriva à Paris, et que Dolet, ayant reçu un pardon du roi après avoir été condamné à mort pour avoir tué dans une rixe le peintre Compaing, célébra sa liberté par un banquet auquel furent rassemblés entre autres, Marot, Rabelais et Budé. Après ce moment les deux hommes se lièrent d'amitié. On croit même à une influence de Dolet sur le poète, influence qui se fait voir notamment dans les Epigrammes imitées de Martial (voir plus haut, pp. 8–9). C'est chez Dolet que Marot publia, au mois de juillet 1538, sa première édition des *Œuvres*. Vers ce moment là, cependant, les deux hommes semblent s'être brouillés. (Sur cette brouille, voir *Le Texte de Marot*, art cit., t. XV, pp. 80–4). Dans l'édition des *Œuvres* publiée par S. Gryphius (*Bibliographie*, II, no. 71) peu de temps après celle de Dolet, la présente épigramme est omise. A sa place, dans le *Premier Livre des Epigrammes*, se trouvent les deux pièces *A un quidam* (XLIX) et *A Benest* (L).

Etienne Dolet, un des plus grands humanistes français, venait de publier, en 1537, le premier tome de sa grande œuvre, *Commentariorum Linguae Latinae Epitome Duplex*, à Bâle.

[2] Dolet était le principal Cicéronien en France. Les adhérents de ce mouvement considéraient Cicéron comme le meilleur prosateur latin; et essayaient non seulement d'imiter son style, mais encore de n'employer de mot ou de structure qui ne se trouvât dans son œuvre. C'est surtout grâce aux *Commentarii* de Dolet que Cicéron est devenu pour toujours le modèle du latin classique.

CCV

Contre l'inique.[1] *A Antoine du
Moulin, Masconnois*[2] *&
Claude Galland*[3]

Fuyez, fuyez (ce conseil je vous donne)
Fuyez le fol qui à tout mal s'adonne,
Et dont la mere en mal jour fut enceinte.
Fuyez l'infame, inhumaine personne 4
De qui le nom si mal cimbale & sonne
Qu'abhorré est de toute oreille sainte.
Fuyez celuy qui, sans honte ne crainte,
Compte tout hault ses vices hors d'usance, 8
Et en faict gloire (& y prend sa plaisance;
Qui s'aymera ne le frequente donq).
O malheureux, de perverse naissance;
Bienheureux est qui fuit ta congnoissance; 12
Et plus heureux qui ne te congneut onq.

COMPOSÉE probablement en 1538. PUBLIÉE pour la première fois dans *Les Œuvres de Clement Marot*, Lyon, J. de Tournes, 1546 (*Bibliographie*, II, no. 143). TEXTE de J⁵, à l'exception d'une coquille au v. 5 que nous avons corrigée.

5 cimbale] cimbal J⁵

[1] Il s'agit probablement d'Etienne Dolet, avec qui Marot s'était brouillé en 1538 (voir plus haut, p. 264, n. 1). Cependant, en vue du vers 5 : « De qui le nom si mal cimbale & sonne », il est possible que Marot s'en prenne ici à l'auteur du *Cymbalum Mundi*, Bonaventure des Périers. Sur cette question, voir *Le Texte de Marot*, art. cit., t. XV, p. 83.
[2] Sur Antoine du Moulin (1505–1551) voir A. Cartier et A. Chenevière, *A. du Moulin, valet de chambre de la reine de Navarre*, RHLF, II, 1895, pp. 469–90, III, 1896, pp. 218–44.
[3] Sur Claude Galland on ne sait presque rien. Il publia, en 1547, en une plaquette imprimée à Lyon, une *Epistre à une noble Dame religieuse pleine de sçavoir & vertuz*. Voir C. A. Mayer, *Une épigramme inédite de Clément Marot*, BHR, XVI, 1954, pp. 209–11.

CCVI

Dixain

    Une dame du temps passé
Vey n'agueres entretenue
D'un vieil gentilhomme cassé
Qui avoit la barbe chenue.
    Alors la souhaytastes nue 5
Entre ses braz; mais puis qu'il tremble,
Et puis que morte elle resemble,
Monsieur, si pitié vous remord,
Ne les faictes coucher ensemble,
De peur qu'ilz n'engendrent la Mort. 10

Composée avant 1538. Publiée pour la première fois dans *Petit traicté contenant en soy la fleur de toutes joyeusetez en Epistres, Ballades & Rondeaux fort recreatifz joyeux & nouveaux*, Paris, V. Sertenas, 1538 (*Bibliographie*, II, no. 244).
Texte de S. Variantes de G^2 r w^1.

Titre r Aultre dixain
     w^1 manque
2 G^2 r w^1 Veistes dymenche entretenue
5 G^2 r w^1 Adonc
6 G^2 w^1 Aupres de luy mais
7 G^2 Et veu que mort elle
  r Et que a la mort bien il ressemble
  w^1 Et veu que morte elle
10 G^2 r quilz engendrent

CCVII

*Responce pour le Roy de Navarre
à ma Dame d'Orsonvilliers du
huictain J'ay joué rondement
par C. Marot*[1]

Si la queue ay coupée
Au jeu si nettement,[2]
Point ne vous ay trompée,
J'ay joué rondement. 4
Aussi honnestement
Faisons marché qui tienne;
Pour jouer finement
Je vous preste la mienne. 8

COMPOSÉE probablement vers 1538. PUBLIÉE pour la première fois dans *Traductions de Latin en Françoys, Imitations et Inventions nouvelles, tant de Clement Marot que d'autres des plus excellens Poetes de ce temps*, Paris, E. Groulleau, 1550 (*Bibliographie*, II, no. 273). TEXTE de U^1. VARIANTE de J^7.

Titre J^7 Response pour le Roy de Navarre

CCVIII

Huictain[3]

J'ay une lettre entre toutes eslite;
J'ayme ung pais, & ayme une chanson:
N est la lettre,[4] en mon cœur bien escripte,
Et le pais est celuy d'Alençon; 4

COMPOSÉE probablement entre 1538 et 1540 (voir n. 3). PUBLIÉE pour la première fois dans *Epigrammes de Clement Marot faictz à l'imitation de Martial*, Poitiers, J. et E. de Marnef, 1547 (*Bibliographie*, II, no. 154). TEXTE de *S*.

[1] Voir Epigramme CXXIII.
[2] Sur le sens de cette expression, voir plus haut, p. 193, n. 3.
[3] Cette épigramme est la plus explicite que Marot ait écrite concernant son amitié pour Anne d'Alençon (voir plus haut, pp. 21–3). Ayant été publiée pour la première fois trois ans après la mort du poète, cette pièce n'a guère pu être composée qu'après l'été de 1538, puisqu'elle ne figure pas dans l'édition des *Œuvres* de cette année. D'autre part, Anne d'Alençon épousa Nicolas de Bernay en 1540. Cette épigramme fut donc composée probablement entre l'été de 1538 et 1540. [4] La lettre N se prononçait ANNE au XVIe siècle.

La chanson est (sans en dire le son):
Alegez moy, doulce, plaisant brunette;[1]
Elle se chante à la vieille façon,
Mais c'est tout ung, la brunette est jeunette. 8

CCIX

A Anne

Le cler Soleil par sa presence efface
Et faict fuyr les tenebreuses nuictz
Ainsi pour moy (Anne), devant ta face,
S'en vont fuyant mes langoureux ennuictz. 4
Quant ne te voy, tout ennuyé je suis;
Quant je te voy, je suis bien d'autre sorte.
Dont vient cela? savoir je ne le puis,
Si n'est d'amour, Anne, que je te porte. 8

COMPOSÉE probablement entre été 1538 et 1540 (voir plus haut, p. 267, n. 3). PUBLIÉE pour la première fois dans *Epigrammes de Clement Marot faictz à l'imitation de Martial*, Poitiers, J. et E. de Marnef, 1547 (*Bibliographie*, II, no. 154). TEXTE de *S*.

[1] Incipit de chanson imaginaire.

CCX

De Monsieur du Val,[1] *Tresorier
de l'espargne*[2]

Toy, noble esprit, qui veulx chercher les Muses,
En Parnasus (croy moy) ne monteras;
De les trouver sur le mont tu t'amuses,
Dont, si m'en croys, au Val t'arresteras; 4
Là d'Helicon la fontaine verras,
Et les neuf sœurs Muses bien entendues,
Qui puis un peu (ainsi le trouveras)
Du mont Parnase au Val sont descendues.[3] 8

COMPOSÉE probablement au début de 1539. PUBLIÉE pour la première fois dans *Les Œuvres de Clement Marot*, Lyon, à l'enseigne du Rocher (Constantin), 1544 (*Bibliographie*, II, no. 129). TEXTE de J[4].

[1] Jean Duval, trésorier de l'Epargne depuis janvier 1539 (*Cat. des Actes*, IV, 70, 11318) quand il fut nommé en succession à Guillaume Preudhomme (voir *Œuvres lyriques*, IX) dont il fut probablement le gendre. Il occupa ce poste encore à la mort de Francois Ier (B.N. ms 7856, p. 971). Dans son *Discours de la Court*, Claude Chappuys le loue de sa probité:

> Et ne fault pas cy endroict que j'espargne
> Duval, le seul tresorier de l'espargne
> Qui est loyal en compte, & diligent
> Et sçait trop mieulx que manier l'argent.

[2] Sur la caisse de l'Epargne, fondée par François Ier, voir *Epîtres*, p. 143, n. 1.
[3] On ne sait rien sur les aspirations littéraires de Jean Duval, excepté qu'il répondit à l'épigramme de Marot par le poème suivant:

> *Responce de du Val*
> Toy, noble esprit, qui vouldras t'arrester
> En aucun Val pour les neuf Muses veoir,
> Et tous tes sens de nature apprester
> Pour aulcun fruict de leur science avoir,
> Ne pense pas un tel bien recevoir 5
> D'un Val en friche, où ces Soeurs ont trouvé
> Nouveau Vassal; mais s'il est abreuvé
> De la liqueur qui par Marot distile
> De Parnassus, lors sera esprouvé
> Combien tel Mont peult un Val faire utile. 10

*CCXI

A l'Empereur[1]

Lorsque (Cesar) Paris il te pleut veoir,
Et que pour toy la Ville estoit ornée,
Un jour devant il ne feit que pleuvoir,[2]
Et l'endemain claire fut la journée. 4
Si donc faveur du Ciel te fut donnée,
Cela, Cesar, ne nous est admirable,
Car le Ciel est comme par destinée
Tout coustumier de t'estre favorable. 8

COMPOSÉE probablement en janvier 1540. PUBLIÉE pour la première fois dans *Les Œuvres de Clement Marot*, Lyon, à l'enseigne du Rocher (Constantin), 1544 (*Bibliographie*, II, no. 129). TEXTE de *J⁴*.

[1] Ayant reçu de François Ier la permission de traverser la France d'Espagne aux Pays-Bas afin de soumettre la ville de Gand qui s'était révoltée contre lui, Charles-Quint fit une entrée triomphale à Paris le Ier janvier 1540.
Sur l'authenticité de cette épigramme, voir plus haut, p. 61.
[2] La veille de son entrée à Paris, Charles-Quint était à Vincennes.

CCXII

*Pour le Perron de mon seigneur
le Daulphin au tourney des Chevaliers
errants à la Berlandiere pres
Chatelerault.
En l'an 1541*[1]

Icy est le Perron[2]
D'amour loyalle & bonne,
Où mainct coup d'esperon
Et de glaive se donne. 4

COMPOSÉE en été 1541. PUBLIÉE pour la première fois dans Les Œuvres de Clement Marot, Lyon, E. Dolet, 1542 (*Bibliographie*, II, no. 105). TEXTE de J³. VARIANTES de t.[3]

Titre t Au second couste dudict perron[4]

[1] Le 9 été 1541 un tournoi, dit tournoi des Chevaliers errants, eut lieu près d'une maison de plaisance, La Berlandière, sise à quelques kilomètres de Châtellerault, lors des fêtes en l'honneur des fiançailles de Guillaume III, duc de Clèves, avec Jeanne d'Albret. Voici le récit que fait de ce tournoi Martin Du Bellay :

« L'an 1540 se commença à traitter le mariage d'entre le duc de Cleves, de Gueldres et de Gulliers, avec la fille unique de Henry, roy de Navarre, et de madame Marguerite, soeur du Roy; lequel traicté fut continué tant qu'il fut conclu que ledit duc de Cleves viendroit en France devers le Roy, ce qu'il feit; et le vint trouver à Chastellerault, où il fut honorablement recueilly, et audit lieu furent celebrées les nopces dudit duc de Cleves et de maditte dame fille du Roy de Navarre, de parole seulement et non d'execution, par ce qu'elle n'estoit encores en aage nubile, mais fut accordé que elle estant en aage elle seroit conduitte à Aix la chapelle, ville d'obeissance dudit duc, pour la finalle consommation dudit mariage. Ausdittes nopces se feirent de magnifiques tournois en la Garenne de Chastellerault, d'un bon nombre de chevaliers errans, gardans entierement toutes les ceremonies qui sont escrites des chevaliers de la table ronde. Après lesdits tournois et autres festes et festins, s'en retourna ledit duc de Gueldres en ses pais . . . »
(De Bellay, *Mémoires*, ouvr. cit., t. III, pp. 453-4.)

La *Cronique du roy Françoys premier* (ouvr. cit.), contient une description extrêmement détaillée des fêtes de Châtellerault, reproduisant le texte de cinq des six épigrammes que Marot composa pour cette occasion (pp. 363-83). Ces fêtes, avec de nombreux tournois, dîners, bals, etc., furent parmi les plus magnifiques du règne de François Ier, sans doute parce que le roi, désirant l'alliance du duc de Clèves, entendit de donner le plus d'éclat possible à ce mariage politique (cf. plus bas, p. 278, n. 4).

[2] Le « Perron » était une base de marbre. Cf. Nicot :
« Est comme une base quarrée, eslevée de terre de cinq ou six pieds de haut ou

EPIGRAMME CCXII

Ung chevalier Royal
I a dressé sa tente,
Et sert de cueur loyal
Une Dame excellente, 8
Dont le nom gracieux
N'est ja besoing d'escrire;
Il est escrit aux cieulx
Et de nuict se peult lire.[1] 12

7 *t* Qui sert
12 *t* De nuict

---

plus, où les chevaliers errants pendoyent & affichoyent leurs emprinses pour s'essayer aux estranges & faées adventures. Il estoit fait pour la plupart de marbre ou d'autre pierre ou bien de fer ou d'autre metail. En voir l'usage au livre II d'*Amadis de Gaules.* »
Cf. également :
« Il estoit fait en forme de colonne cannelée de marbre à laquelle estoit appendu l'escu de la devise & auquels ceulx d'entre les assaillans qui vouloient jouster estoient obligés de toucher avec le bout de leurs lances. »
Wulson de la Colombière, *Le vray Théatre d'honneur et de chevalerie ou le miroir héroique de la noblesse*, 2 vol., Paris, 1648.
Le dauphin est le future Henri II.
[3] C'est la *Cronique du roy Françoys premier* (voir plus haut, n. 1).
[4] Notons que *t* (*La Cronique du roy Françoys premier*) décrit, comme on voit, ce poème comme le deuxième de trois pièces inscrites au perron du dauphin, les deux autres étant les épigrammes CCXIV et CCXVI. Voici la description du tournoi :
« Le vendredy suivant, monsieur le Daulphin fist ung festin au boys près ladicte ville de Chastellerault, environ les dix heures du matin, en une grand salle toute coverte et bien garnie à l'entour de feullée verte ; près laquelle estoit son perron, et assez loing estoyent troys aultres perrons, l'ung à monseigneur d'Orléans, l'aultre à monsieur de Nevers, puis celluy de monsieur d'Aumalle, distans l'ung de l'aultre d'assez bonne espace ; lesquelz estoyent dressez à la manière de ceulx du temps passé que les chevalliers errans trovoyent par les boys, et premier que rencontrer ledict perron de monsieur le Daulphin, qui estoyt le premier saillant de Chastellerault pour venir au boys, estoyent plusieurs chevalliers dedans petitz cabinetz faictz de feullées, aulcuns avoyent leur pavaillon et lict de camp fort riches, et chescun en droit de son cabinet avoit pendu à un arbre l'escu, lance, espée et heaulme prest pour combatre.
Ledict festin, dont avons parlé cy-dessus, faict par mondict seigneur le Daulphin, fut de grand magnificence, auquel assista la noble compaignie, et, icelluy finy, et après avoir assez longuement disné, mondict seigneur le Daulphin se fist armer et se tint près son dict perron attandant à passer quelque chevallier errant. Autour de son dict perron estoit escript ce qui s'ensuict, lequel estoit dressé ainsi que verrez cy après : » (*ouvr. cit.*, pp. 373–5.)
Suivent les trois épigrammes.
[1] Diane de Poitiers, la maîtresse du dauphin.

Cest endroict & forest
Nul chevalier ne passe
Sans confesser qu'elle est
Des Dames l'oultrepasse.   16
S'il en doubte ou debat,
Point ne fault qu'il presume
S'en aller du combat;
C'est du lieu la coustume.   20

13 *t* endroict de forest

CCXIII

*Pour le Perron[1] de Monseigneur
d'Orleans[2]*

Voicy le Val des constans amoureux
Où tient le Parc l'Amant chevalereux
Qui n'ayma onc, n'ayme & n'aymera qu'une.

COMPOSÉE en été 1541. PUBLIÉE pour la première fois dans *Les Œuvres de Clement Marot*, Lyon, à l'enseigne du Rocher (Constantin), 1544 (*Bibliographie*, II, no. 129). TEXTE de *J⁴*. VARIANTES de *t*.

Titre *t* Dizain
3 *t* Qui naima naime

[1] Voir plus haut, p. 271, n. 2.
[2] Charles d'Orléans, troisième fils de François Ier, duc de Châtellerault. Sur son perron au tournoi de la Berlandière, voir ce que dit la *Cronique du Roy Françoys Premier*, *ouvr. cit.*, pp. 379-80 :
« . . . le Roy, le Roy de Navarre, monsieur le Daulphin et toute la noble compaignie se meirent au chemin pour aller au perron de monsieur d'Orléans, qui estoit distant de celluy de monsieur le Daulphin de deux traictz d'arc ou environ. Et premier que d'arriver audict perron, recontrèrent par le boys plusieurs chevalliers errans qui avoyent dressez leurs cabinetz de feuillées, lances, espées, et escutz à la manière de ceulx de devant, lesquelz saillirent quant ilz veirent si grande conpaignie, et, à la rencontre, des lances donnans au travers des escutz vollèrent par esclatz, puis chescun saisit son espée et se joignant d'escutz et de corps se donnèrent de grands coups; et estans près ledict perron de monsieur d'Orléans recontrèrent ung hermitaige fort grand et bien faict garni de petites chambres et cabinetz faictz de feuillées. Ondict hermitaige estoyent deulx hermittes, l'ung vestu d'une grand robbe de velours tanné, lequel portoit une longue barbe blanche, et l'autre estoit vestu de gris qui estoit à l'entrée dudict hermitaige et tenoit ung asne sur lequel estoit ung singe qui faisoit bonne mine.

D'icy passer n'aura licence aucune
Nul Chevalier, tant soit preux & vaillant
Si Ferme amour est en luy deffaillant.
S'il est loyal & veult que tel se treuve,
Il luy convient lever pour son espreuve
Ce Marbre noir,[1] & si pour luy trop poise,
Chercher ailleurs son advanture voise.

Près ledict hermitaige estoit le perron de mondict seigneur d'Orléans, fort beau et hault, painct de coleur bleu asurée et tout semé de plusieurs grandes S d'argent, avec plusieurs tables d'atente, aux unes estoit escript: *Nunc et semper*. Aux aultres, *Procul hinc amoris qui foedera rupit*, et au meillieu estoit escript le dizain qui s'ensuict: »
Suit le présent poème (notre *t*).

[1] Cf. la *Cronique du Roy Françoys Premier, ouvr. cit.*, pp. 380-1 :
« Il avoit au derrière dudict perron ung marbre noir, dont est faicte mention par ce dixain, et, joignant icelluy, estoyent grands arceaulx de feuillées faictz à la manière des dessusdictz, et à l'entrée des dictz arceaulx estoit une fontaine marbrée qui jectoit vin rouge, dont chescun povoit boire, et sur icelle estoit ung Cupido tenant l'arc et la flesche, et au dedans estoit ung lieu fort long et large à la manière de celluy de devant qui estoit gardé par les Suisses du Roy. Au costez d'icelluy estoyent grands galleries couvertes et fermées de feuillées, plusieurs pavaillons et tentes, et aussi grand nombre de petites chambres et cabinetz faictz de ramée pour soy refreschir.
Et quant toute la trouppe fut arrivée devant ledict perron, incontinant monsieur d'Orléans saillit avec sa conpaignie, lequel feist merveilles de bien jouster; et à la rencontre furent brisées lances et escutz, et lors commença la meslée, et se menoyent si rudement les ungs les aultres que n'avoyent loysir de prendre alayne; plusieurs espées furent ronpues et harnoys faulcez, et monstroyent bien de chescun cousté estre promptz chevalliers, hardiz et usitez aux armes. »

CCXIV

Pour le Perron[1] *de monsieur de Vendosme*[2]

Tous chevaliers de queste avantureuse
Qui de venir au sejour vous hastez,
Où loyauté tient sa court plantureuse,
Et y depart ses guerdons souhaitez; 4
Ne passez outre, & si vous arestez,
Jouster vous faut & monstrer la vaillance
Qui est en vous & d'espée & de lance;
Ou franchement que vous me consentez 8
Que celle à qui j'ay voué mon service
Non seulement n'a macule ne vice,
Ne rien en elle où tout honneur n'abonde,
Mais est la plus parfaite de ce monde. 12

COMPOSÉE en été 1541. PUBLIÉE pour la première fois dans *Traductions de Latin en Françoys, Imitations et Inventions nouvelles, tant de Clement Marot que d'autres des plus excellens Poetes de ce temps*, Paris, E. Groulleau, 1550 (*Bibliographie*, II, no. 273). TEXTE de U^1. VARIANTES de *t*.

Titre *t* Au troisieme couste dudict perron[3]
2 *t* au soir
8 *t* confessez
9 *t* Qua celle a qui ay
12 *t* Ou faux rapport d'envieuse malice
à la fin t ajoute deux vers:
(13) *t* Puisse gloser aulcune deffaillance
(14) *t* Mais est la plus parfaicte du monde

[1] Voir plus haut, p. 271, n. 2.
[2] Antoine de Bourbon, duc de Vendôme. Après avoir assisté, comme ce poème l'indique, aux fiançailles du duc de Clèves et de Jeanne d'Albret, c'est lui qui épousa cette princesse le 20 octobre 1548, devenant ainsi le père du futur Henri IV.
  Ce poème, ainsi que les trois suivants, est précédé du titre: *Quatre epigrammes du mesme autheur faitz pour les Perrons de la forest de Chasteleraud au tournoy & triumphe de la reception du duc de Cleves*, dans l'édition princeps (notre U^1).
[3] Cf. plus haut, p. 271 (272), n. 4.

CCXV

*Pour le Perron[1] de monsieur
d'Anguien[2] dont la superscription
estoit telle:
Pour le Perron d'un chevalier
qui ne se nomme point[3]*

Le Chevalier sans peur & sans reproche
Se tient icy; qu'aucun ne s'en aproche
S'il n'est en poinct de jouster à outrance
Pour soustenir la plus belle de France. 4
Qui de passer aura cueur ou envie
Conte de mort peu face & moins de vie.

Composée en été 1541. Publiée pour la première fois dans *Traductions de Latin en Françoys, Imitations et Inventions nouvelles, tant de Clement Marot que d'autres des plus excellens Poetes de ce temps*, Paris, E. Groulleau, 1550 (*Bibliographie*, II, no. 273). Texte de U^1.

[1] Voir plus haut, p. 271, n. 2.
[2] François de Bourbon, comte d'Enghien, le futur vainqueur de Cérisoles. Voir *Epîtres*, p. 276, n. 1, et plus bas, p. 287.
[3] Ce poème ne figure pas dans la *Cronique du Roy Françoys Premier*.

CCXVI

*Pour le Perron[1] de monsieur
de Nevers[2]*

Vous chevaliers errans qui desirez honneur,
Voyez le mien Perron où maintien[s] loyauté
De tous parfaitz amans & soustien[s] le bon heur
De celle qui conserve en vertu sa beauté. 4
Parquoy je veux blasmer de grand desloyauté
Celuy qui ne voudra donner ceste asseurance
Qu'au demourant du monde on peult trouver bonté
Qu'on deust autant priser que sa moindre science. 8

COMPOSÉE en été 1541. PUBLIÉE pour la première fois dans *Traductions de Latin en Françoys, Imitations et Inventions nouvelles, tant de Clement Marot que d'autres des plus excellens Poetes de ce temps*, Paris, E. Groulleau, 1550 (*Bibliographie*, II, no. 273). TEXTE de *U¹*. VARIANTES de *t*.

Titre *t* Au premier couste dudict perron[3]
1 *t* Bons chevalliers

[1] Voir plus haut, p. 271, n. 2.
[2] François de Clèves, duc de Nevers. Voici la description de son « perron »:
« Le conbat finy, le Roy et toute la compaignie passa oultre et arrivèrent à troisiesme perron qui estoit à monsieur de Nevers, soubz grand arceaulx faictz comme les précédans, et ung grand théatre entre lesdictz arceaulx, faict de feuillée, auquel estoyent plusieurs grands fenestres et ung escusson à meillieu.
Près des dictz arceaulx et théatre estoit une fort longue et large place bien enfermée, aux costez de laquelle estoyent beaux pavillons et tentes, grands galleries de feuillées, plusieurs chambres tant grandes que petites fermées et covertes à la manière de ceulx de devant. »
(*Cronique du Roy Françoys premier*, ouvr. cit., p. 380.)
[3] Cf. plus haut, p. 271 (272), n. 4.

CCXVII

Pour le Perron[1] *de monsieur
d'Aumale*[2] *qui estoit semé des
lettres L & F*[3]

C'est pour la souvenance d'une
Que je porte ceste devise,
Disant que nulle est souz la Lune
Où tant de valeur soit comprise.   4
A bon droit telle je la prise,
Et de tous doit estre estimée
Qu'il n'en est point, tant soit exquise,
Qui soit si digne d'estre aymée.   8
Si quelqu'un d'audace importune
Le contraire me veult debatre,
Faut qu'il essaye la fortune
Avecques moy de se combatre.[4]   12

Composée en été 1541. Publiée pour la première fois dans *Traductions de Latin en Françoys, Imitations et Inventions nouvelles, tant de Clement Marot que d'autres des plus excellens Poetes de ce temps*, Paris, E. Groulleau, 1550 (*Bibliographie*, II, no. 273). Texte de U^1. Variante de t.

Titre *t manque*

[1] Voir plus haut, p. 271, n. 2.
[2] François de Lorraine, duc de Guise et d'Aumale, prince de Joinville, le « balafré ».
[3] Sans doute les initiales de Lorraine et de François. Voici la description du « perron » du duc d'Aumale :
« Le Roy passa oultre avec toute la conpaignie et assez près du perron de mondict seigneur de Nevers trouva celluy de monsieur d'Aumalle, qui estoit le quatriesme, fort beau et bien painct. Au dessus duquel estoit ung grand escusson où estoit escript : *Nunc et semper vivat*, et estoit ledict perron semé de plusieurs L et F et, au meilieu, estoit escript ce qui s'ensuict : »
(*Cronique du Roy Françoys premier*, ouvr. cit., p. 382.)
Suit le présent poème.
[4] Il est curieux que tout en écrivant ces six poèmes pour les fêtes de Châtellerault, Marot n'ait pas écrit un seul vers faisant mention du mariage qui en fut la cause. La raison est sans doute que ce mariage désiré par François Ier était contraire aux intérêts de Marguerite et de son mari, et que Jeanne d'Albret, âgée alors de douze ans, fit les plus grandes difficultés. « Le 13 juin la petite

*CCXVIII

A Cravan, sien Amy, malade[1]

Amy Cravan, on t'a faict le rapport
Despuis ung peu que j'estoys trespassé,
Je prie à Dieu que le Diable m'emport
S'il en est rien, ne si je y ay pensé. 4
Quelcque ennemy a ce bruict avancé,
Et quelcque amy m'a dict que mal te portes;
Ce sont deux bruicts de differentes sortes.

COMPOSÉE avant 1542. PUBLIÉE pour la première fois dans *Les Œuvres de Clement Marot*, Lyon, E. Dolet, 1542 (*Bibliographie*, II, no. 105). TEXTE de J[3]. VARIANTES de w[4].

Titre w[4] Clement Marot a ung nommé Creuen abbé ou prieur
2 w[4] je suis

---

princesse manifeste plus nettement qu'elle ne l'avoit encore fait son refus absolu de se marier. Si le mariage se faisait, déclara-t-elle, ce ne serait que par contrainte et parce qu'elle n'osait désobéir au Roi son oncle non plus qu'à ses parents. On l'avoit menacée, la baillive de Caen l'avait fouettée sur l'ordre de Marguerite; si je refusais, ajoutait la jeune fille, je serois tant fessée et maltraitée que l'on me feroit mourir. » (Jourda, *ouvr. cit.*, t. I, pp. 264–5.)
Ajoutons que le mariage ne fut jamais consommé, mais fut annulé bientôt, et que Jeanne d'Albret épousa Antoine de Bourbon (voir plus haut, p. 275, n. 2).

[1] Je n'ai pu identifier ce personnage qui, selon la variante du titre, était un abbé ou prieur.
Sur l'authenticité de cette épigramme, voir plus haut, p. 49.
Notons que dans le *Recueil de vraye poesie françoyse* (*Bibliographie*, II, no. 264) ce poème est suivi d'une réponse de Charles de Sainte-Marthe que voici :

Saincte Marthe à Marot, idem
Il fut un bruyt, o Marot qu'estois mort,
Et ce faulx bruyt un menteur asseura,
L'un d'un costé se plaignoit de la mort,
Faisant regret qui longuement dura.
L'aultre par vers piteux la deplora, 5

Jectant souspirs de dur gemissement,
Moy de grand dueil plorant amerement,
Duquel estoit ma triste ame saisie.
Las, dis je, mort est nostre amy Clement,
Morte doncq'est Françoyse poesie. 10

280   EPIGRAMME CCXIX

 Las, l'ung dict vray; c'est ung bruict bien maulsade; 8
Quant à celluy qui a faict l'ambassade
De mon trespas, croy moy qu'il ment & mort.
Que pleust à Dieu que tu feusses malade
Ne plus ne moins qu'à present je suis mort. 12

8 *w⁴* Si lun est vray
12 *w⁴* Ne plus ne moins que je suis mort

CCXIX

Huictain

 Plus ne suis ce que j'ay esté,
Et ne le sçaurois jamais estre;
Mon beau printemps & mon esté
Ont faict le sault par la fenestre. 4
Amour, tu as esté mon maistre;
Je t'ay servy sur tous les Dieux.
O, si je povois deux fois naistre,
Comment je te serviroys mieux! 8

Composée probablement entre été 1538 et 1542. Publiée pour la première fois dans *La Fleur de poesie françoyse*, Paris, A. Lotrian, 1542 (*Bibliographie*, II, no. 259). Texte de S, à l'exception de deux coquilles au v. 4 où nous avons substitué la leçon de *N¹*. Variantes de *N¹*.

Titre *N¹* Aultre huictain
2 *N¹* Et si ne puis jamais estre
4 ont *N¹*] on *S*
 la *N¹*] le *S*

CCXX

Responce au huictain precedent[1]

Ne menez plus tel desconfort;
Jeunes ans sont petites pertes.
Vostre eage est plus meur & plus fort
Que ces jeunesses mal expertes.   4
Boutons serrez, Roses ouvertes,
Se passent trop legierement.[2]
Mais du Rosier les fueilles vertes
Durent beaucoup plus longuement.   8

COMPOSÉE entre été 1538 et 1542. PUBLIÉE pour la première fois dans *Epigrammes de Clement Marot faictz à l'imitation de Martial*, Poitiers, J. et E. de Marnef, 1547 (*Bibliographie*, II, no. 154). TEXTE de S.

CCXXI

Sur le mesme propoz[3]

Pourquoy voulez vous tant durer,
Ou renaistre en florissant eage?
Pour aymer & pour endurer,
Y trouvez vous tant d'avantage?   4
Certes, celuy n'est pas bien sage
Qui quiert deux fois estre frappé,
Et veult repasser ung passage
Dont il est à peine eschappé.   8

COMPOSÉE entre été 1538 et 1542. PUBLIÉE pour la première fois dans *Epigrammes de Clement Marot faictz à l'imitation de Martial*, Poitiers, J. et E. de Marnef, 1547 (*Bibliographie*, II, no. 154). TEXTE de S.

[1] On pourrait supposer—en bonne logique—que cette réponse à l'épigramme « Plus ne suis ce que j'ay esté » est de la plume d'un autre poète. Pourtant, comme il n'y a rien d'insolite à l'époque à une espèce de dialogue entre le poète et lui-même, il est plus probable que Marot est l'auteur de cette épigramme, comme du reste de la suivante.
[2] L'analogie de la rose et du passage de la jeunesse est une image des plus fréquentes dans la poésie grecque et latine, de même que dans la poésie pétrarquiste.   [3] Voir plus haut, Epigrammes CCXIX et CCXX.

*CCXXII

D'une mal mariée[1]

Fille qui prend fascheux mary,
Ce disoit Alix à Colette,
Aura tousjours le cueur marry,
Et mieulx vauldroit dormir seulette;   4
Il est vray, dict sa soeur doulcette,
Mais contre ung fascheux endormy
La vraye & certaine recepte
Ce seroit de faire ung amy.   8

Composée avant 1542. Publiée pour la première fois dans *Les Œuvres de Clement Marot*, Lyon, E. Dolet, 1542 (*Bibliographie*, II, no. 105). Texte de J[3].

CCXXIII

D'Ysabeau[2]

Ysabeau, ceste fine mousche,
Clavier[3] (tu entens bien Clement?),
Je sçay que tu sçayz qu'elle est lousche,
Mais je te veulx dire comment   4
Elle l'est si horriblement,
Et de ses yeux si mal s'acoustre
Qu'il vauldroit mieux, par mon serment,
Qu'elle feust aveugle tout oultre.   8

Composée avant la fin de 1542. Publiée pour la première fois dans *Epigrammes de Clement Marot faictz à l'imitation de Martial*, Poitiers, J. et E. de Marnef, 1547 (*Bibliographie*, II, no. 154). Texte de S.

[1] Sur l'authenticité de cette épigramme, voir plus haut, p. 56.
[2] Sur Ysabeau, voir plus haut, pp. 20–1.
[3] Sur Estienne Clavier, secrétaire de Marguerite de Navarre, voir *Epîtres*, p. 197, n. 1.

*CCXXIV

*A une qui portoit le Bleu
pour ses couleurs*[1]

Tant que le Bleu aura nom loyaulté,
Si on m'en croyt, il vous sera osté,
J'entends osté, sans jamais le vous rendre.
Mais quand voyrrez conclud & arresté   4
Que Bleu sera nommé legiereté,
Vous le pourrez à l'heure bien reprendre.

Composée avant 1542. Publiée pour la première fois dans *Les Œuvres de Clement Marot*, Lyon, E. Dolet, 1542 (*Bibliographie*, II, no. 105). Texte de J³.

*CCXXV

De Madame de l'Estrange[2]

Celle qui porte un front cler & serain,
Semblant un Ciel où deux Planetes luysent,
En entretien, grace & port souverain
Les autres passe autant que l'argent l'erain;
Et tous ces poinctz à l'honorer m'induysent.   5
Les escrivains qui ses vertus deduysent
La nomment tous ma Dame de l'Estrange;
Mais, veu la forme & la beauté qu'elle a,
Je vous supply, compaignons, nommez la
Doresnavant ma Dame qui est Ange!   10

Composée probablement entre 1538 et 1542. Publiée pour la première fois dans *Les Œuvres de Clement Marot*, Lyon, à l'enseigne du Rocher (Constantin), 1544 (*Bibliographie*, II, no. 129). Texte de J⁴.

[1] Sur le symbolisme des couleurs, voir *Epitres*, VII. Sur l'authenticité de cette épigramme, voir plus haut, p. 68.
[2] Marie de Langeac, Dame de Lestrange, dame d'honneur de la reine Eléonore de 1534 en 1542. Le jour de l'an 1541, Marot lui offrit une de ses *Etrennes aux dames de la Court* (voir *Œuvres diverses*, CXLVI, Etrenne XIII).
Sur l'authenticité de cette épigramme, voir plus haut, p. 50.

CCXXVI

Clement Marot à M. Malingre[1]

L'Epistre & l'Epigramme
M'ont pleu en les lisant,
Et sont pleins de la flamme
D'Apollo, clair luysant.   4
De responce vous faire,
Fault que vous me quittés
Pour celuy mesme affaire
Dont me sollicités.[2]   8
De Geneve, le 6. de Janvier, 1543.

COMPOSÉE au début de janvier 1543. PUBLIÉE pour la première fois dans *L'Epistre de M. Malingre, envoyée à Clement Marot*, Bâle, J. Estauge, 1546 (*Bibliographie*, II, no. 268). TEXTE de R.

CCXXVII

Dizain de Cl. Marot envoyé audit Malingre, demourant à Yverdon[3]

Je ne suis pas tout seul qui s'esmerveille
De ton savoir, bonté, croix & constance,
Et des Sermons où grandement traveille;
Mais aussi font les plus sages de France,

COMPOSÉE au début de mai 1543. PUBLIÉE pour la première fois dans *L'Epistre de M. Malingre, envoyée à Clement Marot*, Bâle, J. Estauge, 1546 (*Bibliographie*, II, no. 268). TEXTE de R.

[1] Peu de jours après sa fuite de France et son arrivée à Genève en décembre 1542, Marot reçut une épître de bienvenue du pasteur d'Yverdon, Matthieu Malingre, qu'il avait connu à Blois en 1527. (Voir *La Religion de Marot, ouvr. cit.*, pp. 66-9 et pp. 127-9). Cette épigramme et la suivante sont les réponses de Marot.
[2] L'Epître de Malingre était une sorte d'exhortation à Marot de prendre courage dans son exil.
[3] Voir plus haut, n. 1.

Et à bon droit, car tu es l'excellence 5
Et le premier des Jacobins de Bloys,
Qui tous estaz à Jesus assemblois
Par tes sermons & ta vie angelique;
En quoy faisant, à saint Paul resemblois
Cent fois plus qu'à saint Dominique.[1] 10
De Geneve, ce 5. de May, 1546.[2]

CCXXVIII

*A madame de la Barme, pres de
Necy en Genevois*[3]

Adieu ce bel œil tant humain,
Bouche de bon propos armée
D'ivoire la gorge & la main,
Taille sur toutes bien formée; 4
Adieu douceur tant estimée,
Vertu à l'Ambre ressemblant;
Adieu, de celuy mieux aymée
Qui moins en monstra de semblant. 8

Composée probablement en décembre 1543. Publiée pour la première fois dans *Les Œuvres de Clement Marot*, Lyon, J. de Tournes, 1549 (*Bibliographie*, II, no. 169). Texte de J⁶.

[1] En dehors de ce témoignage de Marot nous ne savons presque rien de Malingre avant son arrivée à Genève en 1529. De ce que dit Marot il faut conclure qu'à Blois Malingre était dominicain et prêchait des sermons basés sur le texte de Saint Paul.
[2] Lire 1543.
[3] Il s'agit de Pétremande de la Balme, habitant le château de la Balme, situé à une dixaine de kilomètres d'Annecy. Après son départ de Genève dans l'hiver de 1543, Marot semble être allé d'abord auprès de cette dame à qui il fut sans doute recommandé par son ami et le beau-père de cette dame, François Bonnivard. Pétremande de la Balme était célèbre pour sa beauté, son intelligence et sa culture. Cf. E. Droz et P. P. Plan, *Les dernières années de Clément Marot*, BHR, t. x, 1948, pp. 51–2.

CCXIX

*Dizain au Roy, envoyé de
Savoye. 1543*[1]

 Lors que la peur aux talons met des esles,
L'homme ne sçait où s'en fuyr ne courre.
Si en Enfer il sçait quelques nouvelles
De sa seurté, au fin font il se fourre.
Puis peu à peu sa peur vient à escourre;   5
Ailleurs s'en va. Syre, j'ay faict ainsi,
Et vous requiers de permettre qu'icy,
A seurté, service je vous face;
Puny assez je seray en soucy
De plus ne voir vostre Royalle face.   10

COMPOSÉE en décembre 1543 ou au début de 1544. — PUBLIÉE pour la première fois dans *Epigrammes de Clement Marot faictz à l'imitation de Martial*, Poitiers, J. et E. de Marnef, 1547 (*Bibliographie*, II, no. 154). — TEXTE de *S*. VARIANTES de *r*.

Titre *r* Marot au Roy
2 *r* scayt la ou voller
3 *r* il sent
4 *r* au profond
5 *r* peu apres
7 *r* Si vous
9 *r* seray de

[1] Marot quitta Genève probablement au mois de décembre 1543 pour passer en Savoie (cf. *La Religion de Marot*, ouvr. cit., pp. 46–7).

CCXXX

*A une dame de Piemont qui refusa
six escuz de Marot pour coucher avec
elle & en vouloit avoir dix*

 Ma dame, je vous remercie
De m'avoir esté si rebourse.
Pensez vous que je m'en soucye,
Ne que tant soit peu m'en courrousse?   4
Nanny, non. Et pourquoy? & pour-ce
Que six escuz sauvez m'avez,
Qui sont aussi bien en ma bourse
Que dans le trou que vous sçavez.   8

Composée probablement en 1544. Publiée pour la première fois dans *Traductions de Latin en Françoys, Imitations et Inventions nouvelles tant de Clement Marot que d'autres des plus excellens Poetes de ce temps*, Paris, E. Groulleau, 1550 (*Bibliographie*, II, no. 273). Texte de U^1. Variantes de *p*.

Titre *p* manque

2 *p* rebousse   4 *p* Ny que   5 *p* pourquoy pource   7 *p* Qui font

CCXXXI

*Salutation du camp de Monsieur
d'Anguien à Sirisolle*[1]

 Soit en ce camp paix pour mieux faire guerre!
Dieu doint au chef suite de son bon heur,
Aux chevaliers desir de loz acquerre,
Aux pietons proufit joint à l'honneur,

Composée probablement en avril 1544. Publiée pour la première fois dans *Les Œuvres de Clement Marot*, Lyon, J. de Tournes, 1549 (*Bibliographie*, II, no. 169). Texte de J^6. Variantes de w^1.

Titre w^1 Marot saluant le camp de monsieur danguien

[1] François de Bourbon, comte d'Enghien, commandant en chef de l'armée française au Piémont, remporta une victoire éclatante sur les Impériaux, le 14 avril 1544, à Cérisolles (Cerisole). Cf. *Epîtres*, LVII.

Tout aux despens & au grand deshonneur 5
De l'ennemy. S'il se jette en la plaine,
Soit son cœur bas, son entreprise vaine,
Pouvoir en vous de le vaincre & tuer,
Et à Marot occasion & veine
De par escrit voz noms perpetuer. 10

7 w^I son esperance
8 w^I Seurte a vous

CCXXXII

De l'an 1544[1]

Le cours du ciel qui domine icy bas
Semble vouloir, par estime commune,
Cest an present demonstrer maints debatz,
Faisant changer la couleur de la Lune,
Et du Soleil la vertu clere en brune. 5
Il semble aussi par monstres orgueilleux
Signifier cest an fort perilleux;
Mais il devoit, faisant tousjours de mesme,
Et rendant l'an encor' plus merveilleux,
Nous envoyer eclipse de quaresme. 10

COMPOSÉE avant septembre 1544. PUBLIÉE pour la première fois dans *Traductions de Latin en Françoys, Imitations et Inventions nouvelles, tant de Clement Marot que d'autres des plus excellens Poetes de ce temps*, Paris, E. Groulleau, 1550 (*Bibliographie*, II, no. 273). TEXTE de U^I.

[1] L'année 1544 fut marquée par une éclipse du soleil, le 24 janvier, une éclipse de la lune le même mois, et une autre au mois de juillet.

*CCXXXIII

*A Pierre Marrel, le mercient
d'un Cousteau*[1]

Ton vieil Cousteau, Pierre Marrel, rouillé
Semble ton vit ja retraict & mouillé;
Et le Fourreau tant laid où tu l'engaines,
C'est que tousjours as aymé vieilles Gaines.
Quant à la corde à quoy il est lyé,   5
C'est que attaché seras & maryé.
Au Manche aussi de Corne congnoit on
Que tu seras cornu comme un Mouton.
Voyla le sens, voyla la prophetie
De ton Cousteau, dont je te remercie.   10

COMPOSÉE probablement dans l'été de 1544. PUBLIÉE pour la première fois dans Les Œuvres de Clement Marot, Lyon, à l'enseigne du Rocher (Constantin), 1544 (*Bibliographie*, II, no. 129). TEXTE de J^4. VARIANTES de *o*.

Titre *o* Responce faicte par Marot sur lexcellent cousteau dun griffon de montaigne a luy envoye de grenoble par pierre marrel
5 *o* La corde apres a quoy

[1] La variante du titre nous indique que Pierre Marrel était de Grenoble et qu'il était greffier ou clerc (sur le jeu de mots *griffon* pour *greffier*, voir plus haut, Epigramme XLVIII, v. 1) de son état. Un document montre qu'il était à un moment au service du comte d'Humières, lieutenant général du roi en Dauphiné : « A Pierre Marrel, aussy clerc, la somme de trois mil escuz soleil à luy ordonnés pour icelle porter avec la somme de dix mil escuz en la ville de Thurin pour illec estre delivrée par les ordonnances des sieurs d'Annebaut & de Bury, cy VI^{m}VII^{e}L Lt », dans l' « Estat abregé de la recette & despense faictes depuis le premier jour de juing mil cinq cens trente & six jusques au derrenier jour de juillet ensuivant audict an, des parties & sommes de deniers ordonnées par le Roy pour estre distribuez par les ordonnances & commandement de Monseigneur de Humières, son lieutenant general en Dauphiné » (B.N. ms fr. 5069, fo. 159).
Comme cette épigramme fut publiée pour la première fois en 1544, il est probable qu'elle fut composée vers la fin de la vie du poète, alors qu'il était en Savoie et en Piémont où il a pu connaître Pierre Marrel.

CCXXXIV

[*Au Roy*]

 Plaise au roy congé me donner
D'aller faire le tiers d'Ovide,[1]
Et quelzques deniers ordonner
Pour l'escrire, couvrir, orner.   4
Apres que l'auray mis au vuyde,
Ilz serviront aussi de guyde
Pour me mener là où je veulx.
Mais au retour, comme je cuyde,   8
Je m'en reviendray bien sans eulx.

COMPOSÉE probablement en 1544 (voir n. 1). INÉDITE au XVIe siècle. TEXTE de *b²*.

[1] Marot ne traduisit jamais le troisième livre des *Métamorphoses* d'Ovide. Ce fut Barthélemy Aneau qui entreprit cette tâche après la mort de Marot. Les trois premiers livres des *Métamorphoses*, les deux premiers traduits par Marot, et le troisième par Aneau, furent publiés ensemble en 1556 (*Trois premiers livres de la Metamorphose*, Lyon, Macé Bonhomme, 1556; *Bibliographie*, II, no. 201). Comme le poème contient plusieurs allusions voilées à un retour éventuel du poète (vv. 6–9), on peut conclure que cette épigramme fut composée dans la dernière année de la vie de Marot, après son départ de Genève, et qu'il fut écrit dans le but, non seulement d'obtenir de l'argent du roi, mais encore de recevoir la permission de rentrer en France.

CCXXXV

*De Viscontin & de la
Calendre du Roy*[1]

Incontinent que Viscontin mourut,
Son ame entra au corps d'une Calendre,
Puis de plein vol vers le Roy s'en courut,
Encor un coup son service reprendre.
Et pour mieulx faire à son maistre comprendre   5
Que c'est luy mesme, & qu'il est revenu,
Comme on l'ouyt parler gros & menu,
Contrefaisant d'hommes geste & faconde,
Ores qu'il est Calendre devenu,
Il contrefaict tous les Oyseaux du monde.   10

COMPOSÉE entre 1537 et septembre 1544. PUBLIÉE pour la première fois dans *Les Œuvres de Clement Marot*, Lyon, à l'enseigne du Rocher (Constantin), 1544 (*Bibliographie*, II, no. 129). TEXTE de *J⁴*.

[1] Philippe-Marie Visconte, dit Viscontin, était valet de chambre de François Ier de 1520 à 1535, date de sa mort. Lui et son compagnon, François Bohier de Valfernière, étaient appelés les « plaisantins du roi », jouant plus ou moins le rôle de fou. (Voir *Epitres*, p. 175, note.) Visconte étant mort en 1535 pendant l'exil de Marot, il faut admettre que Marot—s'il est bien l'auteur de cette épigramme (voir plus haut, p. 58)—l'a composée après son retour, sans toutefois la publier, puisqu'elle fut imprimée pour la première fois dans l'édition posthume lyonnaise.

*CCXXXVI

D'un gros Prieur[1]

    Un gros Prieur son petit filz baisoit,
Et mignardoit au matin en sa couche,
Tandis rostir sa Perdrix on faisoit:
Se leve, crache, esmeutit & se mouche;
La Perdrix vire; Au sel, de broque en bouche!   5
La devora; bien sçavoit la science;
Puis quand il eut prins sur sa conscience
Broc de vin blanc, du meilleur qu'on eslise;
Mon Dieu, dit il, donne moy patience;
Qu'on a de maulx pour servir saincte Eglise.[2]   10

Composée avant septembre 1544. Publiée pour la première fois dans *Les Œuvres de Clement Marot*, Lyon, à l'enseigne du Rocher (Constantin), 1544 (*Bibliographie*, II, no. 129). Texte de *J⁴*. Variantes de *p w²*.

Titre *p*   manque
       w² Dizain
4 *p* crache emerite
5 *w²* broc
8 *w²* Brocz
9 *w²* donnez
10 *w²* mal

[1] Sur l'authenticité de cette épigramme, voir plus haut, p. 71.
[2] Les deux derniers vers sont copiés textuellement d'Henri Baude, qui conte une histoire analogue dans quinze huitains sous le titre *Les lamentations Bourrieu, chanoine de Saint-Germain* (*Les vers de Maître Henri Baude*, éd. Quicherat, 1856, pp. 28–35). L'ouvrage d'Henri Baude est inspiré à son tour des *Contredits de Franc Gontier* de Villon.

*CCXXXVII

De Alix, & de Martin[1]

Martin estoit dedans un boys taillis
Avec Alix, qui par bonne maniere
Dit à Martin: Le long de ces Pallis
T'amye Alix d'amour te faict priere.   4
Martin dit lors: S'il venoit par derriere
Quelque lourdault, ce seroit grand vergongne.
Du cul (dit ell') vous ferez signe: Arriere,
Passez chemin, laissez faire besogne!   8

Composée avant septembre 1544. Publiée pour la première fois dans *Les Œuvres de Clement Marot*, Lyon, à l'enseigne du Rocher (Constantin), 1544 (*Bibliographie*, II, no. 129). Texte de *J⁴*. Variante de *p*.

Titre *p* manque

*CCXXXVIII

D'un Cheval & d'une Dame[2]

Si j'ay comptant un beau Cheval payé,
Il m'est permis de dire qu'il est mien,
Qu'il ha beau trot, que je l'ay essayé;
En ce faisant cela me faict grand bien.   4
Donques si j'ay payé comptant & bien
Celle qui tant soubz moy le cul leva,
Il m'est permis de vous dire combien
Elle me couste, & quel emble elle va.   8

Composée avant septembre 1544. Publiée pour la première fois dans *Les Œuvres de Clement Marot*, Lyon, à l'enseigne du Rocher (Constantin), 1544 (*Bibliographie*, II, no. 129). Texte de *J⁴*.

[1] Sur l'authenticité de cette épigramme, voir plus haut, p. 62.
[2] Sur l'authenticité de cette épigramme, voir plus haut, p. 67.

*CCXXXIX

D'une Dame desirant veoir Marot

Ains que me veoir, en lisant mes escripts,
Elle m'ayma, puis voulut veoir ma face.
Si m'a veu noyr & par la barbe gris,
Mais, pour cela, ne suis moins en sa grace.
O gentil cueur, Nymphe de bonne race, 5
Raison avez; car ce corps ja grison,
Ce n'est pas moy; ce n'est que ma prison.
Et aux escripts dont lecture vous feistes
Vostre bel œil (à parler par raison)
Me veit trop mieux qu'à l'heure que me veistes. 10

COMPOSÉE avant septembre 1544. PUBLIÉE pour la première fois dans Les Œuvres de Clement Marot, Lyon, à l'enseigne du Rocher (Constantin), 1544 (Bibliographie, II, no. 129). TEXTE de J⁴.

*CCXL

A Monsieur Crassus,[1] qui luy vouloit amasser deux mil escuz

Cesse, Crassus, de fortune contraindre
Qui grand tresor ne veult m'estre ordonné.
Suffise toy qu'elle ne peult estraindre
Ce nom, ce bruit, que vertu m'a donné.
C'est à Françoys, ce grand Roy couronné, 5
A m'enrichir. Quant aux escus deux mille
Que m'assembler ne trouves difficile
D'autant d'amys, en verité je tien
Qu'il n'y a chose au Monde plus facile,
Si tous avoient semblable cueur au tien. 10

COMPOSÉE avant septembre 1544. PUBLIÉE pour la première fois dans Les Œuvres de Clement Marot, Lyon, à l'enseigne du Rocher (Constantin), 1544 (Bibliographie, II, no. 129). TEXTE de J⁴, à l'exception d'une faute au v. 8 que nous avons corrigée.

8 en] En J⁴

[1] Probablement nom générique d'un homme riche, d'un financier ou d'un usurier.

*CCXLI

*A une dont il ne povoit
oster son cueur*

 Puisqu'il convient pour le pardon gaigner
De tous pechez faire confession,
Et pour d'enfer l'esperit esloingner
Avoir au cueur ferme contrition,   4
Je te supply fais satisfaction
Du povre cueur qu'en peine tu retiens;
Ou, si le veulx en ta possession,
Confesse donc mes pechez & les tiens.   8

COMPOSÉE avant septembre 1544. PUBLIÉE pour la première fois dans *Les Œuvres de Clement Marot*, Lyon, à l'enseigne du Rocher (Constantin), 1544 (*Bibliographie*, II, no. 129). TEXTE de J^4.

CCXLII

D'un mauvais Poete[1]

 Sans fin (paovre sot) tu t'amuses
A vouloir complaire aux neuf Muses;
Mais tu es si lourd & si neuf
Que tu en faches plus de neuf.   4

COMPOSÉE avant septembre 1544. PUBLIÉE pour la première fois dans *Epigrammes de Clement Marot faictz à l'imitation de Martial*, Poitiers, J. et E. de Marnef, 1547 (*Bibliographie*, II, no. 154). TEXTE de *S*.

[1] On ne sait de qui il s'agit.

CCXLIII

Dizain[1]

    Malheureux suis ou à malheureux maistre,
Qui tant de fois sur moy a desiré
Qu'aupres de luy sa Deesse peust estre,
Par qui long temps Amour l'a martyré.
Or elle y est. Mais ce Dieu a tiré   5
Dedans son cœur autre flesche nouvelle.
Mon maistre (helas), voyez chose cruelle!
Car d'un costé vostre desir m'advient,
De l'autre non. Car je porte avec elle
Ung autre amy qui vostre place tient.   10

COMPOSÉE probablement entre été 1538 et 1544. PUBLIÉE pour la première fois dans *Epigrammes de Clement Marot faictz à l'imitation de Martial*, Poitiers, J. et E. de Marnef, 1547 (*Bibliographie*, II, no. 154. TEXTE de S.

[1] Cette épigramme semble obscure. Notons que dans l'édition de Lenglet-Dufresnoy (*éd. cit.*, II, p. 334) et dans plusieurs éditions ultérieures, elle porte le titre imaginaire *De la jalousie d'un maistre sur son serviteur*. C'est en se basant sur ce titre que Ph. A. Becker a donné de cette épigramme une interprétation hautement fantaisiste. Elle signifierait que Marot fût l'amant de Diane de Poitiers, mais que François Ier, amoureux de la duchesse, lui ait demandé de la lui céder, tout en continuant à lui adresser des poèmes d'amour. Peu de temps après, François Ier abandonna Diane de Poitiers en faveur d'Anne de Pisseleu. Diane de Poitiers d'autre part devint bientôt la maîtresse du fils de Francois Ier, Henri, le futur Henri II. On peut en effet voir dans cette épigramme une allusion à Diane de Poitiers et son amour, d'abord pour François Ier, et puis pour Henri II, mais il faut omettre complètement l'idée de l'amour de Marot pour Diane de Poitiers et de sa jalousie envers François Ier, idée du reste qui n'est nullement explicite dans le poème et qui ne vient en somme que du titre apocryphe.

CCXLIV

De la Fille de Vaugourt[1]

Vaugourt, parmy sa domestique bande
Voyant sa fille Augustine ja grande,
S'attendoit bien de bref ung Gendre avoir,
Et enfans d'elle aggreables à voyr,   4
Qui luy rendoient sa vieillesse contente.
Or a perdu sa fille & son attente,
Et luy a prins la Mort par ung trespas
Ce qu'il avoit & ce qu'il n'avoit pas.[2]   8

Composée avant septembre 1544. Publiée pour la première fois dans *Epigrammes de Clement Marot faictz à l'imitation de Martial*, Poitiers, J. et E. de Marnef, 1547 (*Bibliographie*, II, no. 154). Texte de S.

CCXLV

*A ung jeune Escolier docte
griefvement malade*[3]

Charles, mon filz, prenez courage!
Le beau temps vient apres l'orage,
Apres maladie santé.
Dieu a trop bien en vous planté,
Pour perdre ainsi son labourage.   5

Composée avant septembre 1544. Publiée pour la première fois dans *Epigrammes de Clement Marot faictz à l'imitation de Martial*, Poitiers, J. et E. de Marnef, 1547 (*Bibliographie*, II, no. 154). Texte de S.

[1] Probablement Jacques d'Avaugourt (*Cat. des Actes*, V, 549, 15477, et VI, 549, 21754), seigneur de Courtalain, époux de Catherine de la Baume-Montrevel, comtesse de Châteauvillain. Selon des renseignements trouvés dans l'*Histoire généalogique* d'Anselme, Jacques d'Avaugourt eut plusieurs filles, mais pas de fils.

[2] On ne sait rien sur Augustine d'Avaugourt.

[3] Il est impossible d'identifier le « jeune Escolier ». On a cru qu'il s'agît de Charles de Sainte-Marthe (Guiffrey, IV, p. 163, n. 3), probablement à cause d'un poème de ce dernier adressé à Marot qu'il appelle « son pere d'alliance ». Or Charles de Sainte-Marthe naquit en 1512 et se trouve donc nettement trop

CCXLVI

Epigramme

 Si mon Seigneur, mon Prince & plus que Pere,[1]
Qui des François FRANÇOYS premier se nomme,
N'estoit point Roy de sa France prospere,
Ne Prince avec, mais simple Gentil-homme,   4
J'irois autant dix fois par dela Rome,
Que j'en suis loing, cercher son accoinctance,
Pour sa vertu qui plus fort le couronne
Que sa fortune & Royalle prestance.   8
Mais souhaiter cas de telle importance
Seroit vouloir mon bien particulier,
A luy dommage, & tort faict à la France,
Qui a besoing d'un Roy tant singulier.   12

COMPOSÉE avant septembre 1544. PUBLIÉE pour la première fois dans *Epigrammes de Clement Marot faictz à l'imitation de Martial*, Poitiers, J. et E. de Marnef, 1547 (*Bibliographie*, II, no. 154). TEXTE de *S*, à l'exception d'une faute au v. 5 où nous avons substitué la leçon de *J⁷*.

5 autant *J⁷*] avant *S*

âgé pour être traité de « jeune Escolier » dans un poème qui doit dater d'après 1538—rappelons que l'épigramme ne figure pas dans l'édition de 1538, mais fut publiée pour la première fois en 1547. De plus dans la *Poésie française* de Charles de Sainte-Marthe, publiée en 1540, et qui contient des poèmes adressés à Marot, la présente épigramme ne figure pas.
 [1] Souvenir de Villon :

   « Item et a mon plus que pere »
    (*Le Testament*, *Œuvres*, CFMA, 1932, v. 849.)

CCXLVII

*Response par Clément Marot à
maistre Claude Galland*[1]

Quand devers moy tes escritz sont venuz,
Gentil d'esprit & Galland de nature,
Je les ay prins de la main de Venus
Comme forgez & livrez par Mercure.
J'ay reveré doucement ta facture, 5
Et ce qu'as sceu de ton sens inventer.
Or tu te peux en mon endroit vanter
Que de rythmer tu triomphes & fais rage;
Et mon esprit s'en doit bien contenter,
Veu que content serois du seul message. 10

COMPOSÉE avant septembre 1544. PUBLIÉE pour la première fois dans *Epistre à une noble Dame religieuse pleine de scavoir & vertuz, Par Claude Galland*, Lyon, J. de Tournes, 1547 (*Bibliographie*, II, no. 271). TEXTE de *T*.

[1] Voir plus haut, p. 63. (Cf. C. A. Mayer, *Une épigramme inédite de Clément Marot*, BHR, t. XVI, 1954.) Cette épigramme forme la réponse de Marot à une épigramme de Claude Galland:

> *A Marot*
> Pour l'intérest de mon premier Dizain
> Par ce second, rien autre ne demande
> Que recevoir un quatrain ou sizain
> Forgé par vous. Si je fais ma demande
> En jugement j'en auray telle amende, 5
> Que le tarder vous sera dommageable.
> A mon advis il n'est pas raisonnable
> Que pour tel cas en proces l'on procede;
> Pource vous pri' faire change semblable
> Que feit Glaucus avecques Diomede. 10

*CCXLVIII

Audit Galland[1]

   Pensant en moy trouver l'or souverain
De rimasser, bien coucher, bien escrire,
Tu trouveras ce qu'est plus bas qu'erain,
Si bon vouloir pour or ne peult souffire.
Certes, c'est toy qui ne peux esconduire 5
Les beaux thresors des Muses & des Dieux;
Tes vers Latins font resonner les cieux,
Et en rytmant ce que ta plume couche
Sera veu or luysant & precieux,
Si l'on en croit à ma naïve touche. 10

COMPOSÉE avant septembre 1544. PUBLIÉE pour la première fois dans *Epistre à une noble Dame religieuse pleine de scavoir & vertuz, Par Claude Galland*, Lyon, J. de Tournes, 1547 (*Bibliographie*, II, no. 271). TEXTE de *T*.

CCXLIX

De frere Thibaud[2]

   Frere Thibaut, pour souper en quaresme,
Fait tous les jours sa Lamproye rostir,
Et puys, avec une couleur fort blesme,
En plaine chaire il nous vient avertir 4
Qu'il jeusne bien, pour sa chair amortir,
Tout le quaresme en grand devotion,
Et qu'autre chose il n'a, sans point mentir,
Qu'une rostie à sa colacion. 8

COMPOSÉE avant septembre 1544. PUBLIÉE pour la première fois dans *Traductions de Latin en Françoys, Imitations et Inventions nouvelles, tant de Clement Marot que d'autres des plus excellens Poetes de ce temps*, Paris, E. Groulleau, 1550 (*Bibliographie*, II, no. 273). TEXTE de *U¹*. VARIANTES de *o s*.

Titre *o* Huictain de frere Thibauld
   s De frere Thibaut collationnant d'une Lamproie

---

[1] Voir plus haut, p. 299, n. 1 et p. 63.
[2] Cf. plus haut, Epigramme XLVII.

CCL

D'un usurier, pris du latin[1]

 Un usurier à la teste pelée
D'un petit blanc acheta un cordeau
Pour s'estrangler si par froide gelée
Le beau bourgeon de la vigne nouveau   4
N'estoit gasté. Apres ravine d'eau,
Selon son vueil, la gelée survint;
Dont fut joyeux; mais comme il s'en revint
En sa maison, se trouva esperdu,   8
Voyant l'argent de son licol perdu,
Sans profiter; sçavez vous bien qu'il fit?
Ayant regret de son blanc, s'est pendu
Pour mettre myeux son licol à profit.   12

Composée avant septembre 1544. Publiée pour la première fois dans *Traductions de Latin en Françoys, Imitations et Inventions nouvelles, tant de Clement Marot que d'autres des plus excellens Poetes de ce temps*, Paris, E. Groulleau, 1550 (*Bibliographie*, II, no. 273). Texte de U^1. Variante de *o*.

Titre *o* Dun usurier

CCLI

*D'un Advocat jouant contre
sa femme & de son clerc*

 Un advocat jouoit contre sa femme
Pour un baiser que nommer n'oserois.
Le jeu dist tant & si bien à la Dame
Que dessus luy gaigna des baisers troys.   4

Composée avant septembre 1544. Publiée pour la première fois dans *Traductions de Latin en François, Imitations et Inventions nouvelles, tant de Clement Marot que d'autres des plus excellens Poetes de ce temps*, Paris, E. Groulleau, 1550 (*Bibliographie*, II, no. 273). Texte de U^1.

[1] Je n'ai pu trouver le poème latin dont cette épigramme est imitée.

Or ça, dist elle (amy): à ceste fois
Jouons le tout pendant qu'estes assis.
Quoy, respond il, le tout, ce seroient six?
Qui fourniroit à un si gros payment? 8
Alors son clerc de bon entendement
Luy dist, ayant de sa perte pityé;
Ayez bon cueur, monsieur, certainement
Je suys content d'en estre de moytié! 12

CCLII

Du lieutenant de B[1]

Un lieutenant vuidoit plus voluntiers
Flacons de vin, tasses, verres, bouteilles,
Qu'il ne voyoit proces, sacz ou papiers
De contreditz, ou cautelles pareilles.

Composée avant septembre 1544. Publiée pour la première fois dans *Traductions de Latin en Françoys, Imitations et Inventions nouvelles, tant de Clement Marot que d'autres des plus excellens Poetes de ce temps*, Paris, E. Groulleau, 1550 (*Bibliographie*, II, no. 273). Texte de U^1.

[1] Probablement Jacques Thiboust, écuyer, seigneur de Quantilly, notaire et secrétaire du roi, et élu en Berry. En effet dans une épître adressée *A M. Iaques Thiboust escurier seigneur de Quantilly, notaire & secretaire du Roy & esleu en Berry*, François Habert écrit:

> Doncques adieu le rameau florissant
> De Quantilly, adieu la fleur yssant
> D'un lieu divin qui ne peult sur terre estre,
> Passant en tout le Paradis terrestre,
> Adieu royal secretaire & scavant
> Qui malgré Mort mettra son bruit avant
> Dans ses escripts & au profond des cueurs
> De maint poete & grands rethoriqueurs.
> Adieu celuy, dont le chef des poetes
> Marot, passant le vol des alouettes,
> A mys le nom en tel desguisement,
> Qu'à ta nature il toucha vifvement.

(François Habert, *Le Temple de Chasteté, avec plusieurs epigrammes, tant de l'invention de l'autheur que de la traduction & imitation de Martial & autres Poetes latins. Ensemble plusieurs petits œuvres poetiques, contenus en la table de ce present livre*, Paris, Michel Fezandat, 1549, ff. Di^{ro}–Dii^{ro}.

La lettre B signifie donc probablement Bourges.

Et je luy diz: Teste digne d'oreilles
De Pampre verd, pourquoy as fantasie
Plus à t'emplir de vin & malvoysie,
Qu'en bien jugeant, aquerir los & gloire?
D'espices (dist la face cramoysie)
Friant je suis, qui me causent le boyre.[1]

CCLIII

D'un Moyne & d'une vieille

Le Moyne un jour jouant sus la riviere
Trouva la vieille en lavant ses drapeaux,
Qui luy monstra de sa cuisse heronniere
Un feu ardant où joignoient les deux peaux.
Le Moyne eut cueur, leve ses oripeaux;
Il prend son chose, & puis, s'aprochant d'elle:
Vieille, dist il, allumez ma chandelle!
La vieille lors, luy voulant donner bon,
Tourne son cul & respond par cautelle:
Aprochez vous & souflez au charbon.

COMPOSÉE avant septembre 1544. PUBLIÉE pour la première fois dans *Traductions de Latin en Françoys, Imitations et Inventions nouvelles, tant de Clement Marot que d'autres des plus excellens poetes de ce temps*, Paris, E. Groulleau, 1550 (*Bibliographie*, II, no. 273). TEXTE de U^I, à l'exception d'une coquille au v. 6 où nous avons substitué la leçon de s. VARIANTES de s.

4 s joignent
6 s print
6 s'aprochant s] s'oprochant U^I

[1] Jeu de mots sur l'expression « espice », dont un sens à l'époque était le pot de vin offert par un litigant à un juge.

CCLIV

*D'un orgueilleux emprisonné
pris du latin*[1]

T'esbahis tu dont point on ne souspire,
Et qu'on rit tant? qui se tiendroit de rire?
De voir par force à present estre doux
L'amy de nul & l'ennemy de tous.   4

Composée avant septembre 1544. Publiée pour la première fois dans *Traductions de Latin en Françoys, Imitations et Inventions nouvelles, tant de Clement Marot que d'autres des plus excellens Poetes de ce temps*, Paris, E. Groulleau, 1550 (*Bibliographie*, II, no. 273). Texte de U^1.

CCLV

D'Annette & Marguerite

Ces jours passez, je fu chez la Normande,
Où je trouvay Annette & Marguerite.
Annette est grasse, en bon poinct, belle & grande;
L'autre est plus jeune & beaucoup plus petite.   4
Annette assez m'embrace & solicite;
Mais Marguerite eut de moy son plaisir.
La grande en fut, ce croy-je, bien despite;
Mais de deux maux le moindre on doit choisir.   8

Composée avant septembre 1544. Publiée pour la première fois dans *Traductions de Latin en Françoys, Imitations et Inventions nouvelles, tant de Clement Marot que d'autres des plus excellens Poetes de ce temps*, Paris, E. Groulleau, 1550 (*Bibliographie*, II, no. 273). Texte de U^1.

[1] Je n'ai pu trouver le poème latin dont cette épigramme est imitée.

CCLVI

A une vieille, pris sur ce vers :
Non gaudet veteri sanguine mollis amor[1]

Veux tu, vieille ridée, entendre
Pourquoy je ne te puis aymer?
Amour, l'enfant mol, jeune & tendre,
Tousjours le vieil sang trouve amer. 4
Le vin nouveau fait animer
Plus l'esprit que vieille boisson;
Et puis l'on n'oit bien estimer
Que jeune chair & vieux poisson. 8

COMPOSÉE avant septembre 1544. PUBLIÉE pour la première fois dans *Traductions de Latin en Françoys, Imitations et Inventions nouvelles, tant de Clement Marot que d'autres des plus excellens Poetes de ce temps*, Paris, E. Groulleau, 1550 (*Bibliographie*, II, no. 273). TEXTE de U^1.

CCLVII

Du tetin de Cataut

Celuy qui dit bon ton tetin
N'est mensonger mais veritable;
Car je t'asseure, ma Catin,
Qu'il m'est tresbon & agreable. 4
Il est tel, & si profitable
Que si du nez hurtoit quelqu'un
Contre iceluy (sans nulle fable),
Il ne se feroit mal aucun. 8

COMPOSÉE avant septembre 1544. PUBLIÉE pour la première fois dans *Traductions de Latin en Françoys, Imitations et Inventions nouvelles, tant de Clement Marot que d'autres des plus excellens Poetes de ce temps*, Paris, E. Groulleau, 1550 (*Bibliographie*, II, no. 273). TEXTE de U^1.

[1] Je n'ai pu identifier ce vers.

CCLVIII

*De messire Jan confessant
Janne la Simple*

Messire Jan, confesseur de fillettes,
Confessoit Janne, assez belle & jolye,
Qui, pour avoir de belles oreillettes,
Avec un moyne avoit fait la folie.   4
Entre autres points, messire Jan n'oublye
A remonstrer cest horible forfait.
Las, disoit il, m'amye qu'as tu fait?
Regarde bien le poinct où je me fonde: 8
Cest homme, alors qu'il fut Moyne parfait,
Perdit la veue & morut quant au monde.
N'as tu point peur que la terre ne fonde
D'avoir couché avec un homme mort?   12
De cueur contrit, Janne ses levres mord:
Mort? ce dist elle, enda! je n'en croy rien.
Je l'ay veu vif depuis ne sçay combien.
Mesmes alors qu'il eut à moy affaire,   16
Il me bransloit & baisoit aussi bien
En homme vif comme vous pouriez faire.

Composée avant septembre 1544. Publiée pour la première fois dans *Traductions de Latin en Françoys, Imitations et Inventions nouvelles, tant de Clement Marot que d'autres des plus excellens Poetes de ce temps*, Paris, E. Groulleau, 1550 (*Bibliographie*, II, no. 273). Texte de U^1. Variantes de *o s*.

Titre *o manque*
    s Dun messire Jan
6 *o* Luy remonstrer cet ort vice et forfaict
8 *o* Or entens bien
après 10 *o ajoute deux vers*:
                Regarde donc combien ord & immonde
                Est ton peché qui est digne de mort
11 *o* As tu
13 *o* De grant despit Jehanne
    s contrit ses lebvres Janne mort
14 *o* ma foy je
18 *o* pourrez

CCLIX

D'un Cordelier

   Un Cordelier d'une assez bonne mise
Avoit gaigné à je ne sçay quel jeu
Chausses, pourpoint & la belle chemise.
En cest estat son hostesse l'a veu,
Qui luy a dit: vous rompez vostre veu.   5
Non, non, respond ce gracieux records,
Je l'ay gaigné au travail de mon corps,
Chausses, chemise & pourpoint pourfilé.
Puis dist (tirant son grand tribard dehors):
Ce beau fuzeau a tout fait & filé.   10

Composée avant septembre 1544. Publiée pour la première fois dans *Traductions de Latin en Françoys, Imitations et Inventions nouvelles, tant de Clement Marot que d'autres des plus excellens Poetes de ce temps*, Paris, E. Groulleau, 1550 (*Bibliographie*, II, no. 273). Texte de U^1. Variantes de *s*.

Titre *s manque*
8 *s* passefillé

CCLX

D'un amoureux & de s'amye

   L'autre jour un amant disoit
A sa maistresse, en basse voix,
Que chacun coup qu'il luy faisoit
Luy coustoit deux escuz ou troys.   4
Elle y contredist; toutesfois,
Ne pouvant le cas denier,
Luy dist: faites le tant de foys
Qu'il ne vous couste qu'un denier.   8

Composée avant septembre 1544. Publiée pour la première fois dans *Traductions de Latin en Françoys, Imitations et Inventions nouvelles, tant de Clement Marot que d'autres des plus excellens Poetes de ce temps*, Paris, E. Groulleau, 1550 (*Bibliographie*, II, no. 273). Texte de U^1.

CCLXI

*Du petit Pierre & de son proces
en matiere de mariage*

Le petit Pierre eut du juge option
D'estre conjoint avec sa Damoyselle,
Ou de soufrir la condamnation
D'excommunie & censure eternelle.   4
Mais mieux ayma, sans dire: j'en apelle,[1]
Excommunie & censures eslire,
Que d'espouser une telle femelle,
Pire trop plus qu'on ne pourroit escrire.   8

COMPOSÉE avant septembre 1544. PUBLIÉE pour la première fois dans *Traductions de Latin en Françoys, Imitations et Inventions nouvelles, tant de Clement Marot que d'autres des plus excellens Poetes de ce temps,* Paris, E. Groulleau, 1550 (*Bibliographie*, II, no. 273). TEXTE de U^1.

[1] Souvenir de Villon, *Question au clerc du Guichet*:

> Cuidiez vous que soubz mon cappel
> N'y eust tant de philosophie
> Comme de dire: « J'en appel »?
> (*Œuvres, ouvr. cit.*; vv. 17-19.)

CCLXII

De Nanny

Nanny desplaist & cause grand soucy
Quand il est dit à l'amy rudement;
Mais quand il est de deux yeux adoucy,
Pareilz à ceux qui causent mon tourment, 4
S'il ne raporte entier contentement,
Si monstre il bien que la langue pressée
Ne respond pas le plus communément
De ce qu'on dit avecques la pensée. 8

Composée avant septembre 1544. Publiée pour la première fois dans *Traductions de Latin en Françoys, Imitations et Inventions nouvelles, tant de Clement Marot que d'autres des plus excellens Poetes de ce temps*, Paris, E. Groulleau, 1550 (*Bibliographie*, II, no. 273). Texte de U^1. Variantes de a^2 j.

Titre a^2 j manque
1 a^2 j et donne
2 a^2 j Quant on le dit
4 j Sil ne rapporte entier contentement
5 j Pareil a ceulx qui causent mon tourment
6 a^2 Il fait penser que
  j Il faut penser que
7 a^2 j De ce quon dict honneur communement
8 a^2 j Naccorde pas avecques la pensee

CCLXIII

D'un Ouy[1]

Un ouy mal acompagné
Ma triste langue profera
Quand mon cueur, du corps eslongné,

Composée avant septembre 1544. Publiée pour la première fois dans *Traductions de Latin en Françoys, Imitations et Inventions nouvelles, tant de Clement Marot que d'autres des plus excellens Poetes de ce temps*, Paris, E. Groulleau, 1550 (*Bibliographie*, II, no. 273). Texte de U^1.

[1] Sur l'inspiration de ce poème, voir plus haut, pp. 24-7.

Du tout à vous se retira.
Lors à ma langue demoura 5
Ce seul mot, comme triste: ouy.
Mais si mon cueur plus resjouy
Avoit sur vous ce poinct gaigné,
Croyez que dirois un ouy
Qui seroit mieux acompagné. 10

CCLXIV

Les souhaitz d'un Chanoine

Pour tous souhaitz ne desire en ce monde
Fors que santé & tousjours mile escuz.
Si les avois, je veux que l'on me tonde
Si vistes oncq' tant faire de coquz. 4
Et à ces culz frapez tost, à ces culz!
Donnez dedans qu'il semble que tout fonde!
Mais en suyvant la compagne à Bachus
Ne noyez pas, car la mer est profonde. 8

Composée avant septembre 1544. Publiée pour la première fois dans *Traductions de Latin en Françoys, Imitations et Inventions nouvelles, tant de Clement Marot que d'autres des plus excellens Poetes de ce temps*, Paris, E. Groulleau, 1550 (*Bibliographie*, II, no. 273). Texte de *U[1]*.

CCLXV

De Robin & Catin

    Un jour d'yver, Robin tout esperdu
Vint à Catin presenter sa requeste
Pour desgeler son chose morfondu
Qui ne pouvoit quasi lever la teste.
Incontinent Catin fut toute preste;   5
Robin aussi prend courage & s'acroche.
On se remue, on se joue, on se hoche;
Puys quand ce vint au naturel devoir:
Ha, dist Catin, le grand desgel s'approche.
Voyre, dist il, car il s'en va pleuvoir.   10

Composée avant septembre 1544. Publiée pour la première fois dans *Traductions de Latin en Françoys, Imitations et Inventions nouvelles, tant de Clement Marot que d'autres des plus excellens Poetes de ce temps*, Paris, E. Groulleau, 1550 (*Bibliographie*, II, no. 273). Texte de *U¹*. Variante de *p*.

Titre *p manque*

*CCLXVI

A Anne[1]

    L'heur ou malheur de vostre cognoissance
Est si douteux en mon entendement
Que je ne sçay s'il est en la puissance
De mon esprit en faire jugement;   4
Car si c'est heur, je sçay certainement
Qu'un bien est mal quand il n'est point durable;
Si c'est malheur, ce m'est contentement
De l'endurer pour chose si louable.   8

Composée avant septembre 1544. Publiée pour la première fois dans *Traductions de Latin en Françoys, Imitations et Inventions nouvelles, tant de Clement Marot que d'autres des plus excellens Poetes de ce temps*, Paris, E. Groulleau (*Bibliographie*, II, no. 273). Texte de *U¹*.

[1] Cette épigramme a été attribuée à Mellin de Saint-Gelais. Voir plus haut, p. 47.

CCLXVII

*D'une qui alla voir les
beaux peres*

   Une Catin, sans fraper à la porte
Des Cordeliers, jusqu'en la court entra.
Long temps apres on atend qu'elle sorte;
Mais au sortir on ne la rencontra.   4
Or au portier cecy on remonstra,
Lequel juroit jamais ne l'avoir veue.
Sans arguer le pro ne le contra,
A vostre avis, qu'est elle devenue?   8

Composée avant septembre 1544. Publiée pour la première fois dans *Traductions de Latin en Françoys, Imitations et Inventions nouvelles, tant de Clement Marot que d'autres des plus excellens Poetes de ce temps*, Paris, E. Groulleau, 1550 (*Bibliographie*, II, no. 273). Texte de U^I.

CCLXVIII

D'un escolier & d'une fillete

   Comme un escolier se jouoit
Avec une belle pucelle,
Pour luy plaire, bien fort louoit
Sa grace & beauté naturelle,   4
Les tetons mignards de la belle
Et son petit cas qui tant vaut.
Ha monsieur, adoncq' ce dist elle,
Dieu y mette ce qu'il y faut!   8

Composée avant septembre 1544. Publiée pour la première fois dans *Traductions de Latin en Françoys, Imitations et Inventions nouvelles, tant de Clement Marot que d'autres des plus excellens Poetes de ce temps*, Paris, E. Groulleau, 1550 (*Bibliographie*, II, no. 273). Texte de U^I.

CCLXIX

De sa maistresse

Quand je voy ma maistresse,
Le cler soleil me luyt.
S'ailleurs mon œil s'adresse,
Ce m'est obscure nuit, 4
Et croy que sans chandelle
A son lit à mynuit
Je verrois avec elle.

COMPOSÉE avant septembre 1544. PUBLIÉE pour la première fois dans *Traductions de Latin en Françoys, Imitations et Inventions nouvelles, tant de Clement Marot que d'autres des plus excellens Poetes de ce temps*, Paris, E. Groulleau, 1550 (*Bibliographie*, II, no. 273). TEXTE de U^1.

*CCLXX

Dixain de Marot

Quant en mon nom assemblez vous serez,
Ou deux ou trois, dit Jhesus en Mathieu,
Et que de moy voz propos dresserez,
J'en seray prez, voire tout au milieu.[1]
Las, si je veulx ores parler de dieu 5
Afin qu'il soit (comme il dict) avec moy,
On le deffend sur grand peine d'esmoy
Ou d'estre prins, lyé poings et genoulx.
Bien doit avoir Sathan avecques soy
Qui ne veult pas que dieu soit avec nous. 10
    La Mort ny mord

COMPOSÉE avant septembre 1544. INÉDITE au XVIe siècle. TEXTE de *y*.[2]

[1] Lefèvre d'Etaples, *La saincte Bible en Françoys selon la pure et entière traduction de sainct Hierome*, Anvers, M. Lempereur, 1530 ; « Car la ou deux ou trois sont assemblez en mon nom ie suis illec au milieu deulx », Mathieu, chap. 18. v. 20.
[2] Ce dixain a d'abord été signalé par Ph. A. Becker, dans *Archiv für das Studium der neueren Sprachen und Literaturen*, CXXXIII, p. 143. Sur l'authenticité de cette épigramme, voir plus haut, p. 65.

V. EPIGRAMMES LIMINAIRES

CCLXXI

*A Monsieur Cretin, souverain
Poete Françoys, Salut*[1]

L'homme sotart & non sçavant,
Comme ung Rotisseur qui lave Oye,[2]
La faulte d'aulcun nonce, avant
Qu'il la congnoisse ou la voye;   4
Mais vous, de hault sçavoir la voye,
Sçaurez par trop mieulx me excuser
D'ung gros erreur, si faict l'avoye,
Qu'ung amoureux de Muscq user.   8

Composée entre 1521 et 1527. Publiée pour la première fois dans *LADOLESCENCE CLEMENTINE*, Paris, P. Roffet, 12 août 1532 (*Bibliographie*, II, no. 9). Texte de J^2. Variantes de B^1 B^2 B^3 B^4.

Titre B^1 B^2 B^3 B^4 Clement Marot a monsieur Cretin, souverain Poete Francoys
S.
4 B^1 B^2 ne la
  B^3 B^4 Qui la congnoisse ne la
5 B^4 Mais de hault sçavoir la voye

[1] Ce poème liminaire accompagne le premier Chant Royal de Marot (*Œuvres diverses*, LXXXVI) sous le titre *Chant Royal de la Conception nostre Dame que Maistre Guillaume Cretin voulut avoir de l'Autheur lequel luy envoya avecques ce Huictain*, dans l'*Adolescence Clementine*. On doit noter qu'il ne figure ni dans l'édition princeps du Chant Royal en question composé pour le Puy de Rouen en 1521, ni dans un des trois manuscrits qui contiennent ce Chant Royal (voir *Œuvres diverses*, p. 175). Sur Guillaume Cretin, voir *Œuvres poétiques*, éd. K. Chesney, Paris, Firmin-Didot, s.d.

[2] Dans le rôtissage de l'oie, et de toutes les volailles en général, la peau de la pièce ne doit pas être mouillée avant la mise au four, pour qu'elle soit bien prise et dorée.

CCLXXII[1]

Dessus ce beau may verdelet[2]
Arrousé du fleuve Jordain,
Nostre sainct pere morelet
Dit ung chant royal nouvellet
Consolant tout povre mondain.   5

COMPOSÉE avant 1531 (voir n. 1). INÉDITE au XVIe siècle. TEXTE de *g* (conforme à *q*).

CCLXXIII

Clement Marot aux lecteurs[3]

Voyez l'histoire (o vous, nobles espritz)
Par laquelle est toute aultre precellée,
Avecq la fleur, le fruict y est compris
D'antiquité toute renouvellée,
Qui par trop dans vous eust esté celée,   5
Si le franc Roy ne vous eust fait part.
Riches sont ceulx à qui leur Roy depart
Plus beaulx tresors qu'argent à grosses sommes;
Et bien merite avoir histoire apart
Qui telle histoire offre aux yeulx de ses hommes.   10

COMPOSÉE avant 1527. PUBLIÉE pour la première fois dans *Histoire de Thucydide athénien de la guerre qui fut entre les Péloponésiens et Athéniens; translatée en langue françoyse par Claude de Seyssel*, 1527 (*Bibliographie*, II, no. 237). TEXTE de *A*.

[1] Ce poème figure en tête du Chant-Royal II (*Œuvres diverses*, LXXXVII) dans les manuscrits 1721 (notre *g*) et 17527 (notre *q*) du fonds français de la Bibliothèque Nationale.

[2] La variante du titre de ce chant-royal dans le manuscrit 17527 se lit: *Champ royal qui fut mys au may de la saincte chapelle.*

[3] Cette épigramme liminaire figure en tête de la traduction par Claude de Seyssel de Thucydide.

CCLXXIV

Distique du dict Marot[1]

Peu de Villons en bon savoir,
Trop de Villons pour decevoir.

COMPOSÉE avant 1533. PUBLIÉE pour la première fois dans *Les Œuvres de François Villon*, Paris, Galiot du Pré, 1533 (*Bibliographie*, II, no. 238). TEXTE de *D*.

CCLXXV

C. Marot au Roy, nostre souverain[2]

Si en Villon on treuve encor à dire,
S'il n'est reduict ainsi qu'ay pretendu,
A moy tout seul en soyt le blasme (Sire)
Qui plus y ay travaillé qu'entendu.   4
Et s'il est mieulx en son ordre estendu
Que paravant, de sorte qu'on l'en prise,
Le gré à vous en doyt estre rendu,
Qui fustes seul cause de l'entreprise.   8

COMPOSÉE avant 1533. PUBLIÉE pour la première fois dans *Les Œuvres de François Villon*, Paris, Galiot du Pré, 1533 (*Bibliographie*, II, no. 238). TEXTE de *D*.

[1] Ces vers liminaires figurent en tête de l'édition des *Œuvres* de Villon publiée par Marot en 1533.
[2] Comme le poème précédent, cette épigramme liminaire précède l'édition des *Œuvres* de Villon.

CCLXXVI

*Il envoye le Livre de
son Adolescence à une Dame*[1]

Tu as (pour te rendre amusée)
Ma jeunesse en papier icy;
Quant à ma jeunesse abusée,
Une autre que toy l'a usée;
Contente toy de ceste cy.   5

Composée entre février et juin 1533. Publiée pour la première fois dans *LADOLESCENCE CLEMENTINE*, Paris, P. Roffet, 7 juin 1533 (*Bibliographie*, II, no. 14). Texte de *J*². Variantes de *B⁴ a¹*.

Titre *B⁴* Marot envoye le livre de son
    Adolescence a une Dame & luy mande
a¹ Marot enuoya le livre de son adolescence
    A une damoiselle et luy manda

CCLXXVII

*Clement Marot, filz de
l'Autheur, Aux Lecteurs*[2]

Icy l'Autheur son Epistre laissa,
Et de dicter (pourtant) ne se lassa;

Composée avant 1534. Publiée pour la première fois dans *Le recueil Jehan Marot de Caen, poete & escripvain de la magnanime Royne Anne de Bretaigne & depuys Valet de chambre du Treschrestien Roy Françoys premier de ce nom*, Paris, veuve P. Roffet, s.d. (voir n. 2). Texte de *H*.

[1] L'identité de cette dame est inconnue. Cette épigramme liminaire figure pour la première fois dans la quatrième édition de l'*Adolescence clementine*, celle du 7 juin 1533.

[2] Ce poème se trouve dans le recueil des Œuvres de Jean Marot, père du poète. Il figure à la fin d'une épître inachevée adressée à la reine Claude. Jean Marot mourut à la fin de 1526 ou bien au début de 1527. Ce fut probablement la veuve Roffet qui donna la première édition de Jean Marot, bien qu'elle soit sans date. En effet son exercice commença en 1533 à la mort de son mari Pierre. D'autre part on connaît une édition de Jean Marot publiée en 1534 à Lyon par F. Juste. Puisque dans le cas des œuvres de Marot du moins, Juste se contente la plupart du temps de copier les éditions de Roffet, il est probable que l'édition par la veuve Roffet, du *Recueil Jehan Marot*, précède l'édition lyonnaise et date donc de la deuxième moitié de 1533 ou bien du début de 1534.

Mais en chemin la mort le vint surprendre,
En luy disant: Ton esprit par deça 4
De travailler (soixante ans) ne cessa,
Temps est qu'ailleurs repos il voyse prendre.

CCLXXVIII

Clem. Marot à son Livre[1]

Oster je veulx (approche toy, mon Livre)
Ung tas d'escriptz qui par d'autres sont faictz.
Or va, c'est faict, cours, legier & delivre!
Deschargé t'ay d'ung lourd & pesant faiz; 4
S'ilz font escriptz (d'adventure) imparfaictz,
Te veulx tu faire en leurs faultes reprendre?
S'ilz les font bien ou mieulx que je ne fais,
Pourquoy veulx tu sur leur gloire entreprendre? 8
Sans eulx (mon Livre) en mes vers pourras prendre
Vie apres moy pour jamais, ou long temps.
Mes Œuvres donc content te doivent rendre;
Peuples & Roys s'en tiennent bien contentz.[2] 12

COMPOSÉE avant juillet 1538. PUBLIÉE pour la première fois dans *Les Œuvres de Clement Marot*, Lyon, E. Dolet, 1538 (*Bibliographie*, II, no. 70). TEXTE de *J*[2]. VARIANTE de *J*[1].

1 *J*[1] Racler je veulx

[1] Cette épigramme liminaire se trouve en tête de la première édition des *Œuvres* de Marot, celle du 31 juillet 1538, publiée par Etienne Dolet.
[2] A partir du mois de juillet 1533, quand François Juste à Lyon publia, sans l'aveu du poète, une édition de l'*Adolescence Clementine* (*Bibliographie*, II, no. 14 bis), et surtout après sa fuite en automne 1534, les éditions tant de l'*Adolescence* que de la *Suite* s'étaient multipliées et contenaient de plus en plus de poèmes faussement attribués à Marot.

CCLXXIX

*Clement Marot aux lecteurs
françoyz*[1]

Si sçavoir veulx les rencontres plaisantes
Des saiges vieulx, faittes en devysant,
O tu qui n'as lettres à ce duysantes,
Graces ne peulx rendre assez suffisantes
Au tien Macault,[2] ce gentil traduysant.   5
Car en ta langue orras (icy Lysant)
Mille bons motz propres à oindre & poindre,
Ditz par les Grecz & Latins. T'advisant,
Si bonne grace eurent en bien disant,
Qu'en escryvant Macault ne l'a pas moindre.   10

COMPOSÉE vers 1539. PUBLIÉE pour la première fois dans *Les apophthegmes.
Cest à dire promptz, subtilz & sententieulx ditz de plusieurs Royz, chefz darmee,
philosophes & autres grans personnaiges tant Grecz que Latins. Translatez de latin
en françoys par lesleu Macault, notaire, secretaire & valet de la chambre du roy*,
Paris, 1539 (*Bibliographie*, II, no. 255). TEXTE de *K*.

CCLXXX

Clem. Marot aux lecteurs[3]

Des bons propoz cy dedans contenuz
Rends à Plutarque (o Grec) ung grand mercy,
Soyez (Latins) à Erasme tenuz
Qui vous a tout traduit & esclercy.   4
Tous les Françoys en doivent faire ainsi
Au translateur. Car en ce livre aprenent
De bon sçavoir autant, quant à cecy,
Que les Latins et les Grecz en comprenent.   8

COMPOSÉE vers 1539. PUBLIÉE pour la première fois dans *Les apophthegmes.
Cest à dire promptz, subtilz & sententieulx ditz de plusieurs Royz, chefz darmee,
philosophes & autres grans personnaiges tant Grecz que Latins. Translatez de latin
en françoys par lesleu Macault, notaire, secretaire & valet de la chambre du roy*,
Paris, 1539 (*Bibliographie*, II, no. 255). TEXTE de *K*.

[1] Cette épigramme figure en tête des *Apophthegmes*.
[2] Antoine Macault, valet de chambre du roi et ami du poète.
[3] Cette épigramme se trouve à la fin des *Apophthegmes*.

CCLXXXI

*Clement Marot à Salel[1] sur les
Poetes Françoys mortz avant eulx
deux*

De Jan de Meung[2] s'enfle le cours de Loire;
En maistre Alain[3] Normandie prend gloire,
Et plainct encor mon arbre paternel;[4]
Octovian[5] rend Coignac eternel;   4
De Molinet,[6] de Jan le Maire[7] & Georges[8]
Ceulx de Haynaut chantent à pleines gorges,
Villon, Cretin, Paris ont decoré,[9]
Des deux Grebans[10] le Maine est honoré,   8
Nantes, la brete, en Meschinot[11] se baigne,
De Coquillard[12] s'estime la Champaigne,
Quercy (Salel) de toy se ventera[13]
Et (comme croy) de moy ne se taira.[14]   12

COMPOSÉE avant février 1540. PUBLIÉE pour la première fois dans *Les Œuvres de Hugues Salel*, Paris, Roffet, février 1540 n.s. (*Bibliographie*, II, no. 256). TEXTE de *L*.

[1] Cette épigramme liminaire figure en tête des *Œuvres* de Hugues Salel, publiées en 1540. Sur Salel, voir H. Bergounioux, *H. Salel, Œuvres poétiques*, Bordeaux, 1929.
[2] Jean de Meung, l'auteur de la seconde partie du *Roman de la Rose*.
[3] Alain Chartier.
[4] On sait que Jean Marot était originaire de Normandie.
[5] Octovien de Saint-Gelays.
[6] Jean Molinet.
[7] Jean Lemaire de Belges.
[8] Georges Chastellain. Ces trois poètes étaient au service du duc de Bourgogne ou de Marguerite d'Autriche, régente des Pays-Bas, et résidaient dans les Pays-Bas.
[9] Villon et Guillaume Crétin étaient Parisiens.
[10] Arnoul et Simon Greban, auteurs du *Mystère des actes des Apôtres*. Cf. *Œuvres lyriques*, p. 166, n. 5.
[11] Meschinot était au service du duc de Bretagne.
[12] Guillaume Coquillart, né à Reims.
[13] Hugues Salel, comme Clément Marot, était natif de Cahors.
[14] Cette épigramme est imitée librement de Martial :

> Verona docti syllabas amat uatis,
> Marone felix Mantua est,

*CCLXXXII

*Clement Marot, aux amateurs
de la saincte Escripture*[1]

Bien peu d'enfans on treuve qui ne gardent
Le testament que leur pere a laissé,
Et qui dedans de bien pres ne regardent
Pour veoir comment il l'a faict & dressé.
O vous, enfans, à qui est adressé 5
Ce Testament de Dieu, nostre bon pere,
Affin qu'à l'œil son vouloir vous appere,
Voulez vous poinct le lire voulentiers?
C'est pour le moins, & plus de vous j'espere,
Comme de vrays celestes heritiers. 10

Composée probablement en 1543. Publiée pour la première fois dans *Le Nouveau Testament translaté de grec en françois, reveu par M. Jehan Calvin*, Genève, J. Girard, 1543 (*Bibliographie*, II, no. 260). Texte de *O*.

censetur Aponi Liuio suo tellus
  Stellaque nec Flacco minus,
Apollodoro plaudit imbrifer Nilus,
  Nasone Paeligni sonant,
duosque Senecas unicumque Lucanum
  facunda loquitur Corduba,
gaudent iocosae Canio suo Gades,
  Emerita Deciano meo:
te, Liciniane, gloriabitur nostra
  nec me tacebit Bilbilis.

(*Ed. cit.*, I, LXI.)

[1] Sur l'authenticité de cette épigramme, voir plus haut, p. 50.

CCLXXXIII

Clement Marot aux lecteurs[1]

 Ceux qui attaintz estoyent de Pestilence
Du Medecin ont requis la presence,
Et il respond: Chiers freres et amys,
Si Dieu avoit en moy le pouvoir mys 4
De servir tous, de bon cueur le feroye;
Mais advis m'est que par trop mesferoye
De frequenter ceux de Peste frappez,
Et puis ceux là qui n'en sont attrapez. 8
 Pourtant vous donne et conseille de prendre
Ce present livre auquel pourrés apprendre
Remede maint pour la Peste eviter,
Et servir ceux que Dieu vient visiter. 12
Faictes que ça et là ce livre coure,
Et qu'en ma place au besoing vous secoure.
Ainsi aura chascun en sa maison
Ung Medecin, qui en ceste saison 16
Par bon conseil leurs demandes souldra
A peu de coust à l'heure qu'on vouldra.
Et cil qui mieux le sçaura lire et veoir
Plus de service en pourra recevoir. 20

Composée avant septembre 1544. Publiée pour la première fois dans *Sommaire de certains & vrays remedes contre la Peste.... Par M. Françoys Chappuys de Lyon, Medecin à la noble cité de Genève*, Lyon, J. et F. Frellon, 1545 (*Bibliographie*, II, no. 265). Texte de Q.

[1] Voir plus haut, p. 51.

APPENDICE

APPENDIX

1

Au grant Maistre[1]

fo. 56 r⁰

Il pleut au Roy, l'ung de ces jours passez,
De commander que j'eusse de l'argent.
Advis me fut que c'estoit bien assez
Et que n'estoys desja plus indigent.
A pourchasser n'ay esté negligent   5
Et toutesfois je ne suis satisfaict.
Le Roy le veult, c'est raison qu'il soit faict,
Il vous plaira doncq commander par lectre
Que son vouloir sortisse son effect,
Et vous ferez ung œuvre de grant maistre.   10

INÉDITE au XVIe siècle. TEXTE de *w¹*.

2

Huictain[2]

Le Roy, aymant la decoration
De son Paris, entre aultres biens, ordonne
Qu'on y batisse avec proportion;
Et, pour ce faire, argent & conseil donne.   4
Maison de ville y construict belle & bonne,
Les lieux publics devise tous nouveaulx,
Entre lesquelz au meillieu de Sorbonne
Doibt, ce dict on, faire la place aux veaux.   8

COMPOSÉE avant 1534. PUBLIÉE pour la première fois dans *La Suite de l'Adolescence Clementine*, Lyon, François Juste, 1534 (*Bibliographie*, II, no. 25). TEXTE de *E³*. VARIANTES de *s*.

Titre *s* D'une nouvelle place aux veaux
2 *s* autre chose
5 *s* ville establit
6 *s* publicqs fait faire tous
7 *s* my-lieu
8 *s* On dressera la grande place (aux veaux)

[1] Sur l'authenticité de ce poème, voir plus haut, p. 57.
[2] Sur l'authenticité de ce poème, voir plus haut, p. 60.

3

[Dizain][1]

   Madame, est il pas deshonneste
De m'avoir mis dedans le poing
Son chose gros comme la teste,
Disant qu'il me faisoit besoin.
J'eusse voulu estre bien loin,   5
Tant j'estois en grand[e] destresse.
Alors luy repond la maistresse:
« Ne celez rien & dictes tout! »
« Ce grand vilain me fit »—« quoy? qu'est ce? »
« Loger cela dequoy l'on fout ».   10
      Marot

INÉDITE au XVIe siècle. TEXTE de *c*.

4

Sur Juppiter ex alto[2]

   Tous les sermens que femme peut jurer
A son amy quant elle est accusée,
Tous les propos que jeunesse abusée
Presente au cueur doubteux pour l'asseurer,   4
Ont ilz puissance à faire meme durer
Et divertir mon malheureux soucy?
Non! Car j'ay veu son mary murmurer
Souvent de moy qu'elle juroit ainsi.   8

PUBLIÉE pour la première fois dans l'*Adolescence Clementine*, Lyon, François Juste, 12 juillet 1533 (*Bibliographie*, II, no. 14 bis). TEXTE de *B⁵*. VARIANTES de *j o x*.

Titre *j manque*
    o Sur Jupiter ex alto periuria ridet amantum
    x manque
 5 *o*   ilz povoir
    j o moins durer
 6 *o* Ou

[1] Sur l'authenticité de ce poème, voir plus haut, p. 62.
[2] Sur l'authenticité de ce poème, voir plus haut, p. 68.

GLOSSAIRE

abscons, XXXVIII 2, obscurci
acertainer, LXV 5, assurer
accointance, CCXLVI 6, présence, conversation
acoustrer (s'), CCXXIII 6, s'orner, avoir mine
acquerre, CCXXXI 3, acquérir
acroyre, CLXXIV 1, croire
adextre, CXXXVI 6, adroit
admirable, CCXI 6, étonnant
admonnestement, CL 8, avertissement
adonc, VI 6, VII 5 et passim, alors
advenir, CLII 6, futur
affaire, CCXXVI 7, *masculin, sens moderne*
agu, XLV 2, aigu, précis
ains, XXVI 8, XXVIII 2, CCXXIX 1, avant
aise, LIV 8, *masculin, sens moderne*
amegrir, CI 3, maigrir
amour, V 7, LXXVI 8, 10, *féminin, sens moderne*
amyable, CXXVIII 1, aimable
appareiller, XV 7, préparer
apparoir, CCLXXXII 7, apparaître
appoinct, CCXXXIV 3, selon le besoin ou le désir de quelqu'un. Cf. Cotgrave : « a thing for ones purpose, after his mind, according to his humour, such an occasion, or time, or were it in his choyce, hee would appoint no other ».
arresté, CLIV 2, têtu
arroy, CCII 10, condition, équipage
asseurance, CXC 4, sûreté
attraire, CXC 7, attirer
aulcun, XII 5, quelque
atouchement, LII 5, action de toucher
attrempé, CVIII 3, tempéré
avec, X 2, en même temps, (ne . . .), CCXLVI 4, non plus

baller, LXXVII 14, danser
blanc, CCL 2, 11, pièce de monnaie
blasonner, CXCIV 3, se moquer de

bon (donner), CCLIII 8, satisfaire
bouger (se), LXXVII 12, bouger
boursette, CXCVIII 27, bourse
bransler, CCLVIII 17, caresser, faire l'amour
bren, LXII 1, LXXVIII 40, *juron*
bret, CCLXXXI 9, breton
broque (de . . . en bouche), CCXXXVI 5, immédiatement
bruyt, CLXV 1, renommée

calandre, calendre, CXXXVI 1, CCXXXV titre, 2, 9, alouette
carriere (faire prendre), CXCVI 2, faire courir
cautelle, XC 6, CCLII 4, CCLIII 9, procès, chicane, ruse
cercher, CLXII 8, chercher
cestuy, CXXVII 7 et passim, celui
chaloir, CV 8, se soucier
cherer, CV 1, accueillir, faire bon visage
cil, XX 16, CLXXXVIII 1 et passim, celui
cimbaler, CCV 5, résonner
combien que, CCI 6, bien que
compas, CIX 5, mesure
contredit, CCLII 4, procès
contrister, LI 2, rendre triste
cordeau, CCL 2, corde
coucher, CCXLVIII 2, 8, écrire
coulpe, CXCIV 5, faute
courage, XCV 8, attitude
courre, CCXXIX 2, courir
cuider, cuyder, VIII 5, XXIV 2 et passim, penser
cyclopedie, CXCIX 8, encyclopédie

debatre, CCXII 10, soutenir
deduyre, CCXXV 6, chanter, glorifier
delivre, LXXII 7, libre
departir, LXXII 2, CXLV 10, CCXIV 4, CCLXXIII 7, partir, départ, donner en partage
deporter (se), CLXVII 5, s'amuser

GLOSSAIRE

deprimer, LX 10, réduire
depriser, CLXXVII 7, mépriser
desconfort, CCXX 1, tristesse
desestimer, LX 3, 4, mépriser
deshouser, XLIV 6, déshabiller? Cf. Cotgrave : «To plucke off boots'»
despit, CLXXIX 13, CCLV 7, dépité, deception
despiter, CXLII 3, chagriner
despiteux, LXXVIII 35, susceptible de rendre triste
desplaisans, CLVI 7, triste
desvoyer, CCXVIII 6, égarer
devant, CCXI 3, avant
devers, CLXXIX 6, vers, CCXLVII 1, à
devis, LII 4, conversation
dict, LXXXVIII 4, poème
dieugard, CXXXVII 5, salut
diffame, CLXXXII 4, disgrâce
dire, CCLXXV 1, estimer
dolent, LXX 4, douloureux
dont, IX 6, XI 8 et passim, pour cette raison, alors, CCIX 7 et passim, d'où
douloir (se), CLXXI 4, se lamenter
drapeau, drappeau, CCLIII 2, linge, LXXVIII 2, objet de mauvaise qualité. Cf. Cotgrave : « vieux drapeaux : . . . trash, trumperie »
duché, CVIII titre, féminin, sens moderne
duire, duyre, II 1, CXII 3, CCLXXIX 3, plaire

emprendre, XCII 7, entreprendre
en, X 1, parmi
enda, CCLVIII 14, exclamation
endemain, CCXI 4, lendemain
enflamber, CIX 8, enflammer
enhorter, XCVII 1, exhorter
erreur, CCLXXI 7, masculin, sens moderne
es, XVII 4, en les
esbettre, V 1, réjouir
escarmoucher (s'), XLIV 5, faire l'amour
esclandre, XCII 8, carnage. Cf. Cotgrave : « a slaughter »
escourre, CCXXIX 5, diminuer
esjouir, CXLVII 2, CLXXXVIII 5, réjouir
esmeutir, CCXXXVI 4, excréter (terme de fauconnerie)
esmoy, LV 8, CXCII 8, CCLXX 7, anxiété

espice, CCLII 9, voir p. 303, n. 1.
espinette, CXXII 3, clavecin
esse, CXCIX, 1, 3, 5, 7, est-ce
estreiner, estrener, XV titre, XCV 2, 3, CXLII 10, CC 4 et passim, faire un cadeau à quelqu'un, récompenser
estuyer, CXXXVI 7, gainer, mettre
excommunie, CCLXI 4, 6, excommunication

faillir, V 10, CVI 6, échouer, CXCI 3, manquer, XLV 8 et passim, se tromper
fallacieux, CXXIX 5, trompeur
famé, LX 9, réputé
fault, voir faillir
flac, LXXVIII 2, mou
finablement, CXIII 2, finalement, enfin
folet, follet, XLVI 3, CLXVIII 2, imbécile
foullet, CLXIX 4, imbécile
froidureux, XXII 1, très froid
fumelle, LXVIII 5, femelle

gallée, XII 12, galion
gaudir, XLVI 4, plaisanter
gent, VI 4, LXXIII 7, joli
gentillesse, CLXI 3, noblesse
gorgerin, LXXVII 30, soutien-gorge
griffon, XLVIII 1, CCXXXIII titre (variante), jeu de mots : greffier
gringoter, XVI 7, chanter d'une voix chevrotante. Cf. Œuvres satiriques, p. 116, n. 3.
grison, CCXXXIX 6, gris, vieux
guerdon, CCXIV 4, récompense
guerdonner, CXIV 2, CXCVII 41, récompenser

hacquebutier, XLV 7, arquebusier
heronnier, CCLIII 3, semblable à un héron, c'est-à-dire maigre
heur, IV 3, LIII 6, CCLXVI 1 et passim, bonheur
huy, XCIX 2, aujourd'huy

icelle, icelluy, II 8 et passim, celle, celui
incontinent, VIII 8, XXXI 1 et passim, immédiatement
innocenter, VI 9, voir p. 99, n. 1.

GLOSSAIRE

ja, XI 11, XXVI 4 et passim, déjà
jouer (se), CCLXVIII 1, faire l'amour

las, XXII 9, CCLVIII 7, hélas
lieutenant, CCLII titre, 1, officier de justice
los, loz, LX 10, CCXXXI 3, CCLII 8, louange, réputation
luc, CXXI titre, luth

mal, CXCVIII 26, mauvais
marbrin, X 4, de marbre
marry, CCXXII 3, triste
maulgré, CXXIV 8, malgré
may, CCLXXII 1, un arbre planté le 1er mai
melencolier, LXXIV 6, rendre mélancolique
mercier, CCXXXIII titre, remercier
mescompter (se), XLVIII 8, CVI 4, se tromper
mesfaire, XI 8, CCLXXXIII 6, faire mal
mesnager, CXCIII 10, économe
mommerie, C titre, CXCVIII titre, masquerade
mondain, CCLXXII 5, être humain
montjoye, IX 5, excellence, le plus grand, le plus parfait
morelet, CCLXXII 3, brun, basané
motte, XVI 16, pubis
moult, CXCII 2, très
muer, CVIII 7, changer

nanny, CCLXII titre, 1, non
navrer, CXX 3, blesser
neuf, CCXLII 3, novice, inexpérimenté
noncer, CCLXXI 3, annoncer, déclarer
nouer, LXXXIX 4, nager
nourrir, CLXI 2, éduquer
nouvelet, CCLXXII 4, nouveau
nuisance, CXXXV 4, ennui

occident, CC 4, voir p. 260, n. 2
onc, IV 6, XLVII 6 et passim, jamais
ord, XXII titre, XLI 3, laid
ordouz, XVI 15, sale
oreillette, CCLVIII 3, boucle d'oreille
oripeau, CCLIII 5, ?
oultre, CCXXIII 8, tout à fait
oultrepasse, CLXXI 1, CCXII 16, éminence
ouvrer, CXCVIII 29, façonner

partement, LXXII titre, départ
passer, CCXXV 4, surpasser
pelé, CCL 1, chauve
perron, CCXII titre, 1, CCXIII titre, CCXIV titre, CCXV titre, sous-titre, CCXVI titre, 1, CCXVII titre, voir p. 271 n. 2
pestilence, CCLXXXIII 1, peste
pieton, CCXXXI 4, fantassin
piteux, CXVIII 5, plein de pitié
plurier, LXXVI 14, pluriel
poetiser, XVII 1, écrire de la poésie
poindre, CXL 2, CCI 5, picquer
poiser, XCIII 6, causer de l'ennui
postiller, CXCIV 5, commenter
pource que, III 10, CXXXVII 3, parce que
pourfiler, CCLIX 8, broder
pourmener, CXV 4, promener
pourtant, LXXXV 5, CCLXXXIII 9, c'est pourquoi
praticque, CXLIX 8, expérience
preceller, CCLXXIII 2, exceller
privauté, CXCI 4, faveur
prou, CLXXXVIII 2, beaucoup
puis, CCX 7, depuis

que, CIII 8, parce que
querre, XXV 3, trouver
queste, CXXXV 4, recherche
quidem, CCLVI titre, quidam
quitter, CCXXVI 6, dispenser

rabaster, CCI 10, faire du tapage
raise, CXXIII 4, rasée, coupée très court
ravine d'eau, CCL 5, inondation
rebours, CCXXX 2, contraire, hostile
records, CCLIX 6, témoin
recoy, C 3, repos
recueil, CXC 4, réception, accueil
reduire, CCLXXV 2, éditer, transcrire
refect, LXXVII 1, rebondi, gros
remordre, CCVI 8, causer du remords
remuer, CVIII 6, transporter
rencontres, CCLXXIX 1, propos
repaistre, CXXVI 10, nourrir
resonner, XCVIII 5, sonner, chanter
retraire, CXC 6, CCXXXII 2, retirer
rien, CXLII 5, quelque chose
rimasser, CCXLVIII 2, rimer
ris, LI titre, 3, CXXXVIII 5, rire

334 GLOSSAIRE

rondement, XLV 9, CXXIII 1, CLXXVI 3, CCVII titre, 4, librement, pleinement

secoux, LXXVII 8, secoué
sejourné, XLVII 1, frais, paresseux
selle, LXVIII 2, escabeau
sembler, XI 14, XLVIII 2, CCXXXIII 2 sembler être
semonce, CXXVI 4, invitation
semondre, CII 2, inviter
serée, XCIV 4, soirée
sereine, LXXXIV 10, sirène
seulet, CCXXII 4, seul
si, VII 10 et passim, alors, XI 3 et passim, et, XVIII 4 et passim, ainsi, XXVIII 3 et passim, pourtant, LII 1 et passim, que
simplesse, CLV 7, simplicité
sol, CXXVI 1, soleil
sotart, CCLXXI 1, sot
souldar, CXX 10, soldat
souppe, XLVIII 10, mie de pain trempée
superscription, CCXV titre, suscription
sus, CXXVI 5, sur

tancer, CLI 2, gronder

tandis, CCXXXVI 3, pendant que
tetasse, LXXVIII 3, 22, CCIII 5, *péjoratif*: sein
tetin, LXXVII titre, 1, 2, 3, 4 et passim, sein
tetine, LXXVIII 3, CCIII 3, *péjoratif*: sein
tette, CCIII 4, *péjoratif*: sein
toussir, CLXXII 5, tousser
travail, LXV 1, 5, peine
trestous, XVI 13, tous
tribard, CCLIX 9, pénis
trister, XXII 5, attrister

value, vallue, CLXVIII 3, CLXIX 6 CLXXI 5, valeur
veritable, XCI 4, véridique
verdelet, CCLXXII 1, vert
vertueux, CXX 1, courageux
visiter, CCLXXXIII 12, punir
voirement, CXI 6, vraiment
vueil, CCL 6, volonté
vuyde (mettre au), CCXXXIV 5, compléter

yssir, VIII 6, sortir

INDEX DES NOMS PROPRES[1]

ABEL, XVII, *titre*
ADONIS, XI, 5
AKAKIA, XXXVII, *titre*, 1 : Martin Akakia, *voir* p. 125, n. 2
ALAIN, CCLXXXI, 2 : Alain Chartier
ALBERT, CXXI, *titre*, 4, 7 : Albert da Rippa, *voir* p. 192, n. 1
ALENÇON, duchesse d', IV, *titre* : Marguerite d'Angoulême
Alençon, CXCVIII, *titre* ; CCVIII, 4
ALEXANDRE, XCII, 10 : Alexandre le grand
ALIX, XXXV, *titre*, 2, 6, 9 ; CLXVII, *titre*, 1, 5 ; CCXXII, 2 ; CCXXXVII, *titre* 2, 4
ALLEBRET, Mlle d', LI, *titre* : *voir* p. 137, n. 1
AMY, XL, *titre* : médecin
ANGLOULESME, (duc d'), CLII, 7 : François Ier
ANGUIEN d', CCXV, *titre* ; CCXXXI, *titre* : François de Bourbon, Comte d'Enghien, *voir* p. 287 n. 1
AMOUR, LXIII, 1 ; CVI, 1, 7 ; CXII, 10 ; CXV, 7 ; CXXXV, 1 ; CCXIX, 4 ; CCXLIII, 4 : personnification
ANNE, XXIV, *titre*, 1, 7 ; XXV, *titre* ; XXXI, *titre* ; LX, 9 ; LXXII, *titre*, 1 ; LXXIX, *titre*, 1 ; LXXXV, *titre* ; CVI, *var. titre* ; CXV, *titre*, 8 ; CXXII, *titre* ; CXXIX, *titre* ; CXXXII, *titre*, 1 ; CXXXVI, *titre* ; CXL, *titre*, 2 ; CLI, *titre* ; CCIX, *titre*, 3, 8 ; CCLXVI, *titre* : probablement Anne d'Alençon, *voir* pp. 21-3
ANNE, Sainte, CXXXII, *titre* ; CXLVII, *titre*, 7
ANNETTE, CCLV, *titre*, 2, 3, 5
ANTHOINE, CLVIII, *titre*, 1
APOLLO, VII, 5, 10 ; CL, 4 ; CCXXVI, 4 : Apollon
Aquitaine, LXV, 2
ARGUS, CXII, 1
AUGUSTINE, CCXLIV, 2 : Augustine d'Avaugourt
AUMALE, M. d', CCXVII, *titre* ; François de Lorraine, duc de Guise et d'Aumale, *voir* p. 278, n. 2

BACCHUS, XXVII, 6
BARBE, II, *titre*, 1 ; X, *titre* : *voir* p. 103, n. 1
BARME, Mme de la, CCXXVIII, *titre* : Pétremande de la Balme, *voir* p. 285, n. 3
Berlandiere, La, CCXII, *titre* : *voir* p. 271, n. 1
Bloys, CCXXVII, 6
BONAVENTURE, LXXXVIII, 3
BORBONIUS, CXXXV, *titre* : Nicolas Bourbon, *voir* p. 202, n. 1
BOYSSONE, CXXVI, 2 : Jean de Boyssoné, *voir* p. 196, n. 2
BRAILLON, XXXVII, *titre* : Louis Braillon, médecin, *voir* p. 124, n. 1
BRUSLARD, Geoffroy, CLXXXV, *titre*, 1 : *voir* p. 243, n. 1

Cahors, CXLIV, *titre*, 1
CARRE, Jehan, CXLIX, 5 *var.* : *voir* p. 211, n. 4

[1] Les noms de personnes sont en petites capitales, les noms de lieux, d'institutions etc., en romain.

INDEX DES NOMS PROPRES

CASTELLANUS, CLIII, titre: Pierre du Châtel, dit Castellanus, voir p. 218, n. 1
CATAUT, CCLVII, titre
CATHIN, CLXXI, titre, 1; CCIII, 2
CATIN, CLXXX, titre, 1, 3; CCLVII, 3; CCLXV, titre, 2, 5, 9; CCLXVII, 1
CERES, XXVII, 6
CESAR, CXCVI, 4, 7; CCXI, 1, 6
CHABOT, LXXXIV, 4: l'amiral Chabot
Champaigne, CCLXXXI, 10
CHARLES, duc d'Orléans, CXIII, titre, 3
CHARLES, CCXLV, 1: voir p. 297, n. 3
CHARON, XIX, titre, 1: Florimond Le Charon, voir p. 110, n. 2
CHASTEAUBRIANT, Jan de Laval, seigneur de, 1, titre
Chatelerault, CCXII, titre: Châtellerault
CLAVIER, CCXXIII, 3: Etienne Clavier, voir p. 282, n. 3
CICERO, CCIV, 1: Cicéron
CLEMENT, LXXXIII, 4; LXXXVIII, 10; CLXI, 4; CCXXIII, 2: Clément Marot
Coignac, CCLXXXI, 4: Cognac
COLETTE, CCXXII, 2
COLIN, Germain, XCVIII, titre, 2: voir p. 176, n. 2
COQUILLARD, CCLXXXI, 10: Guillaume Coquillart
CORIDON, LXVI, titre
CRASSUS, CCXL, titre, 1: voir p. 294, n. 1
CRAVAN, CCXVIII, titre, 1: voir p. 279, n. 1
CRETIN, CCLXXI, titre; CCLXXXI, 7: Guillaume Crétin
CUPIDO, XXVIII, 4; CVI, titre: Cupidon

DANGER, CXII, 2: personnification
DIANE, DYANE, LVI, titre, 3; LVII, titre, 2; LXI, titre; LXIII, titre, 3; CII, titre
DOLET, Estienne, XCVIII, titre var., 2 var.; CLXXXI, titre; CCIV, titre, 6: Etienne Dolet
DU BRUEIL, CXIX, titre: Marguerite du Breuil, voir p. 190, n. 1
DU MOULIN, A., CCV, titre: Antoine du Moulin
DU PIN, Mlle, XII, titre
DU VAL, CCX, titre: Jean Duval, voir p. 269, n. 1

Elisée, CXXI, 1: Les Champs Elysées
ELIENOR, CLIV, titre: Eléonore d'Autriche
ERASME, CCLXXX, 3
Estempes, CVIII, titre, 8: Etampes
ESTRANGE, Mme de l', CCXXV, titre, 7: Marie de Langeac, voir p. 283, n. 2

FAYE, Jane, XCVII, titre
FERRARE, duchesse de, CLXXXIX, titre; CXC, titre: Renée de France
FERRARE, duc de, CXC, titre var.: Ercole d'Este
Ferrare, CXLVIII, titre
FONTAINE, Mlle de la, LXV, titre, 7: Anne de la Fontaine ou Louise de la Fontaine, voir p. 148, n. 1
Fontainebleau, CLIV, 42
France, CVIII, 6, 10; CXX, 8; CXXVII, titre, 10; CLXXIX, 9; CXC, 2; CCXV, 4; CCXXVII, 4; CCXLVI, 3, 11
FRANÇOYS, Dauphin, LXXXIII, titre

INDEX DES NOMS PROPRES

FRANÇOIS (Ier), LXXXIX, 3; CXXI, 9; CLXXIX, 1, 21; CXCVI, 1, 3, 5; CC, *titre*; CCXL, 5; CCXLVI, 2

GAILLARDE, Jane, III, *titre*: *voir* p. 96, n. 2
GALLAND, C., CCV, *titre*; CCXLVII, *titre*, 2; CCXLVIII, *titre*: Claude Galland, *voir* p. 265, n. 3
Geneve, CCXXVI, *souscription*; CCXXVII, *souscription*
Genevois, CCXXVIII, *titre*
GEORGES, CCLXXXI, 5: Georges Chastellain
GERMAIN, *voir* Colin
GREBANS, les deux, CCLXXXI, 8: Arnoul et Simon Greban
GRELIERE, Mlle de la, LXIV, *titre*, 1
Grenoble, CCXXXIII, *titre var*.
GRENOILLE, XVIII, *titre*

Haynaut, CCLXXXI, 6: Hainaut
Hedin, CXCVI, *titre*, 9: Hesdin (Pas-de-Calais)
HELEINE, LIII, 6: Hélène
HELENE, LIV, 2: probablement Hélène de Tournon, *voir* p. 141, n. 1
Helicon, CCX, 5
HEROET, LIV, *titre*: Antoine Héroet
HILAIRE, CLX, *titre*, 2, 8
HUBAN, CXCIX, *titre*, 1, 3, 5, 7, 12: Gilberte de Rabutin, demoiselle d'Huban, *voir* p. 259, n. 1

Ilyon, III, 8: Troie

JAN, CCLVIII, *titre*, 1, 5
JANE, CXVIII, *titre*; CXXX, *titre*: Jeanne d'Albret
JANE, CLXXI, *titre*, 2
JANETON, CCIII, *titre*, 1
JANNE, CCLVIII, *titre*, 2
JAQUETTE, II, *titre*, 5; X, *titre*: *voir* p. 103, n. 1
JEHAN, CLXIII, *titre*, 1
JEHAN JEHAN, CLIX, *titre*, 1
JESUS, CCXXVII, 7
JHESUS, CCLXX, 2: Jesus
Jordain, CCLXXII, 2: Jordan
JOUAN, XLVIII, 2
JUILLY, M. de, CXXV, *titre*, 3: *voir* p. 195, n. 1
JUPPITER, CVIII, 5: Jupiter

LA CHAPELLE, Mlle de, XIII, *titre*, 1, 3, 5: *voir* p. 106, n. 1
LANYVOLARE, CXX, *titre*, 1: Anniba Gonzagne de Novellara, *voir* p. 191, n. 1
LA PERRIERE, CXXVI, 2: Guillaume de la Perrière
LAURE, LXXXI, 2; LXXXIX, *titre*, 1: Laure de Noves
LAVAL, Jan de, *voir* CHASTEAUBRIANT
LAVAL, Mme de, CXLIII, *titre*, 4, 10: Anne de Laval, *voir* p. 207, n. 1
LE COQ, XXXVIII, *titre*, 4; XXXIX, *titre*, 1: Jacques Lecoq, *voir* p. 126, n. 1
LE MAIRE, Jan, CLXXXVIII, *titre*; CCLXXXI, 5: Jean Lemaire de Belges
LESBIA, CLVI, 3: la maîtresse de Catulle
LEVRAULT, CLXXXVI, 2: *voir* p. 247, n. 1

Loire, CCLXXXI, 1
LONGIS, Macé, CLXXIII, titre, 1
LYNOTE, XVI, titre, 1
Lyon, III, 3. 5; CXCI titre, 2, 6

MACAULT, CCLXXIX, 5, 10: Antoine Macault, voir p. 322, n. 2
MACE, voir LONGIS
MACEE, CLXXIV, titre, 1, 6
MAGNIFIQUE, le, CXLIX, 10: Laurent Meigret, voir p. 211, n. 5
MAILLART, XLIII, 1, 5, 8: Gilles Maillart, lieutenant criminel de Paris, voir p. 129, n. 2
Maine, le, CCLXXXI, 8
MALINGRE, CCXXVI, titre; CCXXVII, titre: Matthieu Malingre, voir p. 284, n. 1
Mantue, CXLIV, 2: Mantoue
MARGUERITE de Navarre, CXLII, 1: Marguerite d'Angoulême, reine de Navarre
MARGUERITE d'Alençon, CXVI, titre, 4: voir p. 188, n. 1
MARGUERITE, CCLV, titre, 2, 6
MARO, XXXVII, 2, 4; CXLIV, 2; CLIII, 4: Virgile (Virgilius Maro)
MAROT, Clément, XVII, titre; XX, 4, 11; XLII, 3; LXXI, titre; LXXXIII, 4; LXXXVIII, titre; CXI, titre; CXXXVII, 1, 5; CXXXIX, titre; CXLI, 8; CLIII, 6; CXLIV, 7; CLIII, 1; CLV, 1, 15; CLXIX, titre; CLXXXVI, titre, 2; CLXXXVII, titre; CLXXXVIII, titre; CLXXXIX, titre; CXCII, titre; CCXXVI, titre; CCXXVII, titre; CCXXXI, 9; CCXXXIX, titre; CCXLVII, titre; CCLXX, titre; CCLXXIII, titre; CCLXXIV, titre; CCLXXV, titre; CCLXXVII, titre; CCLXXVIII, titre; CCLXXIX, titre; CCLXXX, titre; CCLXXXI, titre; CCLXXXII, titre; CCLXXXIII, titre
MAROT, Jean, XX, 13
MARREL, Pierre, CCXXXIII, titre, 1: voir p. 289, n. 1
MARS, CXX, 7
MARTIN, XXXV, titre, 11 3, 4, 8, 10; CLXXX, titre, 1, 3; CCXXXVII, titre, 1, 3, 5
MARTINE, CCIII, 3
MATHIEU, CCLXX, 2: saint Mathieu
MAUPAS, CIX, titre, 2; CLIV, 3: Barbe Cauchon de Maupas, voir p. 183, n. 1
MECENAS, CLIII, 4: Mécène
MERCURE, CCXLVII, 4
MERLIN, voir SAINCT GELAIS
MESCHINOT, CCLXXXI, 9
MEUNG, Jan de, CCLXXXI, 1
MICHEL, LXXXVIII, 3
MIGNONNE, CLIV, 1, 6, 8, 13, 45: nom de la chienne de la reine Eléonore
MOLINET, CCLXXXI, 5
Montfaulcon, XLIIII 2, 8
MONTMORENCY, CXXVII, titre, 2: Anne de Montmorency
MUSES, CCX, 1, 6; CCXLII, 2

Nantes, CCLXXXI, 9
Narbone, CXLI, 6
NAVARRE, Jane de, CXVIII, titre: Jeanne d'Albret
NAVARRE, Reine de, LXXXII, titre; LXXXVIII, titre; CXXXI, titre; CXLIV, titre; CLXXXIX, titre: Marguerite d'Angoulême

INDEX DES NOMS PROPRES

NAVARRE, Roi de, CXXIII, *titre*; CXLI, *titre*; CXLII, *titre*; CXLIV, *titre*; CCVII, *titre*: Henri d'Albret, roi de Navarre
NAVARRE, Ysabeau de, LXXIII, titre, 1: Isabeau d'Albret, *voir* p. 153, n. 2
Necy, CCXXVIII, *titre*: Annecy
NEVERS, M. de, CCXVI, *titre*: François de Clèves, duc de Nevers, *voir* p. 277, n. 2
Normandie, CXXXVIII, *titre*; CCLXXXI, 2

OCTOVIEN, CCLXXXI, 4: Octovien de Sainct-Gelais
ORLEANS, duc d', XLVIII, *titre*; CXIII, *titre*; CCXIII, *titre*: *voir* CHARLES, duc d'Orléans
Orleans, X, 1
ORPHEUS, CXXI, 1, 2: Orphée
ORSONVILLIERS, Mme d', CXXIII, *titre*; CCVII, *titre*: Marie de la Trémoille, *voir* p. 193, n. 2
OUDETTE, CCIII, 4
OVIDE, CCXXXIV, 2

PALLAS, CXIV, 7: Pallas Athêné
PARIS, CXIV, 5
Paris, XLIII, *titre*; CXCIII, *titre*, 1; CCXI, 1; CCLXXXI, 7
Parnase *voir* Parnasus
Parnasus, CCX, 2, 8: Parnasse
PARQUES, CLXXIX, 22
PARTENAY, Renée de, CXLVI, *titre*: *voir* p. 209, n. 1
Pau, CXLV, 7: le Pô
PAULINE, CLXXV, *titre*, 1
Pelyon, III, 1
PETRARQUE, LX, 5
PHEBUS, LVI, *titre*, 1; LXI, 1, 9; CXXI, 2; CXXVI, 5
Piemont, CCXXX, *titre*
PIERRE, le petit, CCLXI, *titre*, 1
PLUTARQUE, CCLXXX, 2
PONS, Mme de, CXLV, *titre*: *voir* p. 208, n. 2
PREUDHOMME, Guillaume, CL, *titre*, 3: *voir* p. 212, n. 1

Quercy, CCLXXXI, 11

RABELAIS, F., CLXXXIII, *titre*
RENÉE, XCV, *titre*, 5; CLXXXIX, *titre var.*: Renée de France
ROBIN, CCLXV, *titre*, 1, 6
ROBINET, CLXXXVII, *titre*, 2: *voir* p. 247, n. 2
ROCHEPOT, M. de la, CX, *titre*: François de Montmorency
ROHAN, Mme de, CXCVIII, *titre*: *voir* p. 257, n. 1
Rome, CCXLVI, 5
Romme, CLXIV, 1: Rome
ROUE, Mlle de la, XCIX, *titre*, 3, 5, 8; CIII, *titre*: *voir* p. 177, n. 1
ROULLET, CLXVIII, *titre*, 1; CLXIX, *titre*, 1, 5: Charles Roullet, *voir* p. 230, n. 1

SAGON, CXCV, *titre*, 2, 4, 6: François Sagon
SAINCT AMBROYS, XLV, *titre var.*: Jacques Colin, abbé de Sainte-Ambroise
SAINCT GELAIS, Merlin de, LXXX, *titre*, 1: Mellin de Sainct-Gelais

SAINT DOMINIQUE, CCXXVII, 10
SAINCT PAUL, CCXXVII, 9
SALEL, CCLXXXI, *titre*, 11 : Hugues Salel
SAMBLANÇAY, XLIII, *titre*, 2, 6 : Jacques de Beaune, seigneur de Semblançay *voir* p. 129, n. 1
SATHAN, CCLXX, 9
Savoye, CCXXIX, *titre*
SEVE, Maurice, CXXXIV, *titre:* Maurice Scève
SELVA, LIV, *titre*: Jean de Selve, *voir* p. 140, n. 1
SEVIN, Thomas, LXXV, *titre*
Sirisolle, CCXXXI, *titre*: Cerisole (Cérisoles)

TALARD, Mlle de, LXXXIV, *titre:* Louise de Clermont-Tallart, *voir* p. 166, n. 1
TALART, LXXXIV, 6: *voir* TALARD
TALLARD, CCI, 2: *voir* TALARD
TALLART, CCI, *titre*: *voir* TALARD
Tempé, CVIII, 1, 8
Thessalle, Thessalye, CVIII, 4, 6
THIBAULT, THIBAUD, THIBAUT, XLVIII, *titre*, 1; CCXLIX, *titre*, 1
THOMASSE, CCIII, 5
TOURNON, Blanche de, LIX, *titre*: *voir* p. 144, n. 1
TOURNON, Helene de, LV, *titre*; LXXXVII, *titre*: *voir* p. 141, n. 1
Troie, III, 2
Tulles, CLIII, *titre*

VAUGOURT, CCLXIV, *titre*, 1: Jacques d'Avaugourt, *voir* p. 297, n. 1
VENDOSME, CCXIV, *titre*: Antoine de Bourbon, duc de Vendôme, *voir* p. 275, n. 2
VENUS, XI, 1, 5; XXVI, *titre*, 3; XXVII, *titre*, 1, 6; XXXIV, *titre*, 2; LXXXVI, 1; CVI, 3; CCXLVII, 3
VILLAS, CXXVI, 2: *voir* p. 196, n. 3
VILLON, CCLXXIV, 1, 2; CCLXXV, 1; CCLXXXI, 7
VISCONTIN, CCXXXV, *titre*, 1: Philippe-Marie Visconte, *voir* p. 291, n. 1
VUYARD, Pierre, XLI, *titre*: *voir* p. 127, n. 2

YSABEAU, *voir* NAVARRE
YSABEAU, V, *titre*; LX, *titre*; CLXX, *titre*, 1, 7; CCXXIII, *titre*, 1: *voir* pp. 20–21 et p. 98, n. 1
Yverdon, CCXXVII, *titre*

TABLE DES INCIPIT

Adieu ce bel œil tant humain	CCXXVIII
Advint à Orléans qu'en tant de mille Dames	X
Ains que me veoir, en lisant mes escripts	CCXXXIX
A l'approcher de la nouvelle année	CXLIII
Amoureux suis & Venus estonnée	LXXXVI
Amour trouva celle qui m'est amere	CVI
Amour vous a (des le jour que fus né)	XCV
Amy Cravan, on t'a faict le rapport	CCXVIII
Amy de nom, de pensée & de faict	XL
Anne, ma Sœur, d'où me vient le songer	CXV
Anne, ma sœur, sur ces miens Epigrammes	LXXIX
Anne (par jeu) me jecta de la Neige	XXIV
Apres avoir estrené Damoyselles	XCVIII
Au curé, ainsi comme il dit	CLXXXIV
Au moys de May que l'on saignoit la belle	LV
Benest, quand ne te congnoissoye	L
Bien peu d'enfans on treuve qui ne gardent	CCLXXXII
Bien ressembles à la Grenoille	XVIII
Bien soit venue au pres de Pere et Mere	CXVIII
Bouche de coral precieux	CII
Bren, laissez moy, ce disoit une	LXII
Catin veult espouser Martin	CLXXX
Ce franc Baiser, ce Baiser amyable	CXXVIII
Ce Livre mien d'Epigrammes te donne	I
Celle qui porte un front cler & serain	CCXXV
Celluy qui a ce Dixain composé	LXXXIII
Celluy qui dit ta grace, eloquence & sçavoir	XIV
Celuy qui dit bon ton tetin	CCLVII
Ce meschant Corps demande guerison	XLI
Ce nouvel an, Françoys, où grace abonde	CC
Ce nouvel an pour Estreines vous donne	LXXXV
Ce plaisant Val que l'on nommoit Tempé	CVIII
Ce prodigue Macé Longis	CLXXIII
Ce seroit trop que la Belle esmouvoir	CXI
Ces jours passez, je fu chez la Normande	CCLV
Ces quatre vers à te saluer tendent	XXXIII
Cesse, Crassus, de fortune contraindre	CCXL
C'est à Françoys en armes tressavant	CXCVI
Ceste Deesse avec sa ronde Pomme	XXVI
C'est grand cas que nostre voysin	CLXXXII
C'est grandpitié de m'amye qui a	CLVI
C'est pour la souvenance d'une	CCXVII
C'est ung espoir d'entiere guerison	XXXVI

TABLE DES INCIPIT

C'est ung grand cas veoir le Mont Pelyon	III
Ceux qui attaintz estoyent de Pestilence	CCLXXXIII
Charles, mon filz, prenez courage	CCXLV
Cil qui mieulx ayme par pitié	CLXXVI
Comme un escolier se jouoit	CCLXVIII
D'Amour entiere & tout à bonne fin	LXXXIV
Damoyselle que j'ayme bien	XV
De ceulx qui tant de mon bien se tourmentent	XC
Dedans le cloz d'ung Jardin florissant	LIX
De Jan de Meung s'enfle le cours de Loire	CCLXXXI
Demain que Sol veult le jour dominer	CXXVI
Demandez vous qui me faict glorieux?	LIV
De peu Assez ha cil qui se contente	CLXXXVIII
Des bons propoz cy dedans contenuz	CCLXXX
Des que m'Amye est ung jour sans me veoir	CXVII
Des que tu viens là où je suis	CLX
Dessoubz l'Arbre où l'Ambre degoute	CLXXVII
Dessus ce beau may verdelet	CCLXXII
Dieu te gard, doulce, amyable Calandre	CXXXVI
Elle a tresbien ceste gorge d'Albastre	LI
Elle s'en va de moy la mieulx aymée	XXIII
Endormez bien Argus qui a tant d'yeulx	CXII
Enfans, oyez une Leçon	LXXVI
En grand travail, plein d'amour, j'ay passé	LXV
En m'oyant chanter quelcque foys	CXXXIV
Entre aultres dons de graces immortelles	LXXXII
Estre de vous (aultant que l'aultre) espris	LXXI
Estre Phebus bien souvent je desire	LXI
Fille qui prend fascheux mary	CCXXII
Fleur de quinze ans (si Dieu vous saulve & gard)	LII
Frere Thibaut, pour souper en quaresme	CCXLIX
Frere Thibault, sejourné gros & gras	XLVII
Fuyez, fuyez (ce conseil je vous donne)	CCV
Hommes expers, vous dictes par science	LVII
Icy est le Perron	CCXII
Icy l'Autheur son Epistre laissa	CCLXXVII
Incontinent que je te vy venue	XXXI
Incontinent que Viscontin mourut	CCXXXV
Jadis, Cathin, tu estoys l'oultrepasse	CLXXI
Jamais Alix son feu mary ne pleure	CLXVII
Jamais je ne confesserois	CXL
Janeton	CCIII
J'ay joué rondement	CXXIII
J'ay une lettre entre toutes eslite	CCVIII
Jehan, je ne t'ayme point, beau syre	CLXIII
Je m'en vois tout vestu de gris	CI

TABLE DES INCIPIT

Je n'ay pas dit que je crains d'estre aymé	CXXXIX
Je ne sçauroys entretien appeller	LXIX
Je ne sçay pas quelles Estreines	XCVI
Je ne suis pas tout seul qui s'esmerveille	CCXXVII
Je sens en moy une flamme nouvelle	LXX
Jeune Beaulté, bon Esprit, bonne Grace	CXIX
L'abbé a ung proces à Romme	CLXIV
La belle Rose à Venus consacrée	XI
La Chapelle qui est bastie & consacrée	XIII
La devise de l'empereur	CXCVII
Laissons ennuy, Maison de Marguerite	CXLII
La mesdisante ne faulte croire	LXVI
La Mignone de mon amy	LXXV
La nuict passée à moy s'est amusé	IX
La nuyct passée en mon Lict je songeoye	VII
L'an vingt & sept, Febvrier le froidureux	XXII
L'Arbre du Pin tous les aultres surpasse	XII
L'Argent par termes recueilly	CXXV
Las, il est mort (pleurez le, Damoyselles)	CIX
L'aultre jour aux champs, tout fasché	CIII
L'autre jour un amant disoit	CCLX
Le chant du Coq la nuict point ne prononce	XXXVIII
Le Chevalier sans peur & sans reproche	CCXV
Le cler Phebus donne la vie & l'aise	LVI
Le cler Soleil par sa presence efface	CCIX
Le cours du ciel qui domine icy bas	CCXXXII
Le Moyne un jour jouant sus la riviere	CCLIII
L'Enfant Amour n'a plus son Arc estrange	LXIII
L'Enfant Amour n'est pas si petit Dieu	CXXXV
Le noble Esprit de Cicero Rommain	CCIV
Le Noeud jadis tant fort à desnouer	XCII
Le petit Pierre eut du juge option	CCLXI
L'Epistre & l'Epigramme	CCXXVI
Les blancs Manteaulx en leur couvent	LXVIII
Les Cerfz en Rut pour les Bisches se battent	CXXXIII
L'Espousé, la premiere nuict	XLIV
Le vertueux Conte Lanyvolare	CXX
L'heur ou malheur de vostre cognoissance	CCLXVI
L'homme sotart & non sçavant	CCLXXI
Lorsque (Cesar) Paris il te pleut veoir	CCXI
Lors que je voy en ordre la Brunette	CXXII
Lors que la peur aux talons met des esles	CCXXIX
Lors que Maillart, Juge d'Enfer, menoit	XLIII
Lynote	XVI
Macée me veult faire acroyre	CLXXIV
Ma dame, je vous remercie	CCXXX
Malheureux suis ou à malheureux maistre	CCXLIII
Ma Maistresse est de si haulte valeur	IV
Marot, voicy, si tu le veulx sçavoir	CLV
Martin estoit dedans un boys taillis	CCXXXVII

Martin menoit son Pourceau au marché	XXXV
May qui portoit Robe reverdissante	VIII
Mes amys, j'ai changé ma dame	CLXXXIX
Mes creanciers, qui de Dixains n'ont cure	LXXXVIII
Messire Jan, confesseur de fillettes	CCLVIII
Mes yeux sont bons (Greliere) & ne voy rien	LXIV
Metz voile au vent, single vers nous Charon	XIX
Meur en Conseil, en Armes redoubtable	CXXVII
Mignonne est trop plus affectée	CLIV
Mon second Roy, j'ay une Haquenée	CXLI
Monsieur l'Abbé & monsieur son Valet	XLVI
Moys amoureux, Moys vestu de verdure	CXLVII
Muse, dy moy : pourquoy à ma Maistresse	CXXXVII
Nanny desplaist et cause grand soucy	CCLXII
Nature estant en esmoy de forger	CXIII
Ne menez plus tel desconfort	CCXX
Ne pensez point que ne soyez aymable	CXIV
Ne vous forcez de me cherer	CV
Nous fusmes, sommes & serons	CXXXI
O Laure, Laure, il t'a esté besoing	LXXXIX
On dira ce que l'on vouldra	CXCI
Or ça, vous avez veu le Roy	CX
Oster je veulx (approche toy, mon Livre)	CCLXXVIII
Où allez vous, Anne ? que je le sache	LXXII
Ouyr parler de madame & maistresse	LIII
Painctres expers, vostre façon commune	XCIX
Pardonnez moy, ma Commere, m'Amye	CXXIV
Paris, tu m'as fait mainctz alarmes	CXCIV
Pauline est riche, et me veult bien	CLXXV
Pensant en moy trouver l'or souverain	CCXLVIII
Peu de Villons en bon savoir	CCLXXIV
Plaise au Roy congé me donner	CCXXXIV
Plaise au Roy me faire payer	CXCIII
Plaise au Roy ne reffuser point	XLII
Plaise au Roy, nostre Sire	XX
Plus ne suis ce que j'ay esté	CCXIX
Poetiser trop mieulx que moy sçavez	XVII
Pour estreines je vous enhorte	XCVII
Pourquoy voulez vous tant durer	CCXXI
Pour tous souhaitz ne desire en ce monde	CCLXIV
Pour ung Dixain que gaignastes mardy	LXXXVII
Prenez en gré, Princesse, les bons zelles	CXCVIII
Prenons le cas, Cahors, que tu me doibves	CXLIV
Present, present de couleur de Colombe	XXIX
Prince, ce Griffon qui me gronde	XLVIII
Puis qu'au millieu de l'Eau d'un puissant fleuve	CXLVIII
Puis que les Vers que pour toy je compose	CLI
Puis que noz cueurs ne sont qu'un Poinct lyé	LXXIV
Puis que vers les sœurs damoyselles	XCIII

TABLE DES INCIPIT

Puis que vous portez le nom d'Anne	CXXXII
Puis que voyons à la Court revenue	CCI
Puis qu'il convient pour le pardon gaigner	CCXLI
Puis qu'il vous plaist entendre ma pensée	CXXIX
Quand devers moy tes escritz sont venuz	CCXLVII
Quand d'ung chascun la voix bruyt et resonne	CLXVI
Quand j'escriroys que je t'ay bien aymée	LX
Quand je voy Barbe en Habit bien duysant	II
Quand je voy ma maistresse	CCLXIX
Quand Monsieur je te dy, Roullet	CLXVIII
Quand Orpheus reviendroit d'Elisée	CXXI
Quand par Acquitz les gaiges on assigne	XXI
Quand vous oyez que ma Muse resonne	CXLVI
Quant en mon nom assemblez vous serez	CCLXX
Quant je vous ayme ardantement	CIV
Quant la vertu congnut que la fortune	CXC
Qu'esse qu'Huban ? c'est beaulté naturelle	CXCIX
Qui cuyderoit desguiser Ysabeau	LXXIII
Qui dort icy ? le fault il demander ?	XXXIV
Qui en Amour veult sa jeunesse esbattre	V
Qui peche plus, luy qui est esventeur	XCI
Quoy que souvent tu faces d'un franc cueur	CLII
Regarder est tresbon langage	XLV
Riche ne suis, certes, je le confesse	CLXI
Roullet, quand Monsieur je te nomme	CLXIX
Roy des Françoys, Françoys premier du nom	CLXXIX
Sans fin (paovre sot) tu t'amuses	CCXLII
Savez vous la raison pourquoy	C
Seigneurs, je suis Venus, je vous dy celle mesme	XXVII
Si en Villon on treuve encor à dire	CCLXXV
Si jamais fut ung Paradis en Terre	XXV
Si j'ay comptant un beau Cheval payé	CCXXXVIII
Si je fais parler ung vallet	CXCV
Si la queue ay coupée	CCVII
Si le franc Coq liberal de nature	XXXIX
Si le loysir tu as avec l'envie	XCIV
Si le Roy seul, sans aucun y commettre	CCII
S'il m'en souvient, vieille au regard hideux	CLXXII
Si mon poil noir en blanc se tainct	CVII
Si mon Seigneur, mon Prince & plus que Pere	CCXLVI
Si sçavoir veulx les rencontres plaisantes	CCLXXIX
Si tu es paouvre, Anthoine, tu es bien	CLVIII
Si tu n'es pris, tu te pourroys bien prendre	LXXXI
Soit en ce camp paix pour mieulx faire guerre	CCXXXI
S'on nous laissoit noz jours en paix user	CLXXXIII
Sus, quatre vers, partez en haste	CLXXXVI
Ta lettre (Merlin) me propose	LXXX
Tandis que j'estoys par chemin	CXLIX

Tant est l'Amour de vous en moy empraincte	XXX
Tant que le Bleu aura nom loyaulté	CCXXIV
Tant que voudras, jette feu & fumée	CLXXXI
T'esbahis tu dont point on ne souspire	CCLIV
Tes vers exquis, seigneur Akakia	XXXVII
Tetin qui n'as rien que la peau	LXXVIII
Tetin refect, plus blanc qu'un œuf	LXXVII
Ton vieil Cousteau, Pierre Marrel, rouillé	CCXXXIII
Tous chevaliers de queste avantureuse	CCXIV
Tousjours vouldriez que je l'eusse tout droit	CLXII
Toy, noble esprit, qui veulx chercher les Muses	CCX
Toy qui tirois aux dentz vieilles savattes	CLXXVIII
Treschere Sœur, si je sçavoys où couche	VI
Tu as (pour te rendre amusée)	CCLXXVI
Tu as tout seul, Jehan Jehan, vignes & prez	CLIX
Tu dis, Prelat, Marot est paresseux	CLIII
Tu es logé au cabinet	CLXXXVII
Tu m'as donné au vif ta Face paincte	XXVIII
Tu painctz ta barbe, amy Bruslard, c'est signe	CLXXXV
Tu veulx que bruyt d'Advocat on te donne	CLXV
Un advocat jouoit contre sa femme	CCLI
Un Cordelier d'une assez bonne mise	CCLIX
Une assez suffisante Estreine	XXXII
Une Catin, sans fraper à la porte	CCLXVII
Une dame du temps passé	CCVI
Ung chascun qui me faict requeste	CXVI
Ung doulx Nenny avec ung doulx soubzrire	LXVII
Un gros Prieur son petit filz baisoit	CCXXXVI
Ung jour, la Dame en qui si fort je pense	CXXXVIII
Ung lourd vestu de satin est icy	LVIII
Un jour d'yver, Robin tout esperdu	CCLXV
Un lieutenant vuidoit plus voluntiers	CCLII
Un ouy mal accompagné	CCLXIII
Un usurier à la teste pelée	CCL
Va tost, Dixain, solliciter la Somme	CL
Vaugourt, parmy sa domestique bande	CCXLIV
Veulx tu sçavoir à quelle fin	XLIX
Veu que suys né en povreté amere	CXCII
Veux tu, vieille ridée, entendre	CCLVI
Voicy le Val des constans amoureux	CCXIII
Vostre Bouche petite & belle	CXXX
Vous avez droit de dire sur mon ame	CXLV
Vous chevaliers errans qui desirez honneur	CCXVI
Vous estes belle, en bonne foy	CLVII
Voyez l'histoire (o vous, nobles espritz)	CCLXXIII
Ysabeau, ceste fine mousche	CCXXIII
Ysabeau, lundy m'envoyastes	CLXX

TABLE DES INCIPIT DES PIÈCES DANS L'APPENDICE

Il pleut au Roy, l'ung de ces jours passez	1
Le Roy, aymant la decoration	2
Madame, est il pas deshonneste	3
Tous les sermens que femme peut jurer	4

TABLE DES MATIÈRES

Introduction

    I Etude littéraire   5
      i. L'épigramme marotique   5
      ii. L'art de Marot   18
      iii. Versification   30
    II Le Texte   40
      i. Classification et ordre   40
      ii. La question d'authenticité   45
      iii. L'etablissement du texte   76

Sigles   82

Bibliographie   86

Liste des Abréviations   89

LES EPIGRAMMES

I. Le Premier Livre des Epigrammes

    I A Messire dan de Laval, Chevalier, Seigneur de Chasteaubriant   95
    II De Barbe et de Jacquette   95
    III De Dame Jane Gaillarde Lyonnoise   96
    IV De ma Dame la Duchesse d'Alençon   97
    V A Ysabeau   98
    VI Du jour des Innocens   99
    VII D'ung Songe   100
    VIII Du moys de May & d'Anne   101
    IX D'ung Baiser reffusé   102
    X Des Statues de Barbe & de Jaquette. Vers Alexandrins   103
    XI De la Rose envoyée pour Estreines   104
    XII De Madamoyselle du Pin   105
    XIII De Madamoyselle de la Chappelle. Vers Alexandrins   106
    XIV Du Roy. Vers Alexandrins   107
    XV Pour estrener une Damoyselle   107
    XVI A Lynote, la Lingere mesdisante   108
    XVII Marot à Abel   109
    XVIII A Maistre Grenoille, Poete ignorant   110
    XIX A ung nommé Charon qu'il convie à souper   110
    XX Au Roy   111
    XXI A Monsieur le grant Maistre pour estre mis en l'Estat   112
    XXII Le Dixain de May qui fut ord Et de Febvrier qui luy feit tort   113
    XXIII Du depart de s'Amye   114

TABLE DES MATIÈRES

XXIV D'Anne qui luy jecta de la Neige	115
XXV A Anne	116
XXVI De la Venus de Marbre presentée au Roy	117
XXVII La mesme Venus de Marbre, dit en Vers Alexandrins	118
XXVIII Une Dame à ung qui luy donna sa Pourtraicture	119
XXIX Estreines envoyées avec ung Present de couleur blanche	119
XXX Sur la devise: Non ce que je pense	120
XXXI A Anne	121
XXXII Pour Estreines	121
XXXIII Pour Estreines	122
XXXIV De la Statue de Venus endormie	122
XXXV De Martin & Alix	123
XXXVI A Monsieur Braillon, Medecin	124
XXXVII Responce aux Vers latins que luy avoit envoyez Monsieur Akakia, Medecin	125
XXXVIII A Monsieur le Coq qui luy promettoit guerison	126
XXXIX Au dict Coq	126
XL A Monsieur l'Amy, Medecin	127
XLI A Pierre Vuyard	127
XLII Au Roy	128
XLIII Du Lieutenant Criminel de Paris et de Samblançay	129
XLIV D'une Espousée	130
XLV A celluy qui devant le Roy dit que ce mot Viser (dont Marot usa) n'estoit bon langage	131
XLVI De l'Abbé & de son Valet	132
XLVII De frere Thibault	133
XLVIII Au Duc d'Orleans touchant ung Greffier qui usa de ce mot: Argent en Pouppe	134
XLIX A ung quidem	135
L A Benest	136
LI Du Ris de ma Damoyselle d'Allebret	137
LII Des cinq Poinctz en Amours	138
LIII De Anne à ce propos	139
LIV A Selua & à Heroet	140
LV De Helene de Tournon	141
LVI De Phebus & Diane	142
LVII De Dyane	142
LVIII Marot à ladicte Damoiselle	143
LIX De blanche de Tournon	144
LX A Ysabeau	144
LXI De Diane	145
LXII D'ung Importun	146
LXIII De Diane	146
LXIV A Madamoyselle De la Greliere	147
LXV De Madamoyselle De la Fontaine	148
LXVI A Coridon	148
LXVII De Ouy & Nenny	149
LXVIII Des blans Manteaux	150
LXIX D'entretenir Damoyselles	151
LXX D'ung Poursuivant en amours	152
LXXI A celle qui soubhaicta Marot aussi amoureux d'elle qu'ung sien Amy	152

TABLE DES MATIÈRES

LXXII	Du partement d'Anne	153
LXXIII	De madame Ysabeau de Navarre	153
LXXIV	Pour une Dame qui donna une teste de mort en devise	154
LXXV	A la femme de Thomas Sevin	154
LXXVI	A ses Disciples	155
LXXVII	Du beau Tetin	156
LXXVII	Du laid Tetin	158

II. Le Second Livre des Epigrammes Dedié à Anne

LXXIX	A Anne	163
LXXX	A Merlin de Sainct Gelais	163
LXXXI	A soy mesmes	164
LXXXII	De la Royne de Navarre	164
LXXXIII	A Françoys Daulphin de France	165
LXXXIV	Pour Madamoyselle de Talard au Roy	166
LXXXV	Estreines à Anne	167
LXXXVI	De l'Amour chaste	167
LXXXVII	Epigramme qu'il perdit contre Helene de Tournon	168
LXXXVIII	Replicque de Marot à la Royne de Navarre	169
LXXXIX	Du Roy & de Laure	170
XC	Contre les Jaloux	171
XCI	A une Dame touchant ung faulx Rapporteur	171
XCII	Au nom d'une Dame qui donna la Devise d'ung Nœud à ung Gentilhomme	172
XCIII	A Deux Sœurs Lyonnoyses	173
XCIV	A une Amye	174
XCV	A Renée	175
XCVI	Estreines	175
XCVII	Estreines à Jane Faye	176
XCVIII	Estreines à Germain Colin	176
XCIX	De Madamoyselle de la Roue	177
	Pour une mommerie de deux hermites	178
C	Le premier hermite	178
CI	L'aultre hermite	178
CII	A la bouche de Dyane	179
CIII	De Madamoyselle de la Roue	179
CIV	A une qui faisoit la longue	180
CV	A une qui luy fit chere par maniere d'acquict	180
CVI	De Cupido & de sa dame	181
CVII	De sa Mere par Alliance	181
CVIII	De la Duché d'Estempes	182
CIX	Du Passereau de Maupas	183
CX	Pour monsieur de la Rochepot qui gagea contre la Royne que le Roy coucheroit avecques elle	184
CXI	Response de Marot pour le Gentilhomme	185
CXII	A une Dame pour l'aller veoir	186
CXIII	De Charles Duc d'Orleans	186
CXIV	A une Dame aagée et prudente	187
CXV	A Anne	187
CXVI	De Marguerite d'Alençon, sa Sœur d'Alliance	188
CXVII	De sa Dame & de Soymesme	188

CXVIII De Jane Princesse de Navarre	189
CXIX De Madamoyselle du Brueil	190
CXX Du Conte de Lanyvolare	191
CXXI D'Albert, Joueur de Luc du Roy	192
CXXII D'Anne	193
CXXIII Pour Madame d'Orsonvilliers au Roy de Navarre	193
CXXIV A sa Commere	194
CXXV A Monsieur de Juilly	195
CXXVI Il convie troys Poetes à disner	196
CXXVII Du Sire de Montmorency, Connestable de France	197
CXXVIII Du Baiser	198
CXXIX A Anne	198
CXXX A Jane	199
CXXXI A la Royne de Navarre	199
CXXXII A Anne du jour de Saincte Anne	200
CXXXIII Des Cerfz en Rut & des Amoureux	200
CXXXIV A Maurice Seve, Lyonnoys	201
CXXXV Au Poete Borbonius	202
CXXXVI Il salue Anne	202
CXXXVII Dialogue de luy et de sa Muse	203
CXXXVIII D'une Dame de Normandie	203
CXXXIX Replique de Marot à ladicte Dame	204
CXL De Anne	204
CXLI Au Roy de Navarre	205
CXLII Du retour du Roy de Navarre	206
CXLIII De Madame de Laval en Daulphiné	207
CXLIV De l'Entrée des Roy & Royne de Navarre à Cahors	207
CXLV A Madame de Pons	208
CXLVI A Renée de Partenay	209
CXLVII Du Moys de May & de Anne	209
CXLVIII De son Feu et de celluy qui se print au Bosquet de Ferrare	210
CXLIX Au Roy	211
CL A M. Guillaume Preudhomme, Tresorier de l'Espergne	212
CLI A Anne	213

III. Epigrammes de Clement Marot, faictz à l'imitation de Martial

CLII Au Roy	217
CLIII A Monsieur Castellanus Evesque de Tulles	218
CLIV De la Chienne de la Royne Elienor	219
CLV De soy mesmes	221
CLVI De la tristesse de s'amye	222
CLVII D'une qui se vante	223
CLVIII A Anthoine	224
CLIX De Jehan Jehan	224
CLX A Hilaire	225
CLXI Dizain	226
CLXII A une Layde	227
CLXIII [A Jehan]	227
CLXIV D'ung Abbé	228

CLXV D'ung Advocat ignorant — 228
CLXVI Autrement — 229
CLXVII [D'Alix] — 229
CLXVIII [A Roullet] — 230
CLXIX Dudict Marot à Monsieur Roullet Huictain — 230
CLXX A Ysabeau — 231
CLXXI De Cathin et Jane — 232
CLXXII D'une vieille — 232
CLXXIII De Macé Longis — 233
CLXXIV De Macée — 234
CLXXV De Pauline — 234
CLXXVI D'ung mauvais rendeur — 235
CLXXVII [De la Formis enclose en de l'Ambre] — 235
CLXXVIII Du Savetier — 236
CLXXIX De la convalescence du roy — 237
CLXXX De Martin, & de Catin — 239
CLXXXI A Estienne Dolet — 239
CLXXXII D'un Lymosin — 240
CLXXXIII A F. Rabelais — 241
CLXXXIV Du Curé. Imitation — 242
CLXXXV A Geoffroy Bruslard — 243

IV. Epigrammes Diverses

CLXXXVI Dicton dudit Marot en ryme croisée — 247
CLXXXVII Marot à Robinet — 247
CLXXXVIII Sur la devise de Jan le Maire de Belges — 248
CLXXXIX De Marot sorty du service de la Royne de Navarre et entré en celluy de Madame de Ferrare — 249
CXC A Madame de Ferrare — 250
CXCI De la Ville de Lyon — 251
CXCII Aultre dizain de Clement Marot — 251
CXCIII Au roy — 252
CXCIV A la ville de Paris — 253
CXCV Contre Sagon — 254
CXCVI De la prise du Chasteau de Hedin — 255
CXCVII Sur la devise de l'empereur : Plus oultre — 256
CXCVIII Mommerie de quatre jeunes Damoyselles, faicte de madame de Rohan à Alençon — 257
CXCIX Epigramme par maniere de dialogue Pour madamoiselle d'Huban — 259
CC Au Roy, pour estrenes — 260
CCI Du retour de Tallart à la Court — 261
CCII Au Roy, encores pour estre remis en son estat — 262
CCIII [Janeton] — 263
CCIV De Dolet, sur ses Commentaires de la Langue Latine — 264
CCV Contre l'inique. A Antoine du Moulin, Masconnois & Claude Galland — 265
CCVI Dixain — 266
CCVII Responce pour le Roy de Navarre à ma Dame d'Orsonvilliers du huictain J'ay joué rondement par C. Marot — 267
CCVIII Huictain — 267

ccix	A Anne	268
ccx	De Monsieur du Val, Tresorier de l'espargne	269
ccxi	A l'Empereur	270
ccxii	Pour le Perron de mon seigneur le Daulphin au tourney des Chevaliers errants à la Berlandiere pres Chatelerault. En l'an 1541	271
ccxiii	Pour le Perron de Monseigneur d'Orleans	273
ccxiv	Pour le Perron de monsieur de Vendosme	275
ccxv	Pour le Perron de monsieur d'Anguien dont la superscription estoit telle : *Pour le Perron d'un chevalier qui ne se nomme point*	276
ccxvi	Pour le Perron de monsieur de Nevers	277
ccxvii	Pour le Perron de monsieur d'Aumale qui estoit semé des lettres L & F	278
ccxviii	A Cravan, sien Amy, malade	279
ccxix	Huictain	280
ccxx	Responce au huictain precedent	281
ccxxi	Sur le mesme propoz	281
ccxxii	D'une mal mariée	282
ccxxiii	D'Ysabeau	282
ccxxiv	A une qui portoit le Bleu pour ses couleurs	283
ccxxv	De Madame de l'Estrange	283
ccxxvi	Clement Marot à M. Malingre	284
ccxxvii	Dizain de Cl. Marot envoyé audit Malingre, demourant à Yverdon	284
ccxxviii	A madame de la Barme, pres de Necy en Genevois	285
ccxxix	Dizain au Roy, envoyé de Savoye. 1543	286
ccxxx	A une dame de Piemont qui refusa six escuz de Marot pour coucher avec elle & en vouloit avoir dix	287
ccxxxi	Salutation du camp de Monsieur d'Anguien à Sirisolle	287
ccxxxii	De l'an 1544	288
ccxxxiii	A Pierre Marrel, le mercient d'un Cousteau	289
ccxxxiv	[Au Roy]	290
ccxxxv	De Viscontin & de la Calendre du Roy	291
ccxxxvi	D'un gros Prieur	292
ccxxxvii	De Alix, & de Martin	293
ccxxxviii	D'un Cheval, & d'une Dame	293
ccxxxix	D'une Dame desirant veoir Marot	294
ccxl	A Monsieur Crassus, qui luy vouloit amasser deux mil escuz	294
ccxli	A une dont il ne povoit oster son cueur	295
ccxlii	D'un mauvais Poete	295
ccxliii	Dizain	296
ccxliv	De la Fille de Vaugourt	297
ccxlv	A ung jeune Escolier docte griefvement malade	297
ccxlvi	Epigramme	298
ccxlvii	Response par Clément Marot à maistre Claude Galland	299
ccxlviii	Audit Galland	300
ccxlix	De frere Thibaud	300
ccl	D'un usurier, pris du latin	301
ccli	D'un Advocat jouant contre sa femme & de son clerc	301
cclii	Du lieutenant de B	302
ccliii	D'un Moyne & d'une vieille	303
ccliv	D'un orguilleux emprisonné pris du latin	304

TABLE DES MATIÈRES

CCLV D'Annette & Marguerite	304
CCLVI A une vieille, pris sur ce vers: *Non gaudet veteri sanguine mollis amor*	305
CCLVII Du tetin de Cataut	305
CCLVIII De messire Jan confessant Janne la Simple	306
CCLIX D'un Cordelier	307
CCLX D'un amoureux & de s'amye	307
CCLXI Du petit Pierre & de son proces en matiere de mariage	308
CCLXII De Nanny	309
CCLXIII D'un Ouy	309
CCLXIV Les souhaitz d'un Chanoine	310
CCLXV De Robin & Catin	311
CCLXVI A Anne	311
CCLXVII D'une qui alla voir les beaux peres	312
CCLXVIII D'un escolier & d'une fillete	312
CCLXIX De sa maistresse	313
CCLXX Dixain de Marot	313

V. Epigrammes Liminaires

CCLXXI A Monsieur Cretin, souverain Poete Françoys, Salut	317
CCLXXII	318
CCLXXIII Clement Marot aux lecteurs	318
CCLXXIV Distique du dict Marot	319
CCLXXV C. Marot au Roy, nostre souverain	319
CCLXXVI Il envoye le Livre de son Adolescence à une Dame	320
CCLXXVII Clement Marot, filz de l'Autheur, aux Lecteurs	320
CCLXXVIII Clem. Marot à son Livre	321
CCLXXIX Clement Marot aux lecteurs françoyz	322
CCLXXX Clem. Marot aux lecteurs	322
CCLXXXI Clement Marot à Salel sur les Poetes Françoys mortz avant eulx deux	323
CCLXXXII Clement Marot, aux amateurs de la saincte Escripture	324
CCLXXXIII Clement Marot aux lecteurs	325

Appendice

1 Au grant Maistre	329
2 Huictain	329
3 [Dizain]	330
4 Sur Juppiter ex alto	330

Glossaire 331

Index des Noms Propres 335

Table des Incipit 341

Table des Incipit des Pièces dans l'Appendice 347

Published by
THE ATHLONE PRESS
UNIVERSITY OF LONDON
at 2 Gower Street London WC1

Distributed by
Tiptree Book Services Ltd
Tiptree, Essex

Australia and New Zealand
Melbourne University Press

U.S.A.
Oxford University Press Inc
New York

© *C. A. Mayer*, 1970

0 485 13905 7

Printed in Great Britain by
WESTERN PRINTING SERVICES LTD
BRISTOL